EDITORIAL

≡ Lars Geiges / Katharina Rahlf

Die Momente erscheinen uns heute allgegenwärtig. Hans-Dietrich Genscher auf dem Prager Balkon stehend (»… um Ihnen mitzuteilen, dass heute …«). Günter Schabowski mit seinem Handzettel während der Pressekonferenz am Abend des 9. November (»ab sofort, unverzüglich«). Feiernde Menschen auf beiden Seiten der Mauer, rund ums Brandenburger Tor – Hupkonzerte, Sektfontänen, grenzloser Jubel. Willy Brandts »Jetzt wächst zusammen, was zusammen gehört.« Keine zwölf Monate später, am 3. Oktober 1990, konnte Bundespräsident Richard von Weizsäcker feierlich vor dem Reichstagsgebäude verkünden: »Die Einheit Deutschlands ist vollendet.« Insbesondere 2014/15 – nunmehr ein Vierteljahrhundert nach »der Wende« – werden diese Bilder vielfach gezeigt. Doch sie sind nur die Ouvertüre zu einem beachtlichen Jahrzehnt: »Die 1990er Jahre« stehen im Fokus der ersten *INDES*-Ausgabe im Jahr 2015.

Die Geschehnisse der Jahre 1989/1990 waren historisch, bewegten die Welt, zerschlugen vermeintliche Gewissheiten und versprachen einen Aufbruch. *INDES* möchte entlang Analysen, Reportagen und Interviews zu Politik und Gesellschaft, Wirtschaft und Kultur ein Portrait der bisher wissenschaftlich wie publizistisch wenig ausgeleuchteten 1990er-Jahre vorlegen. Nicht nur die Grenzen, die Ost und West teilten, öffneten sich. In der deutschen (Parteien-)Politik lösten sich ebenfalls konstant vermutete Bindungen: Bundestag und -regierung zogen vom beschaulichen Bonn nach Berlin, die Sozialdemokratie verschliss ihre Vorsitzenden in bisher nicht gekanntem Tempo, formulierte den marktsozialdemokratischen »Dritten Weg« und Begrifflichkeiten wie »Reformstau«, »Sparpaket«, »Sozialabbau« prägten die Debatten. Die Identifizierung und Beschreibung neuer Kriegsgegner und -ursachen sowie die Beteiligung an Kriegen sorgte auch für außenpolitische Unruhe. Kommunistische Parteien kommen ebenso an ihr Ende wie die RAF. Zudem scheint eine neue (Selbst-)Darstellungslust, eine vermarktbare Körperlichkeit die Jahre zu markieren. Kurzum: Hier wie da stoßen wir in den 1990ern auf beinahe rauschhafte Entfesselungen und Überschreitungen, gleichwohl auch auf erstaunliche Beharrungskräfte – zur wissenschaftlichen Ergründung all dieser (mitunter gegenläufigen) Entwicklungen möchte *INDES* beitragen.

INHALT

 INDES, 2015–1, S. 2–3, © Vandenhoeck & Ruprecht GmbH & Co. KG, Göttingen, 2015, ISSN 2191-995X

SCHWERPUNKT:
DIE 1990ER JAHRE

VERÄNDERUNG UND STILLSTAND

ZUR AMBIVALENZ DER 1990ER JAHRE

Ξ Franz Walter

Die 1950er waren miefig und verstaubt, die 1960er standen für Aufbruch und Revolte, in den 1970ern kamen bereits frühe Reformmüdigkeiten und Tendenzwenden auf, die während der 1980er Jahre indes nicht so kraftvoll durchschlugen, wie von den einen erhofft oder den anderen gefürchtet worden war, da weder nassforsche Yuppies noch linkslibertäre Grüne für altbackene geistig-moralische Wenden zu haben waren.

TÜCKE DER PERIODISIERUNG

Dergleichen Sichtweisen, hier und da auch anders modelliert, sind populär-, aber auch universitätswissenschaftlich weit verbreitet. Bücher, die dem (Zeit-) Geist eines Jahrzehnts auf die Spur zu kommen versprechen, finden verlässlich ihren Markt. Historiker müssen solchen Trends von Beruf und Ethos halber mit Fragezeichen begegnen. Denn die wissenschaftlichen Erkunder der Geschichte wissen, wie unendlich wichtig lang währende Sozialentwicklungen und tief verwurzelte Mentalitäten sind, die sich nicht an Geburts- und Todestage von Jahrzehnten halten, auch nicht an geschichtsbiologische Beginn- und Schlusspunkte von Jahrhunderten. Was man für das Typische eines Jahrzehnts oder eines Jahrhunderts nimmt, hat in der Regel den formativen Ausgang weit früher und zieht sich oftmals noch nach den Silvesternächten fort, die eine neue Dekade, ein Centennium oder gar Millennium einzuläuten pflegen. Im Unterschied zu, sagen wir, Politologen, denen es vollauf genügt, als Autoren von circa 25 ihrer Fachkollegen zur Kenntnis genommen zu werden, zielen Historiker doch gerne auf eine größere Leserschaft ihrer Werke. Und dieses Lesepublikum orientiert sich nicht ungerne an bekannten, konventionellen Periodisierungen, wozu Jahrzehnte und Jahrhunderte naturgemäß gehören. Um wissenschaftliche Einsicht wie Skrupel hier und

Publikumsbedürfnisse dort verträglich zu verknüpfen, bedienen sich Historiker infolgedessen des eleganten Kunstgriffs, ihre Darstellungen unter dem Rubrum der bekannten und formalen Zeiteinteilungen zu stellen, diese aber, unter streng sozial- und kulturgeschichtlicher Perspektive, qualitativ zu dehnen oder zu kürzen. Und so ist nunmehr eben das 20. Jahrhundert (oft in den Zeitraum 1914/17 bis 1989 gebannt) ein kurzes, das 19. Jahrhundert gilt mehrheitlich als langes; den 1950er Jahren wird ebenfalls eine lange Dauer (bis 1963 oder 1966) attestiert, während – wie es scheint – die 1980er Jahre verblüffenderweise tatsächlich mit dem Schlussjahr, also 1989, eine fundamentale Zäsur erlebten und somit einen zeitlich formalen wie überdies zumindest politikgeschichtlich substanziellen Abschluss fanden.

Ansonsten aber sind die qualitativen gesellschaftsgeschichtlichen Differenzen zwischen den Jahren 1961 und 1959 oder dem Jahr 1971 im Vergleich zu 1969 und so weiter nicht sonderlich gravierend. Die großen, tragenden sozialen Prozesse, Einstellungsmuster und politischen Konstellationen verbanden die Jahrzehnte, zogen keine scharfen Grenzen. Und doch schauen auch wir hier in diesem Heft auf ein Jahrzehnt in seiner zeitformalen Terminierung, auf die 1990er Jahre. Denn, nochmals, sich der eigenen Biografie, gerade im Blick auf die prägenden Sozialisationsjahre mit ihrer Musik, dem Kleidungsverhalten, dem Jargon, den Abgrenzungen gegenüber Vorgängerkohorten, über die dafür konstitutiven Jahrzehnte zu vergewissern und sie zu deuten, entspricht einer weitverbreiteten Neigung. Überdies: In den 1990er Jahren, nach dem Sturz von Mauer, Regimen und Ideologien, begann wirklich etwas grundlegend Neues, dessen Aus- und Nachwirkungen noch im Jahr 2015 von erstaunlichem Belang sind.

Das galt gewiss zuerst für den Osten des seit 1990 vereinten Deutschland. Mitte Dezember 2014 führte der *Zeit*-Journalist Patrik Schwarz die Genese der »Pegida«-Demonstrationen in Dresden auf die frühen 1990er Jahre zurück. Während im Westen Deutschlands nach dem großen weltpolitischen Bruch von 1989 zunächst das Leben im Großen und Ganzen wie zuvor weiterzugehen schien, rutschte den Bürgern der früheren DDR der Boden in »diesen Trümmerjahren ihrer Identität«[1] nahezu vollständig unter den Füßen weg. Die Produktion in den maroden Betrieben war überwiegend nicht fortzusetzen. Ganze Regionen verarmten, boten schlagartig kaum noch realistische Hoffnungen für die Zukunft. Die erlernte Semantik der Jahrzehnte bis 1989 war wertlos, ja schädlich; man hatte sie schleunigst zu verlernen. Importeliten aus dem Westen, nicht selten herrisch und arrogant im Auftritt, gaben nun den Takt vor. System und Institutionen, die im Gesundheitsbereich, in der Bildung und Ausbildung, in der sozialen Sicherung etc., vertraute Strukturen gebildet

1 Patrik Schwarz, Stolz und Vorurteil, in: Die Zeit, 11.12.2014.

hatten, wurden binnen Kurzem liquidiert. In der Tat, Erzählungen über diese Primärerfahrungen aus der Sattelzeit des Vereinigungsprozesses, tauchen in Ostsachsen bei den Aktivisten von Pegida bevorzugt auf.[2]

TRANSFORMATION UND RÜCKKEHR

Große Transformationen und fundamentale Emanzipationsvorgänge lassen Opfer, Geschädigte, sodann verbitterte Feinde zurück. Denn: Der Akt der ungestümen, weitreichenden Erneuerung weckt oft ältere, fast schon für überwunden gehaltene Ordnungsmuster von Individuen und Kollektiven auf. Jedenfalls, Anfang der 1990er Jahre kehrte zurück, was man zwischen den 1960er und 1980er Jahren als eingedämmt betrachtet hatte. Auf die neuen Flüchtlingsströme folgten Antworten, die mehrere Interpreten an die Weimarer Jahre erinnerten: Misstrauen, Ablehnung, Stigmatisierung, Verfolgung. Anschläge auf Asylheime brannten sich seither in die Erinnerungen an die frühen neunziger Jahre ein. Und bei aller Vorsicht gegenüber hurtigen Parallelisierungen kann man die düstere Atmosphäre in Deutschland der Jahre 1991/92 in Bezug auf die damals hoch virulente Asylfrage und den Umgang mit Ausländern nun in den Wintermonaten 2014/15 ein wenig wiedererkennen, wenngleich die wirtschaftlichen Probleme in der Vereinigungskrise vor einem Vierteljahrhundert gewiss weitaus belastender waren, zumindest so empfunden wurden, als dies derzeit (noch) der Fall ist.

Dazu kam in den frühen 1990er Jahren die Koinzidenz von mehreren neuen Problemen im alten Antlitz. Kriege und Bürgerkriege kehrten nach Europa zurück, nationalistische Leidenschaften reaktivierten sich; geopolitische Begründungsstränge für außenpolitisches Handeln gewannen neue Attraktivität. Und die Religion, deren Bedeutung für das Denken und Tun im Westen Europas sich über die Jahre mehr und mehr verschlissen hatte, bot in anderen Teilen der Welt eine Quelle, aus der zur Kräftigung von Identität, Selbstbewusstsein oder gar Sendungsbewusstsein nun besonders eifrig geschöpft wurde. Schließlich war auch das mit Verblüffung zu konstatieren: wie zäh sehr alte Ideologien und Spiritualitäten die Zeitläufe und modernen Heilsbotschaften überdauert hatten; wie wenig hingegen die linksrevolutionären Formationen, die sich im 20. Jahrhundert in Teilen der Welt mit unerbittlicher Energie und umfassenden Durchdringungsanspruch die politische Macht okkupiert hatten, nachhaltig Neues hatten konstituieren können.[3]

Insofern erschienen die neunziger Jahre in vielerlei Hinsicht als ein Jahrzehnt der Rückkehr, gewissermaßen als das glatte Gegenteil der sechziger Jahre, des glorifizierten Aufbruchjahrzehnts. Damals setzte mit enormer Schubkraft ein tief greifender Wertewandel ein, indem die Individuen sich aus

2 Vgl. Lars Geiges, Stine Marg u. Franz Walter, Pegida. Die schmutzige Seite der Zivilgesellschaft?, Bielefeld 2015.

3 Vgl. Jürgen Kocka, Sozialgeschichte der neunziger Jahre, in: Neue Gesellschaft/Frankfurter Hefte, Jg. 40 (1993) H. 12., S. 1125–1129, hier S. 1127.

tradierten Zusammenhängen, Normen, Milieus und Vergemeinschaftungen lösten, ihre eigene Freiheit verlangten, Autonomie sicherten, die Selbstentfaltung an die Stelle von Ordnung und Disziplin stellten. Das setzte sich in den siebziger und achtziger Jahren fort, wirkte in Gestalt der Grünen gar parteibildend und verdichtete sich zu einem damals viel und hoffnungsvoll zitierten rot-grünen Generationenprojekt. Zu den Paradoxien, welche die Geschichte von Menschen und Gesellschaften üppig bereithält, gehörte, dass das rot-grüne Projekt (1998) an die Macht kam, als die gesellschaftliche Strömung, die sie zuvor getragen hatte, bereits deutlich abebbte. Für Soziologen sind die 1990er Jahre ein Jahrzehnt des Wandels des Wertewandels.[4] Die Deutschen drängten nicht mehr nach weiteren Optionen und Freiheitsräumen, waren vielmehr der multiplen Möglichkeitsmomente und heterogenen Rollenangebote überdrüssig, vermissten nach den Jahrzehnten des Auszugs aus den Vergemeinschaftungen die Wärme von Bindungen in Familien oder anderen Assoziationen, suchten nach Ankern im permanenten Fluss der Betriebsamkeit und Herausforderungen. Die Pathologien der entstrukturierten Freiheit gerieten in den Mittelpunkt. Die Klagen über Erschöpfungen begannen in diesem Jahrzehnt. Sicherheits- und Ordnungsbedürfnisse wurden nun nicht mehr belächelt oder als borniertes Spießertum verächtlich gemacht. Besonders junge Männer, von der Sorge um das Scheitern im Beruf, Liebesleben und Partnerschaft geplagt, schätzten vermehrt verlässliche Haltepunkte, Konventionen und stabilisierende Routinen. Die fortschreitende Mehrung postmaterieller Einstellungen stoppte signifikant. Der Pendel des Wertewandels schien zurückzuschlagen, zumindest auszusetzen, zu pausieren. Der Soziologe Stefan Hradil fand dafür den Begriff der Modernisierungs-»Zeitlupe«[5]. Auch die forcierte Bildungsexpansion seit den späten 1960er Jahren kam erkennbar zum Stillstand, kehrte sich für die Kinder sozial schwacher Familien gar wieder um. Die Progressivität von 1968 ff. büßte erheblich an Resonanz und fast ganz an Aura ein. Die Linkslibertät jener Jahre geriet in mehrerer Hinsicht in eine Art Rollback, da nun auch Grüne und frühere Liberale in Fragen der Sexualität, des Strafrechts, des individuellen Genusslebens auf Verbote, Kontrollen, schärfere Gesetze insistierten. Und über alledem thronte bis in den Herbst 1998 hinein der Kanzler Helmut Kohl, der in der Rezeption leitkultureller Deuter ebenfalls nicht als Fortschrittsdynamiker, sondern als provinziell-statische Verkörperung eines dominanten gesellschaftlichen Stillstands figurierte.

Aber den *einen* Geist, die *eine* Entwicklung, das *eine* und verbindliche Signum weisen Jahrzehnte in modernen Gesellschaften nicht aus. In der Regel mischen sich alte und neue Elemente. Dynamiken erzeugen Durchbrüche, aber auch retardierende Reaktionen. Kontroverse Erfahrungsschichten

4 Vgl. Stefan Hradil, Vom Wandel des Wertewandels. Die Individualisierung und einer ihrer Gegenbewegungen, in: Wolfgang Glatzer u. a. (Hg.), Sozialer Wandel und gesellschaftliche Dauerbeobachtung, Opladen 2002, S. 31 ff.

5 Stefan Hradil, Zur Sozialstrukturentwicklung in den neunziger Jahren, in: Werner Süß, Deutschland in den neunziger Jahren. Politik und Gesellschaft zwischen Wiedervereinigung und Globalisierung, Opladen 2002, S. 227–250, hier S. 249.

verschiedener Generationen bestehen neben- oder übereinander und stiften so unterschiedliche Zeitgeist*e*. Infolgedessen findet man viele Ambivalenzen, kaum simple Eindeutigkeiten. Und die 1990er Jahre dürften ein besonders vielschichtiges, auch widersprüchliches Jahrzehnt gewesen sein. Der Wertewandel und die Bildungsreformen kamen wohl in beachtlichen Teilen zum Erliegen, aber in anderen Bereichen marschierten sie munter weiter. Der Anteil weiblicher Abiturienten und Hochschulabsolventen – dessen Steigerung eines der erklärten Ziele zu Beginn der Bildungsexpansion Mitte der 1960er Jahre gewesen war – wuchs im hier behandelten Jahrzehnt erheblich. Die grundlegenden Bildungsinstitutionen durchliefen seit den 1990er Jahren einen folgenreichen Wandel, an dessen Ende neuhumanistische Pädagogiken und Humboldt'sche Ideale von der selbstbestimmten Einheit der Forschung und Lehre in hohem Maße auf ein Minimum gerupft waren.[6] Der Bildung teilte man nun mehr und mehr die Funktion des Motors und Innovators von ökonomischer Effizienz und fortlaufender wettbewerbszentrierter Modernisierung zu. Der Einfluss staatlicher Bürokratien wurde zurückgedrängt, die Macht von (durch niemanden legitimierten) Agenturen, Evaluationskommissionen, Qualifikationssicherern und Benchmarkingexperten stieg schlagartig an. Das Jahrzehnt endet entsprechend, mit der Unterschrift von 29 europäischen Bildungsministern unter der Erklärung von Bologna.

»Privat statt Staat« – das avancierte zu einem zentralen Slogan aller derjenigen, die nach dem Fall der Mauer und dem Verschwinden der staatssozialistischen »Systemalternative« auch das katholisch-christdemokratische/sozialdemokratische Wohlfahrtsmodell zum Anachronismus und Modernitätshemmnis erklärten und für einen ambitiösen Deregulierungsschwung plädierten. Das Bankenwesen, die Finanzwirtschaft insgesamt sollten liberalisiert werden; überdies lockten die enormen Renditepotenziale einer Vermarktlichung der Sozialsysteme. Die neuliberalen Eliten schwärmten von der Tatkraft Maggie Thatchers, die ihr Land rigide umgekrempelt hatte. So wünschte man sich das weltweit. Auch in Deutschland verbreiteten sich diese Choräle; auch hier fanden sie keineswegs wenige Zuhörer und Akklamateure. Aber der pfälzische Bundeskanzler in Bonn hielt nichts von Frau Thatcher, und er glaubte nicht an die Segnungen brachialer Veränderungen. Da die Sozialdemokraten seinerzeit noch heroischer die überlieferte Sozialstaatlichkeit verteidigten, blieben hierzulande angelsächsische Radikalkuren vorerst aus.

JAHRZEHNT DES STAGNATION ODER DER VERÄNDERUNG

Dennoch identifizierten Wirtschaftshistoriker in den 1990er Jahren entscheidende Weichenänderungen in der Wirtschaft Deutschlands. In diesem

6 Vgl. hierzu Detlef Gau, Das Bildungssystem in den 1990er Jahren. Am Beginn einer Zeitenwende, in: Werner Faulstich (Hg.), Die Kultur der 90er Jahre, München 2010, S. 149–162.

Jahrzehnt vollzog sich ein Generationswechsel im Management der deutschen Unternehmen.[7] Die Deutschland-AG bekam ein neues Gesicht, das immer weniger Züge des klassischen rheinischen Kapitalismus trug. Die neuen Manager kamen mehr und mehr aus der universitären betriebswirtschaftlichen Ausbildung, waren weniger mit der fachlichen Produktion ihrer Unternehmen vertraut. Durch ihre Auslandsaufenthalte brachten sie neue, aus dem Angelsächsischen entlehnte Methoden der Betriebsführung mit.[8] Frühere Loyalitäten gegenüber regionalen Standorten und langjähriger Belegschaften schliffen sich ab. Statt kooperativer Aushandlungsformen bevorzugten die neuen Manager harte, kompetitive und konfrontative Wettbewerbsmethoden. Trotz des allgegenwärtigen Lamentos in der späten Kohl-Ära über die bedrückende Last eines »Reformstaus« schienen also massiv Kräfte heranzuwachsen, die dem alten bundesdeutschen Wohlfahrtsstaat den Garaus bereiten und ihn durch eine fundamentale Alternative ersetzen wollten.

Indes, eine solche kohärent entworfene Fundamentalalternative vermochten sie der deutschen Gesellschaft nicht zu oktroyieren. Bei den Meinungsführern in der Republik, im Grunde von links bis rechts, nährte das eine chronisch schlecht gelaunte Stimmung, welche sie wieder und wieder über mangelnde Reformen und ausgebliebene Veränderungen klagen ließ.[9] Deutschland wurde von ihnen zum »kranken Mann« Europas deklariert. Der Bundespräsident Roman Herzog äußerte sich in einer Rede im April 1997 in Berlin hochbesorgt über die »unglaubliche mentale Depression« im Land und forderte einen großen »Ruck« ein, womit er ein bis zu den Wahlen 1998 debattenprägendes Stichwort vorgegeben hatte.[10] Auch im Rückblick blieb die Wahrnehmung eines schier bedrückenden Reformstaus lange und fest erhalten, bei Journalisten wie auch bei Politologen. Jan Ross etwa wertete das Jahrzehnt negativ als »verlorene Jahre«[11]; der Politologe Roland Czada vermisste die Leitidee, die allein Reformen hätte inspirieren und fundamentieren können, wie insbesondere die Ära der Veränderungen im Übergang von den 1960er zu den 1970er Jahren gezeigt habe.[12]

Diese Sicht hat den Widerspruch, ja geradezu den Spott von Hans-Peter Schwarz, Biograf Konrad Adenauers und Helmut Kohls, hervorgerufen.[13] Die viel bejubelten Reformen in der Kanzlerschaft Willy Brandts hält der emeritierte Politikwissenschaftler eher für läppisch, ohne große Wirkungsbreite und -tiefe, für pure Oberflächenphänomene. Wirklich richtungsweisend und dabei von tief greifendem Ausmaß ging es Schwarz zufolge nur in zwei Jahrzehnten zu: den 1950er- und eben den 1990er Jahren, in der zweiten Hälfte also der Regierungsära Kohl, die gemeinhin als besonders stagnativ verrufen ist. Nun ist der Politologe Schwarz immer auch ein außerordentlich politisch

7 Vgl. Lu Seegers, Manager-Bilder. Leitvorstellungen und Wirtschaftshandeln in der Bundesrepublik Deutschland (1970–2000), in: Miriam Gebhardt u. a. (Hg.), Das integrative Potential von Elitenkulturen, Stuttgart 2013, S. 177–189, hier S. 187 f.

8 Vgl. Saskia Freye, Führungswechsel. Die Wirtschaftselite und das Ende der Deutschland AG, Frankfurt a. M. 2009, S. 115 ff.

9 Beispielhaft Hans Werner Sinn, Ist Deutschland noch zu retten?, Berlin 2004.

10 Rede nachzulesen unter URL: http://www.bundespraesident.de/SharedDocs/Reden/DE/Roman-Herzog/Reden/1997/04/19970426_Rede.html [eingesehen am 30.01.2015].

11 Jan Ross, Die verlorene Zeit. Ein kurzer Rückblick auf die langen neunziger Jahre, in: Merkur, Jg. 56 (2002) H. 7, S. 555–565.

12 Vgl. Roland Czada, Zwischen Stagnation und Umbruch, Die politisch-ökonomische Entwicklung nach 1989, in: Werner Süß, Deutschland in den neunziger Jahren. Politik und Gesellschaft zwischen Wiedervereinigung und Globalisierung, Opladen 2002, S. 203–225, hier S. 223.

13 Vgl. Hans-Peter Schwarz, Reformimpulse in den neunziger Jahren. Der Reformer Helmut Kohl, in: Güter Buchstab u. a. (Hg.), Die Ära Kohl im Gespräch, Berlin 2010, S. 557–578.

urteilender Autor, der beherzt im Streit der Meinungen Partei ergreift und dabei gewiss nicht ungern das linksliberale *Juste Milieu* ärgern möchte. Gleichwohl, die Lesart von Schwarz zu den neunziger Jahren ist keineswegs abwegig. Eher wirkt es in der Rückschau merkwürdig, wieso man dieses Jahrzehnt als veränderungsunwillig betrachtet. Im Osten Deutschlands war die jähe Zerschlagung aller bis dahin über Jahrzehnte tragenden Fundamente von einer historisch seltenen Rigidität und Entschlossenheit.[14] Neue Infrastrukturen, neue Verfassungsgebote, neue intermediäre Instanzen, ein neues Finanzwesen und eine neue Währung mussten eingeführt werden. Mindestens ebenso gravierend für die Bürger des vereinigten Landes, aber von ihnen zunächst kaum bewusst registriert, waren die Entscheidungen im Zuge der europäischen Integration, die Helmut Kohl fraglos zielstrebig und mit unbeirrter Entschiedenheit in Gang gesetzt und weit auf den Weg gebracht hatte, von der neuen europäischen Währung über die neuen institutionellen Kooperationsgeflechte, die in Deutschland zu Souveränitätsverlusten des nationalen Parlaments, insbesondere auch der Landtage führten. Auch die durchaus nicht marginalen Post- und Bahnreformen fielen in diese Jahre. All dies machte Deutschland – und nicht nur Deutschland – anders.

14 Vgl. Ulrich Herbert, Geschichte Deutschlands im 20. Jahrhundert, München 2014, S. 1147–1153.

Die Stillstands-Debatte der 1990er Jahre war unzweifelhaft ein Elitendiskurs. Vor allem im Wirtschaftsbereich, bei den größeren Unternehmen, insbesondere aber im Investmentsektor und der *New Economy* herrschte eine geradezu tolldreiste Goldgräberstimmung.[15] Der Aktienboom heizte die Gier nach rasch abgeschöpften Gewinnen noch mehr an. Denen, die so verdienten, konnte es gar nicht schnell genug gehen, die ihnen längst überlebte Industriegesellschaft zu verschrotten, den Finanzmärkten und -strömen völlig freien Lauf zu verschaffen, die Steuern markant zu senken, den »Sozialkitsch« samt der aufwendigen Wohlfahrtseinrichtungen eines entschieden zu »fetten Staates« in den Orkus der Geschichte zu versenken.

Nur: Andere hatten keineswegs den Eindruck einer stillgelegten und gemächlich vor sich hin dösenden Gesellschaft. Im Gegenteil, ihnen stellte sich die Realität zuweilen wie ein Albtraum des Gejagtwerdens, der hoffnungslosen Flucht, letztlich: der Zerstörung des bisherigen Seins dar. Im Osten des neuen Deutschlands war das evident, da vier Jahre nach dem Kollaps des Honecker-Regimes nur noch gut ein Viertel der früheren DDR-Bürgerinnen und -bürger an dem Platz arbeitete, den sie/er 1989 noch eingenommen hatte. Aber auch im Westen wuchs im Zuge der Vereinigungskrise bei vielen die Furcht davor, nicht mehr mithalten zu können, in das Lager der Gescheiterten, Entbehrlichen und Überflüssigen abgeschoben zu werden.[16] Die alte Industriegesellschaft, die zumindest in den konjunkturell guten Zeiten auch Ungelernten und ihren Familien über Arbeit ein selbst verantwortetes Leben hatte ermöglichen können, schien nun final ihren Abschied zu nehmen. 1996 war dafür ein Signaljahr: Die AEG und die Vulkanwerft gingen, neben weiteren 25.000 Unternehmen, in den Konkurs.[17] Und im selben Jahr marschierten in Bonn so viele Gewerkschaftsmitglieder – rund 350.000 – wie noch nie nach 1945 sozialkämpferisch gegen die Sparpläne der schwarz-gelben Bundesregierung auf, was Oskar Lafontaine, seit 1995 Vorsitzender der Sozialdemokraten, sogleich aufnahm und in politische Forderungen seiner Partei bis in das Wahljahr 1998 hinein vermittelte.

Empirische Erhebungen aus dem Jahr 2008 zeigten, dass die unteren Schichten lebensgeschichtlich die schlimmste Zeit, die fatalsten Brüche in ihrer Biografie in den 1990er Jahren verorteten, als nicht nur die schon zuvor existente Arbeitslosigkeit drückte, sondern als überdies die Neuen Medien, die neuen Technologien, die neue Währung, die neuen Ansprüche im Geschlechter- und Familienverhältnis, die Appelle zur fortwährenden Bildung ihnen auf den verschiedensten Ebenen zusetzten.[18] Mit einem Problem fertigzuwerden, hätte ihnen noch vielleicht gelingen mögen. Doch nun bündelten sich die Wandlungen und Zumutungen auf allen Seiten der Alltagsbewältigung.[19]

15 Auch Wolfram Weimer, Wer zu hoch fliegt, dem droht das Abseits, in: Frankfurter Allgemeine Zeitung, 18.04.1992.

16 Siehe hierzu u. a. Martin Kronauer, Exklusion: die Gefährdung des Sozialen im hoch entwickelten Kapitalismus, Frankfurt a. M. 2002.

17 Vgl. Werner Faulstich, Einleitung – zu den politischen, wirtschaftlichen und sozialen Konturen, in: Ders. (Hg.), Die Kultur der 90er Jahre, S. 7–20, hier: S. 11.

18 Siehe Franz Walter, vom Milieu zum Parteienstaat. Lebenswelten, Leitfiguren und Politik im historischen Wandel, Wiesbaden 2010, S. 203 ff.

19 Auch Heinz Bude, Schicksal, in: Ders. (Hg.), Deutschland spricht. Schicksale der Neunziger, Berlin 1995, S. 7–12.

Sie hatten nicht den Eindruck, in Zeiten des Stillstands zu leben, in denen man kommod innehalten und gemütlich ein schönes Päuschen genießen konnte. Im Grunde galt das auch gesamtgesellschaftlich.[20] In den 1990er Jahren überschnitten sich mehrere schwergewichtige Probleme und Krisen. Die Vereinigung in Deutschland musste gelingen. Der europäische Integrationsprozess war fortzuführen. Der Bürgerkrieg auf dem Balkan erforderte eine politische und hochkonsequente Haltung. Die mittelosteuropäischen Nachbarn durften im Transformationsprozess nicht alleingelassen werden. Im noch 1989 einigermaßen konsolidierten Staatshaushalt türmten sich nun wieder die Schuldenlasten. Die Arbeitslosigkeit war immens angestiegen, die Zahl der Asylsuchenden wuchs so sehr, dass das Grundgesetz in diesem Punkt umstritten und schließlich verändert wurde. Der Soziologe M. Rainer Lepsius hatte einmal darauf hingewiesen, dass Nationen kaum dazu in der Lage sind, mit sich überlappenden Basisherausforderungen, die sämtlich zeitgleich auftreten, auf zivile Weise fertig zu werden. Auch ein gut funktionierendes System kann in der Regel jeweils nur ein Großproblem konstruktiv lösen, denn jede Organisation – auch der Staat – besitzt eine beschränkte Leistungsfähigkeit. Insofern ist es in der Retrospektive verblüffend, dass am Ende des Jahrzehnts ein geordneter, demokratischer Regierungswechsel und nicht eine turbulente Desintegration stand.

HYPE DER MEDIEN

Gleichviel, ob die Menschen in der Tristesse eines so wahrgenommenen Stillstandes litten oder sich mit den ersten *Burnouts* infolge eines permanenten Veränderungsdrucks plagten, es gab die Kompensation der Unterhaltung. Die unterhaltenden Massen- und Medienkulturen hatten nicht mit den 1990er Jahren begonnen, aber doch einen weiteren qualitativen Sprung gemacht. 1992 erfreute sich mit RTL erstmals ein Privatsender der Marktführerschaft bei der »werberelevanten Zielgruppe« der 14- bis 49-Jährigen,[21] da ihn die Einschaltquoten vor ARD und ZDF katapultiert hatten. Ende des Jahrzehnts konnte man sich in einem deutschen Durchschnittshaushalt in 36 Programme einschalten.[22] Das hatte nicht nur Auswirkungen auf das Alltagsverhalten. Auch das Verständnis von Kultur, schließlich gar der Politik formte sich um. Die klassische bürgerliche Hochkultur verlor zwar nicht ihre überlieferten und vom Staat großzügig subventionierten Orte, aber ihre Vorbildstellung, ihr nach unten sickernder Prägestoff ging doch unübersehbar verloren. Die neuen Massenkulturen wurden noch ein Stück unelitärer, plebejischer, ja proletaroider. Das Privatfernsehen verschaffte sich überwiegend Aufmerksamkeit durch immer neu ausgetüftelte, artifizielle Events, operierte

20 Vgl. Herbert, S. 1158 ff.

21 Vgl. Rüdiger Heimlich, Der Wurm ist in der Mitte angekommen, in: Frankfurter Rundschau, 09.01.2009.

22 Vgl. Karin Knop, Zwischen Schock- und Onlinewerbung – Die Werbelandschaft in den 1990er Jahren, in: Faulstich, S. 215–234, hier S. 228.

mit Schock- und Ekelelementen, Regelverstößen und der fortwährenden Befriedigung verbreiteter Voyeurismusbedürfnisse.[23]

Das alles fand in diesem Jahrzehnt Eingang in Politik und Parteien. Besonders die frühere eher maßvoll auftretende Honoratiorenpartei FDP mutierte zum Ende des Jahrzehnts unter dem Generalsekretär Guido Westerwelle zu einer schrillen, grellen, sich lustvoll als Tabubrecher in Szene setzenden Spaß- und Protestpartei. Doch auch Sozialdemokraten und Grüne hatten zuvor bereits den Reiz und die schnelle Durchschlagskraft, in Bezug auf mediale Beachtung, das Mittel der Provokation entdeckt. Gerhard Schröder, Oskar Lafontaine, Joschka Fischer auch Jürgen Trittin hatten sich mit dieser Methode rasch bekannt gemacht und an die Spitze ihrer Partei gebracht. Doch erst im Jahrzehnt darauf gerieten die Tücken und Menetekel einer Politik gezielter Provokation – die notwendigerweise zu immer weiteren Zuspitzungen und Eskalationen drängen muss – in den Blick. In den 1990er Jahren trug sie zunächst allein zu einer Abkehr vom klassischen Parteientypus bei. Mitgliederorganisationen, Funktionäre, Programmelaborate büßten ihr Gewicht in der politischen Willensbildung und für die Rekrutierung der politischen Eliten ein. Denn als weit wichtiger erachtete man nun Medienkompetenz, besser noch: prononciertes Mediencharisma. Und statt auf prinzipientreue Aktivisten oder Theoretiker aus dem eigenen Parteienkosmos hörten die Spitzenwahlkämpfer jetzt verstärkt auf Meinungsforscher, Marketingexperten, Spin-Doktoren, professionelle Berater in *Think Tanks.*

So hatten sich die Sozialdemokraten, als sie nach 1998 in der Bundesregierung standen, von zentralen früheren politischen Positionen gelöst. Das wurde anfangs von den Medien als außerordentlich modern, unideologisch und pragmatisch gerühmt. Denn das Alte galt als Ballast, als überständiger Traditionsmüll. Doch hatten die rot-grünen Modernisierer, mit Ausnahme der ökologischen Steuerreform, nur wenig genuine Ideen, ein originäres Konzept. Die Generation Schröder kam an die Macht, ohne eine eigene wirtschaftspolitische, außenpolitische, sozialpolitische Philosophie. Alles wurde 1999 schon geborgt, sei es von den Briten, sei es von Skandinaviern, rasch wieder ausgewechselt, durch neue Anleihen ersetzt. Und so wirkten die Sozialdemokraten bald, als wüssten sie nicht mehr, welche Gesellschaft sie eigentlich anstrebten. Sie schienen sich nicht sicher zu sein, ob der Sozialstaat nun ein gelungenes Sozialmodell war oder doch eher ein bürokratisches Hemmnis gegenüber eigenverantwortlicher Initiativen. Sie schwankten darin, ob hohe Steuern Teufelswerk wären oder ein Segen für das Volk. Sie waren unentschieden darin, ob effektive Bürokratien wichtig für die gesellschaftliche Kohäsion waren oder eine Blockade für flotte privatwirtschaftliche Dynamik darstellten.

23 Siehe dazu z. B. URL: http://kurier.at/kultur/medien/erinnern-sie-sich-an-die-spielshows-der-90er/15.060.348/slideshow#15060348,14972718 [eingesehen am 31.01.2015].

Der Vertrauensschwund, den die Sozialdemokraten bei etlichen früheren Anhängern erlebten und bis heute nicht rückgängig machen konnten, hat hier, schon in den 1990er Jahren, in der Zeit ihres größten Triumphes bei den Bundestagswahlen 1998, seinen Anfang genommen. Die Sozialdemokraten haben in diesen Jahren des sogenannten »Dritten Weges« eine große historische Chance vertan, keineswegs nur in Deutschland. Denn sie verfügten zu jener Zeit in Europa weitflächig über die Regierungsmacht. Sie hätten die Finanzpolitik konzertieren, hätten harte Regeln für die Kapitalmärkte aufstellen können. Eben das forderten schon 1999 einige prominente frühere Herolde des Neoliberalismus wie Paul Krugman, Jeffrey Sachs, George Soros.[24] Sie wussten, wovon sie redeten, erkannten klar, dass das unkontrollierte globale Finanzsystem einer Katastrophe entgegensteuerte. Die Sozialdemokraten ignorierten all diese Warnungen; sie skandierten launig die neuliberalen Trinksprüche noch zu einem Zeitpunkt, als die Party längst ihren Höhepunkt überschritten hatte und der Katzenjammer sich schon andeutete. Hinzu kam, was der kundige journalistische Beobachter Werner A. Perger über die Führungspersonen der neuen Sozialdemokratien schrieb: »Sie hatten offenkundig keine Ahnung von den Alltagssorgen der Bürger, den Veränderungen am Arbeitsplatz, den Folgen des wachsenden Leistungsdrucks auf Familien.«[25] Auch Ralf Dahrendorf urteilte, der Auftritt der europäischen Sozialdemokratien des »Dritten Weges« sei allein »für diejenigen attraktiv« gewesen, die sich nicht bedroht gefühlt hätten.[26] Der Graswurzelverlust der Sozialdemokraten wurde sodann zur großen Chance des Rechtspopulismus in Europa. Die populistische Rechte wuchs und gedieh mit der bei ihr nun üblichen Sozialrhetorik trefflich an den Rainen des so genannten Dritten Weges.

DER DEZISIONISMUS DER TAT UND DER SEGEN DER TATENLOSIGKEIT

Das hatte ebenfalls seinen konstituierenden Ausgang in den 1990er Jahren. Was blieb, war der Dezisionismus der politischen Tat und der apodiktische Verweis auf deren unzweifelhafte »Alternativlosigkeit«. In den 1990er Jahren hatte die Politik die Vorzüge dieser Vokabel als Immunisierung eigener politischer Entscheidungen gegenüber jedweder Kritik entdeckt. Die Wiedervereinigung war demzufolge auch in ihrer Geschwindigkeit und Ausgestaltung »alternativlos«. Die Modellierung der Europäischen Union hatte sowieso den Gütestempel der »Alternativlosigkeit« erhalten. Später stand die »Alternativlosigkeit« verlässlich in der Überschrift, um Steuern zu senken, militärische Interventionen und Sozialeingriffe zu legitimieren. Um Politik in hochkomplexen Gesellschaften mit etlichen Vetomächten Handlungsmöglichkeiten zu

24 Vgl. hierzu Eric Hobsbawm, Der Tod des Neoliberalismus, in: Stuart Hall, Bewegung ohne Ziel, in: Ders. u. a., Tod des Neoliberalismus – es lebe die Sozialdemokratie?, Supplement der Zeitschrift Sozialismus, H. 1/1999, Hamburg 1999, S. 8 ff.; Paul Krugman, Die Große Rezession. Was zu tun ist, damit die Weltwirtschaft nicht kippt, Frankfurt a. M. 2001; Georg Soros, Die offene Gesellschaft. Für eine Reform des globalen Kapitalismus, Berlin 2001.

25 Werner A. Perger, Besserwisser habens schwer, in: Die Zeit, 14.10.2004.

26 Ralf Dahrendorf, New Labour und Old Liberty – Kommentare zum Dritten Weg, in: Neue Zürcher Zeitung, 14.07.1999.

verschaffen, entfernten die Regenten den strittigen Diskurs aus diesem selbst geschaffenen und unmittelbar abgesperrten Raum.

Doch gilt Gerhard Schröder, der Schulmeister der »Alternativlosigkeit«, weithin als der energische Mann, der Deutschland vom Mehltau der unreformistischen Kohl-Jahre befreit hat. Mit seiner Sozialreform, in der Bundestagsrede als Agenda 2010 am 14. März 2003 angekündigt und in die Hartz-Gesetzgebung gegossen, habe der Aufstieg aus dem tiefen Tal der Erstarrung und dem Strukturkonservatismus in den 1990er Jahren begonnen. Dabei war das Land schon vor der Agenda längst in diese Richtung in Bewegung geraten.[27] Die Lohnkosten in Deutschland waren im EU-Vergleich schon seit den 1990er Jahren außerordentlich langsam gestiegen, genauer: um weniger als die Hälfte des OECD-Durchschnitts. Die Gewerkschaften hatten in Tarifauseinandersetzungen große Zurückhaltung gezeigt. Verlorene Arbeitstage durch Streiks gab es kaum, erheblich weniger jedenfalls als in den USA oder in Großbritannien. Die Arbeitskosten waren dadurch in den letzten Jahren drastisch gesunken, auch hier: stärker als in den angelsächsischen Ländern. Die Großunternehmen fanden in der deutschen Sozialordnung flexible Voraussetzungen vor. Der Flächenvertrag hatte in weiten Bereichen seine Verbindlichkeit eingebüßt. Vor hohen Steuern mussten sich große Unternehmen in Deutschland ebenfalls nicht fürchten. Überhaupt war der deutsche Sozialstaat seit den 1970er Jahren keineswegs expansiv in die Breite gegangen. In der sozialen Sicherung war der bundesdeutsche Wohlfahrtsstaat gemessen an anderen Ländern der Europäischen Union gar zuletzt in das untere Mittelfeld abgerutscht; die Kosten, die in Deutschland kollektiv für Rente und Gesundheit aufgebracht wurden, lagen innerhalb des EU-Mittels. Zuletzt war auch in den Bereichen der Alters- und Krankenversicherung einiges reformiert und privatisiert worden. Grundlegend dereguliert worden war in den 1990er Jahren der Telekommunikations- und Energiemarkt. Privatisierungen waren damit einhergegangen, während zugleich der Anteil der staatlich Bediensteten Jahr für Jahr um etwa ein Prozent schrumpfte. Von einer massiven Bürokratisierung der Republik konnte also ernsthaft längst nicht mehr die Rede sein. Etliche Steuerreformen seit den 1980er Jahren hatten das unternehmerische Kapital von der Finanzierung der Gemeinschaftsaufgaben gar weitgehend dispensiert. Lange fort währten allerdings die Probleme aus dem Management der deutschen Vereinigung.[28] In deren Folge tätigte der Westen Deutschlands vor allem über die Sozialkassen jährliche Transfers in der Größe des Brutto-Inland-Produkts von Tschechien und Ungarn. Und diese Transfers, die im Wesentlichen in die Konsumtion flossen, rissen Jahr für Jahr Lücken und Löcher in die eigentlich fälligen Infrastruktur-, Bildungs- und

27 Vgl. o.V., Germany's economy – ready to motor?, in: The Economist, 20.=8.2005, S. 54–56.

28 Vgl. Heiner Gassmann, 30 Jahre Massenarbeitslosigkeit in der Bundesrepublik – ein deutscher Sonderweg, in: Leviathan Jg. 32 (2004) H. 2, S. 164 ff.

Integrationsinvestitionen. Dennoch lag der Westen nach wie vor ökonomisch im höheren Mittelfeld der modernen Volkswirtschaften, als es mit Hartz IV richtig losging.

Mehr noch: In der großen internationalen Finanz- und Wirtschaftskrise stand Deutschland allein deshalb so gut da, so zumindest der Befund von Guillaume Duval, weil es Schröder gerade *nicht* gelungen war, die überlieferten Strukturen des alten westdeutschen Modells komplett zu beseitigen.[29] Dazu zählt Duval den Föderalismus, die im Vergleich zu anderen europäischen Ländern nach wie vor vergleichsweise starken Verbände, nicht zuletzt die industrielle Mitbestimmung, das System institutionalisierter Kooperation, also all das, was in den Walpurgisnächten der neoliberalen Hexentänze verbrannt werden sollte, was in den 1990er Jahren des Stillstands gegen die (unfreiwillige) Allianz von Kohl und Lafontaine allerdings nicht umfassend funktionierte. Es kann schon sein, dass die gewaltigen Transformationsaufgaben und die Prägekraft institutioneller Traditionen in mehreren Bereichen der deutschen Gesellschaft während der 1990er Jahre für eine Art Teil-Stau gesorgt haben, der verhinderte, dass zerschlagen wurde, was Deutschland später in der ökonomischen Krise seit 2008 stützen sollte.

29 Guillaume Duval, Made in Germany: Le modèle allemand au-delà des mythes, Paris 2013.

Prof. Dr. Franz Walter, geb. 1956, ist Professor für Politikwissenschaft an der Universität Göttingen.

INTERVIEW

»AUFBRUCH IN EINE ANDERE WELT«

DIE 1990ER ALS KULTURJAHRZEHNT

Ξ Interview mit Dagmar Bussiek

Welche Schlagworte und Schlüsselbegriffe fallen Ihnen ein, wenn Sie über »Kultur in den 1990ern« nachdenken?

Die 1990er Jahre sind den meisten von uns noch aus eigenem Erleben mehr oder weniger in Erinnerung. Das bedeutet, dass viele von uns ihre subjektiven Vorstellungen davon haben, was in diesem Jahrzehnt wichtig gewesen ist. Dieser fehlende zeitliche Abstand bringt die Gefahr mit sich, dass es zu Verzerrungen und Fehldeutungen kommt. Mit aller Vorsicht glaube ich aber doch sagen zu können, dass die 1990er Jahre in Deutschland von einer fortschreitenden Individualisierung und Ausdifferenzierung der Lebensstile geprägt waren. Die Zahl der Einpersonenhaushalte stieg sprunghaft an, ebenso die Zahl der unverheiratet zusammenlebenden Paare, der Alleinerziehenden und Patchworkfamilien. Die traditionelle Kernfamilie – Vater, Mutter, gemeinsame Kinder in einem Haushalt – verlor zwar nicht an gesellschaftlicher Prägekraft, wurde aber zunehmend von einem Leitbild zu einer Lebensform unter anderen.

Dies waren Entwicklungen, die nicht zuletzt auch von dem immer lauter werdenden Ruf nach Mobilität und Flexibilität begleitet waren. Arbeitsverträge wurden vermehrt befristet, was die persönliche Zukunft schwerer planbar machte. Immer selbstverständlicher wurde erwartet, dass Menschen für einen neuen Job einen Umzug in eine andere Stadt oder Region in Kauf nahmen, und dies nicht nur einmal, sondern mehrfach im Leben. Leistung, Konsum, aber auch Selbstverwirklichung sind hier die Stichworte.

Das soziale Klima in Deutschland wurde durch die Massenarbeitslosigkeit im Osten erheblich beeinträchtigt. In den frühen 1990er Jahren explodierten die Zahlen der Migranten, die in Deutschland eine neue Heimat suchten, es kam zu einer Reihe von ausländerfeindlichen Anschlägen, rechtsradikale

 INDES, 2015–1, S. 18–26, © Vandenhoeck & Ruprecht GmbH & Co. KG, Göttingen, 2015, ISSN 2191-995X

Parteien verzeichneten Zulauf, die Öffentlichkeit diskutierte hitzig das Asylrecht, das schließlich geändert wurde. Linke und kritische Köpfe fürchteten, das neue Deutschland könne nach rechts rücken. Wenn ich an den Beginn meiner Studienzeit im Jahre 1992 denke, so fällt mir die weit verbreitete Wohnungsnot in westdeutschen Großstädten ein; es war eine echte Herausforderung, mit schmalem Budget bezahlbaren Wohnraum zu finden.

Politisch gesehen halte ich das zunächst sehr schwierige Zusammenwachsen von Ost und West nach der deutschen Vereinigung von 1990 für das Kern- und Schlüsselthema dieser Dekade. Für Millionen ehemalige DDR-Bürger war mit dem SED-Staat ihre gewohnte Lebenswelt zusammengebrochen. Sie hatten für die Freiheit gekämpft, mussten nun aber feststellen, dass das Leben in Freiheit einen Preis forderte: vor allem den Verlust von sozialen Gewissheiten. Viele fühlten sich »abgewickelt«, abgehängt und klagten über westliche Kälte, Arroganz und Besserwisserei (»Besserwessis«). Auch auf der anderen Seite der ehemaligen deutsch-deutschen Grenze gab es Ressentiments: Träge seien »die Ossis«, anspruchsvoll und undankbar. Die Herstellung der inneren Einheit war, wie Werner Süß formuliert hat, das Programm des Jahrzehnts. Zugleich musste das größer gewordene Deutschland eine neue Rolle in der internationalen Staatenwelt finden. Das alles ging nicht von heute auf morgen und hat sehr viele Kontroversen entfacht.

In letzter Zeit ist häufig die Rede von einer Rückkehr von Geschlechterstereotypen, so lassen z. B. Kleidung und Zimmereinrichtung wieder eindeutig das Geschlecht des Kindes erkennen (Mädchen rosa, Jungen blau) – und zwar milieuübergreifend, auch in links-alternativen Kreisen. In den 1990ern schien das noch anders. Was sagt diese Beobachtung über die 1990er bzw. vor allem über die damalige Elterngeneration aus? Und, generell, was ist an den 1990ern in frauenpolitischer Hinsicht bemerkenswert?

Der aktuelle Rosa-Hype ist mir, ehrlich gesagt, ein Rätsel; ich bin keine Soziologin und kann nur vermuten, dass die Konzerne und die Werbung hier eine zentrale Rolle spielen. Mittlerweile gibt es ja sogar schon geschlechtsspezifische Kinderüberraschungseier. Dennoch würde ich behaupten wollen, dass wir in frauenpolitischer Hinsicht seit den 1990er Jahren einen großen Schritt vorangekommen sind, allen nach wie vor bestehenden Geschlechterstereotypen und Ungleichheiten zum Trotz. Denken Sie nur daran, dass Vergewaltigung nach deutschem Strafrecht bis 1997 als außerehelich definiert war; Vergewaltigung in der Ehe war somit kein Straftatbestand. Wenn man das heute mit jungen Studentinnen in Seminaren diskutiert, reagieren sie regelrecht ungläubig.

Die gesellschaftliche Rolle der Frau war ein großes Thema in den 1990er Jahren. Das Jahrzehnt eröffnete beachtliche, vorher in dieser Form und diesem Ausmaß nicht gekannte Karrierechancen für Frauen. Im Vergleich zur »alten« Bundesrepublik bis 1989/90 holten Frauen in einigen qualifizierten Berufsfeldern stark auf, machten sich häufiger als Unternehmerinnen selbständig, arbeiteten öfter als Lehrerinnen, Ärztinnen, Apothekerinnen, Rechtsanwältinnen usw. 1992 wurde die evangelische Theologin Maria Jepsen Hamburger Landesbischöfin und damit erste Bischöfin einer christlichen Kirche in Europa.

Auffällig war die zunehmende Präsenz von TV-Moderatorinnen, nicht nur in den jungen Musikkanälen. Margarethe Schreinemakers, Barbara Eligmann und Sabine Christiansen sind z. B. Namen, die man hier nennen sollte. Die Medien stürzten sich auf das Phänomen »Karrierefrau« und berichteten besonders gerne über Ausnahme-Frauen, die es schafften, ihren beruflichen Erfolg mit einer Familie zu vereinbaren. Die Schauspielerin Uschi Glas, Serienstar und dreifache Mutter, verkörperte ein entsprechendes Image, ebenso die Bestsellerautorin Hera Lind, die 1994 mit dem Unterhaltungsroman »Das Superweib« einen spektakulären Millionenerfolg landete; die Geschichte der märchenhaften Überraschungskarriere einer in ihrer Ehe frustrierten jungen Mutter wurde mit Veronica Ferres in der Hauptrolle verfilmt. Hera Lind, die selbst vier Kinder hat, war damals Dauergast in den Talk-Shows und kokettierte gerne damit, dass sie besonders gut schreiben könne, wenn sie schwanger sei. Das war ein Thema, das die Medien liebten, und es sagt viel über den Zeitgeist aus.

Zugleich muss man allerdings auch sagen, dass die Ansprüche an die Lebensentwürfe von Frauen im Zuge dieser Entwicklung stiegen und z. T. unrealistische Züge annahmen. Hatten die Frauen in Deutschland/West über Generationen gelernt, dass sie sich zwischen Kindern und Karriere zu entscheiden hätten, so wurde nun immer stärker das Vereinbaren beider Lebensbereiche zum Ideal oder sogar zur mehr oder weniger sanften Forderung, ohne dass dafür die Infrastruktur vorhanden gewesen wäre, Stichwort: Kinderbetreuung.

Ein populärer kultureller Schlachtruf des Jahrzehnts lautete »Girlpower!« – in den Medien verkörpert durch eine große Anzahl von Girlbands, allen voran natürlich die Spice Girls. Wie können Sie sich diesen Hype um die jungen Frauen erklären? Inwiefern stehen die 1990er – auch und gerade in der Kultur – für einen »neuen« Feminismus?

Die Hintergründe der Girlie-Bewegung, nach der Sie fragen, werden sicherlich noch die Forschung beschäftigen. Möglicherweise kann man sie im Kontext der in der zweiten Hälfte des Jahrzehnts medial ausgerufenen »Spaßgesellschaft« verstehen oder auch der Popkultur des postfeministischen Zeitalters.

Generationell gesehen waren es die Töchter der Frauenbewegung, die in den 1970er Jahren in vielen westlichen Ländern für ihre Rechte auf die Straßen gegangen war. Es gab eine bewusste Abgrenzung von dem älteren Feminismus à la Alice Schwarzer, der den jungen Frauen verbissen und freudlos erschien. Die neuen Schlagworte lauteten: Selbstbewusstsein, Spaß, Sex. Als der *Spiegel* den »Mädchen-Kult« im Jahre 1994 zum Thema machte, wurde eine damals 23jährige Studentin folgendermaßen zitiert: »Für mich ist die Frauenbewegung Geschichte. Ich stehe nicht jeden Morgen auf und danke der Frauenbewegung für alles, was sie mir ermöglicht hat. Ich danke ja auch nicht jeden Tag dem Erfinder des elektrischen Lichts.« Feministinnen, die zwanzig Jahre zuvor unter größten öffentlichen Anfeindungen für mittlerweile scheinbar selbstverständlich Gewordenes gekämpft hatten, fühlten sich von einer solchen Haltung vor den Kopf gestoßen. Die Debatte hatte auf jeden Fall einen Generationen-Aspekt.

Was vermutlich in Ostdeutschland wiederum anders war?

Was das gesamtgesellschaftlich gültige Frauenbild betrifft, so hätten die Unterschiede kaum größer sein können. Die DDR hatte vierzig Jahre lang das Leitbild der erwerbstätigen Mutter propagiert und im Rahmen des Möglichen auch alles dafür getan, dass Familie und Erwerbsarbeit vereinbar waren. Das Kinderbetreuungsnetz im Osten war so engmaschig wie sonst wohl nirgendwo in der Welt. Als die Mauer fiel, waren rund neunzig Prozent der Frauen »werktätig«, wie es in der DDR hieß, die meisten von ihnen in Vollzeit.

In der Bundesrepublik dagegen war die Frauenerwerbsquote auch im Vergleich zu den meisten anderen westeuropäischen Ländern auffallend niedrig und die Voraussetzungen, als Mutter außer Haus erwerbstätig zu sein, waren besonders schlecht. Und das war politisch gewollt: Noch bis 1976 war das Leitbild der so genannten Hausfrauen-Ehe mit dem männlichen Ernährer in der BRD sogar gesetzlich verankert gewesen. Mütter mit kleinen Kindern, die ohne finanzielle Not ihrem Beruf nachgingen, wurden als »Rabenmütter« stigmatisiert. Aufgrund ihrer finanziellen Unabhängigkeit war es den Frauen im Osten eher möglich gewesen, unbefriedigende Partnerschaften zu verlassen oder ein Kind außerehelich zu bekommen. Die Scheidungsrate war um ein Drittel höher als im Westen. In den späten 1980er Jahren kam in der DDR jedes dritte Kind außerehelich zur Welt, in der Bundesrepublik jedes zehnte.

Die zahlreichen alleinerziehenden Mütter und ihre Kinder in den »neuen« Bundesländern waren in den wirtschaftlich schwierigen Jahren nach der deutschen Einheit die Hauptverlierer. 1992 lag der Anteil der Frauen an allen ostdeutschen Arbeitslosen bei 65 Prozent, an den Langzeitarbeitslosen bei 75 Prozent. Für Menschen, die im totalitären Staat kollektiv dazu erzogen worden

waren, sich über ihre Erwerbstätigkeit zu definieren, war das nicht nur eine soziale, sondern auch eine mentale Katastrophe. Die öffentliche Kinderbetreuung ist übrigens bis heute in den so genannten neuen Ländern deutlich stärker ausgebaut als im Westen, obwohl es Angleichungsprozesse gegeben hat, insbesondere nach der Einführung des Rechtsanspruchs auf einen Kindergartenplatz für Kinder vom vollendeten dritten Lebensjahr bis zur Einschulung im Jahre 1996.

Auch in der Modeszene haben die Models die Designer überstrahlt; Naomi Campbell, Cindy Crawford, Claudia Schiffer etc. personifizierten die »Ära der Supermodels«. Lässt sich auch das entsprechend als (neue) Vormachtstellung der Frauen, als charakteristisch für dieses Jahrzehnt betrachten? Oder ist dies eine idealisierte Vorstellung – schließlich gilt gerade die Modebranche als besonders umstritten, was die Reduktion von Frauen auf ihren Körper betrifft?

Es ist ein Kennzeichen der Dekade, dass weibliche Models einen Star-Kult auslösten wie sonst nur Schauspielerinnen. Ob man das als ein Zeichen neuer weiblicher Vormachtstellung oder als Ausdruck der Reduktion von Frauen auf ihren Körper betrachten sollte, möchte ich dem Urteil des Einzelnen überlassen. Ganz sicher hängt die »Ära der Supermodels« aber mit dem sich ausbreitenden Körperkult in den 1990er Jahre zusammen.

Inwiefern?

Das Kreisen um den eigenen Körper kennt viele Ausprägungen; Diäten und Sport gehören dazu und die Frage, wo aus dem Streben nach einem schlanken und gesunden Körper eine Besessenheit wird, die möglicherweise mehr Schaden als Nutzen anrichtet. Die 1990er Jahre standen im Zeichen von Schlankheitsidealen, haben sie aber nicht hervorgebracht. Schlankheit ist in der westlichen Kultur schon lange »in« gewesen, und das erste Mager-Modell, die Engländerin Twiggy, wurde in den 1960er Jahren zum Idol.

Der spezifische Körperkult der 1990er Jahre ergriff neben den Frauen auch die Männer, die sich in zunehmendem Maße in Fitnessstudios für einen muskulösen »Body« quälten. In der jungen Generation wurden Tattoos gesellschaftsfähig oder sogar chic, nachdem sie der bürgerlichen Mittelschicht zuvor als Merkmal des Asozialen, der Halb- und Unterwelt gegolten hatten. Das bekannteste Beispiel für die Tattoos der 1990er Jahre bei Frauen wurde das so genannte »Arschgeweih«, ein direkt über dem Po angebrachtes Zeichen, das am besten zur Geltung kam, wenn die Trägerin zwischen einem kurzen Shirt und einer niedrig sitzenden Hose ein Stück nackte Haut präsentierte. Dass man für diese Mode schlank sein musste, erklärt sich von selber. Zu den Tattoos gesellten sich Piercings – und in beiden Fällen muss man für die Schönheit zumindest kurzfristig leiden.

Schönheits-Operationen, noch in den 1980er Jahren als typisches Zeichen US-amerikanischen Lifestyles betrachtet und fast kollektiv abgelehnt, wurden in Deutschland in den 1990er Jahren prominent, wobei weibliche Brustvergrößerungen und Gesichtsstraffungen im Zentrum standen. Schönheit, auch gerne mit Leiden verknüpft, hatte einen hohen gesellschaftlichen Stellenwert. Man kann dies als Ausdruck einer sich selbst inszenierenden »Spaßgesellschaft«, auch als Zeichen von Hedonismus begreifen.

Kommen wir noch einmal auf die Magersucht als eines der Krankheitsbilder zu sprechen, die man sehr stark mit den 1990ern verbindet. Welche Faktoren trugen Ihrer Ansicht nach dazu bei? Gibt es womöglich noch andere Leiden, die »typisch« für die 1990er waren? Schließlich lassen sich ja häufig bestimmte psychische Leiden mit einem spezifischen Zeitgeist verknüpfen – etwa die »Neurasthenie« zu Beginn des 20. Jahrhunderts oder das jüngst häufig diagnostizierte »Burnout«.

Denke ich an meine Studienzeit in den 1990er Jahren, so fällt mir auf, dass ich zwar einige Vegetarier, aber keinen einzigen Veganer kannte. Ich kannte nicht einmal das Wort. Der Trend zum Veganismus, den es damals bereits gab, war noch ein absolutes Randgruppen-Phänomen.

Aber Essen wurde zunehmend zum Thema, Stichworte: Fast Food, Slow Food, Vegetarismus, Feinschmecker-Essen, Bio-Essen usw. Dies hatte möglicherweise auch etwas mit der allmählichen Auslagerung der Mahlzeiten aus dem häuslich-familiären Bereich zu tun. Essen wurde nicht mehr selbstverständlich drei bis vier Mal am Tag von der Hausfrau auf den Tisch gebracht, sondern musste immer häufiger individuell organisiert werden. Insbesondere berufstätige Singles waren anfällig für die sich ausbreitenden Verlockungen der Snack-Kultur. Hat es die Theken mit den bunten, üppig belegten Brötchen beim Bäcker nebenan eigentlich schon in den 1980er Jahren gegeben? Oder haben wir uns da noch selber die Butterbrote geschmiert?

Auf jeden Fall waren die 1990er das Jahrzehnt, in dem die großen Fastfood-Ketten boomten und die Pizza-Bringdienste wie Pilze aus dem Boden schossen.

Dies ist nur scheinbar eine gegenläufige Entwicklung zum grassierenden Schlankheitswahn. Als besonders extremer Ausdruck dieser Entwicklung kann das Umsichgreifen von Essstörungen gesehen werden, wobei hier wieder die Frage nach dem Einfluss der Medien gestellt werden muss. Möglicherweise verbinden wir die 1990er Jahre auch deshalb mit dem Krankheitsbild der Magersucht, weil hier erstmals ausführlich über diese Erkrankung berichtet wurde. Umgekehrt können entsprechende Medienberichte die Tendenz zum Hungern unter jungen Menschen noch einmal verstärkt haben.

Bulimie, also die Ess-Brech-Sucht, war ein weiteres großes Thema der 1990er Jahre, was auch im Zusammenhang mit dem schlagzeilenträchtigen Outing der englischen Prinzessin Diana – einer Ikone ihrer Zeit – zu Beginn des Jahrzehnts stand. Die modellhaft schlanke Gattin von Thronfolger Charles hatte ihrem Biografen Andrew Morton nicht nur ihr Ehe-Desaster anvertraut, sondern auch berichtet, dass sie seit rund zehn Jahren unter zwanghaften Essanfällen mit anschließend absichtlich herbeigeführtem Erbrechen leide und deshalb in therapeutischer Behandlung sei. Der breiten Öffentlichkeit war diese Form der Essstörung damals noch so unbekannt, dass die Medien zunächst einmal Aufklärungsarbeit zu leisten hatten. Viele Menschen, v. a. Frauen, die ihre Ess- und Brechanfälle bis dahin für eine persönliche Perversion gehalten hatten, waren erleichtert zu erfahren, dass sie unter einer Krankheit litten – und dass sie mit dieser Krankheit nicht allein waren. Insofern hatte die mediale Thematisierung von Essstörungen auch positive Auswirkungen.

Wenn man nun spezifisch nach der Politik fragt, besonders nach den habituellen oder auch ästhetischen Facetten: In den 1990ern beherrschen charismatisch bis autoritär-chauvinistisch, jedenfalls selbstbewusst auftretende Männer die politische Bühne, man denke an Schröder, Blair, Jelzin, Clinton – und vor allem an Schröder, der sich selbst gerne als »Macher« inszenierte, Frauen- und Familienpolitik »Gedöns« nannte. Sind die 1990er das letzte Jahrzehnt der »männlichen Leitwölfe«, wäre ein solches Auftreten heute undenkbar?

Gegenfrage: Beherrschen solche Männer die politische Bühne nicht bis heute? Barack Obama ist ein ausgesprochener Charismatiker, der von den Medien zu Beginn seiner Präsidentschaft fast zum Erlöser stilisiert wurde. Sein Vorgänger George W. Bush inszenierte sich, ebenfalls im 21. Jahrhundert, als kerniger Rancher in Cowboystiefeln. Wladimir Putin ist geradezu die Verkörperung von persönlicher Autorität und posiert für Fotokameras als Naturbursche. Nein, ich denke nicht, dass die »Leitwölfe« ausgedient haben.

In Deutschland mag durch den dezenten, bodenständigen Stil von Angela Merkel derzeit eine andere Kultur eingezogen sein, aber dies ist nicht zwingend unumkehrbar. Um die Begeisterung vieler Menschen für Gerhard Schröder in den späten 1990ern zu verstehen, muss man m. E. seinen Vorgänger Helmut Kohl ins Auge fassen. Ich spreche jetzt bewusst nicht von politischer Programmatik, nicht von politischen Inhalten, sondern von Habitus. Im Vergleich zu dem altväterlichen Schwergewicht aus der Pfalz kam Schröder jung, dynamisch und frisch rüber. Allerdings meine ich mich zu erinnern, dass seine Selbstinszenierung mit feinem Anzug und dicker Zigarre in seiner eigenen Partei, der SPD, Abwehrreaktionen auslöste. Der »Genosse der Bosse« war an der Basis nicht nur beliebt.

Nun noch einmal grundsätzlicher: In den 1990ern war generell vieles im Umbruch, politisch oder auch mit Blick auf die digitale Welt – passt das Schlagwort »Aufbruch« kulturell für dieses Jahrzehnt?

Eindeutig. Die 1990er Jahre waren nach dem Ende des Kalten Krieges und des Systemgegensatzes ein Aufbruch in eine andere Welt. Viele Entwicklungen, die damals begannen, begleiten uns bis heute, haben sich z. T. ausdifferenziert oder auch verschärft. Die Stichworte Flexibilität, Mobilität und Ausdifferenzierung wurden bereits genannt. Auch die Debatte um die gesellschaftliche Rolle der Frau und die Vereinbarkeit von Familie und Beruf geht weiter und hat bereits Früchte getragen.

Es gibt zudem eine ganze Reihe Aspekte, die ich hier jetzt nur kurz ansprechen möchte. Der Siegeszug des Privatfernsehens gehört dazu, der unsere Sehgewohnheiten veränderte. Die 1990er Jahre waren die Geburtsstunde des so genannten *Reality-TV*, das heute einen großen Teil der Programmgestaltung ausmacht. In den 1980ern hätte sich wohl kaum jemand vorstellen können (und mögen), dass Menschen vor laufender Kamera ihre Seitensprünge besprechen, ihre Schulden offenlegen und ihre Kinder gebären. Heute gehört dies ebenso zur »Normalität« des TV-Alltags wie Talkshows und Soaps mit potenziell unendlicher Laufzeit à la GZSZ. Am Ende der 1990er Jahre eroberte das Internet allmählich die Büros und Privathaushalte der Durchschnittsbürger. E-Mails wurden um die Jahrtausendwende zu einem Medium, das schon bald gar nicht mehr wegzudenken war. Wie haben wir eigentlich vorher gelebt, ja: überlebt – so ganz ohne Internet und ohne Mails? Es fällt schwer, sich zu erinnern.

Zum Abschluss: Mitunter lassen sich nicht nur allgemein Jahrzehnte besonders charakterisieren, manchmal sind es im Speziellen einzelne Jahre, in denen sich Ereignisse, Entwicklungen, Trends zu einer »Chiffre« verdichten – das bekannteste Beispiel ist sicher »1968«. Auch 1913 scheint ein solches Jahr zu sein, der Band von Florian Illies zeigt dies. Gibt es Ihrer Ansicht nach in den 1990ern auch ein solches Jahr, das besonders heraussticht?

Nein, von einem einzelnen Jahr, in dem sich die Trends der Dekade verdichten, möchte ich in diesem Fall nicht sprechen. Stattdessen sollte man betonen, dass das Jahrzehnt unter historischen Aspekten ein bisschen länger dauerte als nur zehn Jahre. Für Deutschland begannen die 1990er bereits mit dem Fall der Berliner Mauer am 9. November 1989. Danach war nichts mehr wie vorher, und zwar nicht nur für die Bürger der DDR, sondern auch für die Westdeutschen.

Neue politische, wirtschaftliche und soziale Herausforderungen standen an; Themen, die in den 80ern in der BRD wichtig gewesen waren, wie etwa der Umweltschutz, verschwanden zwar nicht langfristig von der Agenda, verloren aber angesichts der aktuellen Entwicklungen zunächst einmal an Relevanz, zumindest in den Augen vieler Politiker und Bürger. Der Kalte Krieg ging zu Ende. Das Menschheitsexperiment Sozialismus, das einst mit so großen humanen Träumen und Zielen in die Welt getreten war, war gescheitert. Vielen erschien der Kapitalismus westlicher Prägung nun als alternativlos.

Vom Ende der Geschichte hat der Politikwissenschaftler Francis Fukuyama damals gesprochen: Er ging davon aus, dass sich das liberale Prinzip von Demokratie und Marktwirtschaft nun überall auf dem Erdball durchsetzen werde. Doch natürlich ging die Geschichte weiter. Mit dem Terroranschlag vom 11. September 2001 wurde weltweit ein neues Kapitel aufgeschlagen, die Auseinandersetzung mit dem Islamismus ist seitdem international ein zentrales Problem. Insofern markieren die zusammenstürzenden Twin Towers in New York das Ende der 1990er Jahre.

Prof. Dr. Dagmar Bussiek, geb. 1973, promovierte im Fach Neuere und Neueste Geschichte und ist derzeit Gastprofessorin für Sozial- und Kulturgeschichte an der Leuphana Universität Lüneburg.

Das Interview führten Katharina Rahlf und Marika Przybilla.

EIN STAAT, ZWEI ERZÄHLUNGEN

DAS »ANDERE DEUTSCHLAND« IM RÜCKBLICK

Ξ Wolfgang Engler

25 JAHRE DANACH

»Erinnert Euch, und zwar geziemend, Deutsche in Ost und West!«, hieß die unausgesprochene Losung der Jubiläumsfeiern aus Anlass des 25. Jahrestags des Mauerfalls vom 9. November 1989. Politisch wie medial beschwor man diesen Glückstag der deutschen Geschichte, indem man die Geschehnisse von damals wieder und wieder Revue passieren ließ, das Fernsehen zeigte Endlosschleifen, die Öffnung des ungarisch-österreichischen Grenzzauns, die Prager Botschaft, Demonstrationen in Leipzig und Berlin, Schabowskis Statement, ein produktives Missverständnis, das die Nacht sogleich zum Tage werden ließ, gen Westen strömende Massen, Tränen, Umarmungen, Fassungslosigkeit ob dieses Wunders, in einen Einwortsatz gekleidet: »Wahnsinn!«. Zeitzeugen referierten abermals, was sie in diesen Monaten, Tagen, Stunden mehr fühlten als dachten, glücklich darüber, was sie gemeinsam mit Hunderttausenden vollbracht hatten. Kaum ein Wort über die Erwartungen, die Hoffnungen, die mit dem kollektiven Aufbruch der Ostdeutschen einhergingen, welche sich erfüllten, welche platzten, wie die Welt, global betrachtet, 1989 aussah und wie es 25 Jahre darauf um sie bestellt war. Wer dazu anhob, wurde kühl bedankt sowie daran erinnert, dass er sich just jener Freiheit der Kritik bediene, die ihm der alte Staat verweigert habe. Wer genauer hinhörte und hinsah, fühlte sich inmitten der allgemeinen Partystimmung wiederkehrend an die frühen Nachwendejahre erinnert, als viele, noch eben zum Erzählen aufgelegt, entschieden, ihre Worte künftig sorgsam abzuwägen.

LEHRMEISTER UND IHRE SCHÜLER

Dass die neunziger Jahre, gerade zu Anfang, keine guten Jahre für das gemeinschaftliche, öffentliche Erinnern waren, besitzt außer dem angedeuteten noch eine ganze Reihe weiterer Gründe.

Die Zeit war schlicht nicht reif dafür. Was vorbei war, war noch nicht vergangen, auf Abstand gebracht, zum Objekt abwägender Betrachtungen geworden. Um derart in den Blick genommen zu werden, muss das Gewesene vom momentan Erlebten abgespalten werden können und zugleich präsent genug sein, um aus eigenem Erleben von einer Seite des Spalts zur anderen zu gelangen; hinreichend fremd, doch noch vertraut. Nach dem Beben der Französischen Revolution vergingen Jahrzehnte, ehe Schriftsteller und Historiker bleibende Werke dieses epochalen Ereignisses schufen. Der »große Nachwenderoman« aus berufener, d.h. ostdeutscher Feder ließ ebenso und rechtens auf sich warten wie die umfassenden Bestandsaufnahmen des Komplexes »DDR« durch einheimische Geschichtsschreiber und Soziologen. Dazu musste man vergleichen können und zum Vergleichen müssen frische Eindrücke hinabgesunken sein in das Gedächtnis, sich auf frühere legen, an ihnen reiben, zu ihnen ins Verhältnis setzen.

Die gebieterische Notwendigkeit, ihr Leben unvermittelt unter gänzlich veränderten Voraussetzungen zu führen, ökonomischen, politischen, rechtlichen, lenkte den Blick der Ostdeutschen zusätzlich von der Vergangenheit ab, fokussierte ihn aufs Hier und Jetzt, und zwar desto unerbittlicher, je mehr sich praktische Bedrängnisse hinzugesellten.

In den Jahren unmittelbar nach der Wiedervereinigung begegneten sich West- und Ostdeutsche vielfach in der Rolle von Lehrern und Schülern. Die Lehrmeister hegten in aller Regel wenig Zweifel an jenem Wissen, jenen Fähigkeiten, die sie den Neubürgern zu vermitteln aufgebrochen waren, und bestätigten diese nur allzu bereitwillig in ihrer Auffassung, keine Erbschaft zu besitzen, mit der weiter zu handeln und zu wandeln wäre. Erfolgreich anzukommen in dem neuen Staat hieß vergessen und vergessen und vergessen. Kaum im Beitrittsgebiet gelandet, erinnerten sich die Lehrer oftmals anstelle ihrer Schüler, unterwiesen diese nebenher und gratis in deren eigentlicher Lebenswahrheit.

DOPPELTE VERKENNUNG

Menschen brechen üblicherweise erst dann mit einer Lebensform, wenn diese dermaßen unerträglich geworden ist, dass sie die existentiellen Risiken eines Bruchs mit dem Bestehenden zu tragen bereit sind. Sie können diesen Bruch nicht vollziehen, ohne das, wovon sie sich lösen, zunächst im Ganzen zu verwerfen. Erst diese Gesamtverwerfung flößt ihnen den Mut zum Aufbegehren ein. Die Einsicht, dass das alte, das »falsche Leben« auch brauchbar Neues in sich geborgen hatte, konnte sich gegen die Oberstimme – »Es war verkehrt, vergeblich, sinnlos« – erst nach und nach Gehör verschaffen.

Zunächst stand etwas anderes auf der Tagesordnung: die Abrechnung mit dem Staatswesen DDR. Dessen Leidtragende traten jetzt als Kläger auf den Plan und brandmarkten am eigenen Fall die Praktiken von Einschüchterung, Überwachung, Drangsalierung und Willkür. Klagen, Schadensmeldungen, Entschädigungsansprüche genossen Vorfahrt beim Gedenken an das hingeschiedene Land, und das entsprach der allgemeinen Stimmungslage seinerzeit. Wer von sich selbst weder als Oppositionellem, noch als Opfer noch als Täter zu berichten wusste, drang öffentlich kaum durch. Die einen saßen zu Gericht, die anderen verkrochen sich in ihre diskreditierten Zirkel, wo sie sich ihrerseits als Opfer inszenierten, als Opfer der »Siegerjustiz«. Arenen zur Selbstverständigung über das ganz gewöhnliche Leben standen vorderhand nicht zu Gebote.

Die politische Formatierung des kollektiven Erinnerns wirkte in dieselbe selektive Richtung. Sein vormaliges Dasein auf legitime Weise zu rekapitulieren hieß einzugestehen, dass man bislang in einer »Diktatur« oder, konsequenter, in einem »totalitären Staat« gelebt hatte und den aufrechten Gang soeben erst probte. Diese Zumutung verprellte viele an sich auskunftsbereite Menschen. Neue Sprachregelungen anstelle der alten waren so ziemlich das Letzte, was sie mit einem offenen Austausch verbanden. So blieben selbst die Münder derer verschlossen, die mit der DDR ihr Hühnchen zu rupfen hatten, aber zu ihren Bedingungen sprechen wollten. Ihre zaghaft aufkeimende Erinnerung vollzog sich im Privaten und entkoppelte sich Schritt für Schritt vom juristisch-politisch-medialen Erinnerungsdiskurs. Frühe Aufspaltung der Rückschau in zwei inkommensurable Erzählstränge, einen offiziellen und einen informellen; dort die Gerichte, Experten, Kommissionen, die Anstalten zur »Aufarbeitung«, hier die von früher vertrauten Gespräche im Familienkreis, mit Freunden und Bekannten, zunehmend beherrscht vom trotzigen Beharren auf der eigenen Wahrheit. Doppelte Verkennung: die Gesellschaft entweder im festen Griff der Obrigkeit, ihrer Organe, oder aus dem Herrschaftszusammenhang weitgehend herausgelöst; Repressions- vs. Alltagsnarrativ.

PROBLEMATISCHE NEUAUFSTELLUNG

Menschen, die demonstrativ mit einer Ordnung brachen, bevor sie überwunden wurde, stehen häufig in der Versuchung, die anderen, die aushielten, als

Mitläufer, wenn nicht Mittäter zu beschämen. Höhere moralische Autorität als Startkapital für die neue Zeit? Besser das als Generalpardon. Die einst das Wort führten, lernen zuzuhören, jene, die Schlüsselpositionen besetzten, treten ins zweite, dritte Glied zurück oder fangen von vorne an.

Das jedoch muss ihnen zugestanden werden, sofern sie keiner schweren Vergehen schuldig befunden werden. Für eine solche Neuaufstellung bedarf es zweierlei: einer Unterscheidung zwischen Verfehlungen, die rechtliche Konsequenzen nach sich ziehen und solchen, die mit moralischen Sanktionen beantwortet werden sowie Fingerspitzengefühl in dieser wie in jener Hinsicht, gespeist aus Kontextwissen; Klarheit geläutert durch Weisheit.

An dieser Weisheit fehlte es ganz kardinal.

Die Zugehörigkeit zur Nomenklatura, zum engeren Kreis der Partei- und Staatskader, war ein Entlassungsgrund speziell im öffentlichen Dienst. Jeder Parteisekretär jeder beliebigen SED-Grundorganisation fiel unter diese Rubrik. Was aber, wenn der oder die Betreffende in der späten DDR für Reformen à la Gorbatschow geworben hatte? Wem Staatsnähe attestiert wurde hatte dieselben Folgen zu gewärtigen, wobei das Amt, eine leitende Stellung in Wirtschaft, Armee, Rechtwesen etc., das jemand ausübte, Fragen nach der konkreten Haltung und Gesinnung einstweilen in den Hintergrund drängte. Hauptamtliche wie inoffizielle Mitarbeiter der Staatssicherheit verdienten keine Nachsicht, recht so, im Prinzip. Nur traf der Bann auch Personen, die als Koch oder Portier bei der »Firma« beschäftigt oder in eine der Stasi unterstehende Einheit zum Militärdienst eingezogen worden waren. Gar nicht so wenige, die bei »Horch und Guck« in jungen Jahren, in die Enge getrieben, erpresst, angeheuert hatten, befreiten sich hernach aus der Umklammerung. In diesen wie in zahllosen anderen Fällen griffen die Schematismen nicht und griffen doch aufs Leben zu, verbreiteten Unsicherheit und Angst.

DIE STILLE RESERVE KÜNFTIGER SKANDALISIERUNGEN

Ängste, handfeste, ungefähre, durchdrangen die Atmosphäre der frühen Wendejahre. Einander ihre Geschichten zu erzählen fehlte vielen die Courage. Jenen insbesondere, die bereits zu DDR-Zeiten in den unterschiedlichsten Feldern zu den Erfolgreichen, den »Etablierten« zählten und weiter am Spiel um herausgehobene Positionen teilzunehmen gedachten. Kaum bewarb sich einer aus den Reihen der Ehemaligen auf eine einflussreiche Stelle, kursierten Gerüchte, Meldungen, die ihn oder sie in ein schlechtes Licht setzten, und viel zu oft konkretisierte sich der Verdacht und setzte allen Aspirationen ein jähes Ende. Vielleicht hatte man selber Glück, blieb unentdeckt. Vielleicht war im Entdeckungsfall weniger zu befürchten, vielleicht rein gar nichts, außer, dass einem aus Nichtigkeiten ein Strick gedreht wurde. So oder so schien es vielen ratsam, sich einzuigeln und abzuwarten, was geschah, was irgend ruchbar wurde über einen. Freiwillig-unfreiwillig füllte man dergestalt die stille Reserve künftiger Skandalisierungen auf. Die Entmutigung rechtzeitiger *Coming-outs* bedeutete ein Unglück für die Einzelnen wie für die deutsche Nachwendegesellschaft im Ganzen. Der öffentliche Dialog verkümmerte, die Akten sprachen und die Entscheidung über Sein und Nichtsein fiel oft genug ohne eingehende Anhörung der davon Belasteten. Bald griff die Sorge, »aufzufliegen«, sogar auf Menschen über, die mit der DDR zu einer Zeit in Konflikt geraten waren, als die Herrschenden noch wenig Federlesen mit ihren Widersachern machten.

HELGA M. NOVAK ZUM BEISPIEL

1935 geboren, bei Adoptiveltern aufgewachsen, gegen deren Willen der staatlichen Jugendorganisation beigetreten, begann sie 1957 Journalistik und Philosophie an der Leipziger Universität zu studieren. Ihre anfängliche Begeisterung für den ersten sozialistischen Staat auf deutschem Boden hatte sich noch zu Internatszeiten abgekühlt; der erste Band ihrer Autobiographie (»Die Eisheiligen«, 1979) legt Zeugnis davon ab. Nun lernt sie Studenten aus dem westlichen Ausland kennen, verliebt sich in einen, liest Bücher, die auf keinem Lehrplan stehen, verlässt in Diskussionen die »Linie der Partei«, wird auffällig, gerät ins Visier der Staatssicherheit, das Angebot lautet auf Exmatrikulation oder Mitarbeit – und unterschreibt. Sie kommt weder damit noch mit den übergeordneten Verhältnissen zurecht, kündigt der Stasi, verlässt die DDR 1961, geht nach Island, wo sie heiratet, kehrt 1965 zurück nach Ostdeutschland, wieder nach Leipzig, nimmt ein Studium am dortigen Literaturinstitut »Johannes R. Becher« auf, wird neuerlich renitent, unter Aberkennung der Staatsbürgerschaft des Landes verwiesen, und lebt bis zu ihrem Tod im Jahr 2013 als Staatenlose in Island, Jugoslawien, Westdeutschland und Polen, zuletzt in der Nähe von Berlin.

Wer, was hätte dieser Frau jemals wieder Angst einflössen können? Die Spitzeljagd der frühen 1990er Jahre vermochte es, nahm ihr die Fassung. Sie befürchtete ernstlich, mit ihrer gesamten Biographie auf ihre »Jugendsünde« festgelegt zu werden. Im Oktober 1991 brach sie ihr Schweigen. Wolf Biermann hatte soeben den Büchner-Preis empfangen und in seiner Rede einen der Protagonisten des Ostberliner *Undergrounds* der späten DDR, Sascha Anderson, als Inoffiziellen Mitarbeiter der Staatssicherheit enttarnt, derb verflucht – als Sascha A., sprich »Arschloch« – und im Kontrast dazu auf Standhafte, Unbefleckte verwiesen, darunter auf Helga M. Novak.

»ICH WAR ERPRESSBAR«

Kurz darauf, am 28.11.1991, veröffentlichte der *Spiegel* folgenden öffentlichen Brief von Novak an Biermann, Sarah Kirsch und Jürgen Fuchs:

»Wenn schon, denn schon – ich war auch mal ein Spitzel! Die ›Einsamkeit der weißen Weste‹ paßt mir also nicht. Seit Posen/Ungarn ('56) war ich dagegen. Nicht gegen den Kommunismus, aber gegen die asiatische Despotie. Ohne Herkunft, Studentin vor dem Staatsexamen, liiert mit einem isländischen Studenten – war ich erpreßbar. Und ich unterschrieb, September '57. Ich wollte nämlich nicht, wie Erich Loest, sieben Jahre in Bautzen sitzen, wo mir, da ich keine Familie, gar keine Blutsverwandten hatte, niemand auch nur eine Schachtel Zigaretten gebracht hätte. Die Scham beißt ein Leben lang, aber sie ist auch eine energische Lehrerin. Ihr seid auch mal in der Partei gewesen, genau wie ich. Zwar habe ich mir erlaubt auszutreten, was damals ('57) noch verboten war, doch Komplizen waren wir alle. Das kriegt Ihr nie raus, was ich alles weiß über Leute, mit denen wir befreundet sind. Und eher will ich im polnischen Wald verbluten, als mich auf einen deutschen Richterstuhl setzen. Berlin Helga M. Novak.«

»ANGST«

Ihren persönlichen Notizen aus dieser Zeit ist zu entnehmen, wie verunsichert, wie erschüttert sie tatsächlich war. Im dritten Teil ihrer Autobiographie (»Im Schwanenhals«, 2013) kommt sie darauf zurück und vergleicht die Angst, die ihr die Mitarbeiter der Stasi 1957 einflössten, mit der von 1991. Welch ein Glück, schreibt sie, dass ich selten solche Angst hatte wie …

»jetzt …
… seitdem die Gerechtsamen und Mutigen
die Unschuldigen, die Makellosen und
über allen Zweifel Erhabenen
also die Erhabenen Siegerpose einnehmen
habe ich Angst
Angst dass sie mich einbeziehen
dass sie mich ungefragt
gegen andere ausspielen
dass sie mich auf ihr Podest stellen
ich habe Angst vor den Urteilen
die sie fällen und Angst
dass sie fallen …«

»Wovor habe ich eigentlich solche Angst?«, lautet die bohrende Frage, die schlimme Befürchtungen zutage fördert:

»davor dass böswillige Journalisten
meine Einsiedelei stören
davor dass Dinge in meinen Akten stehen
die nicht wahr sind
vor gesellschaftlicher Ächtung
davor dass keiner mehr meine Manuskripte
druckt oder sendet
davor dass mein Mut in Verzweiflung umschlägt
davor dass mein Sohn in Island
sich meiner schämt
davor dass meine polnischen Nachbarn
mich jetzt ausgrenzen«

DAS DEPRIMIERENDE BILD DER DEUTSCH-DEUTSCHEN »ERINNERUNGSKULTUR« 1993

Novaks Wortmeldung vom Herbst 1991 an prominenter Stelle, günstig aufgenommen, hätte heilsam wirken können. Sie war dazu geeignet, jenen, die mit dem Gedanken, sich zu offenbaren, spielten, die Angst vor dem Pranger zu nehmen. Passionierten Drachenjägern, die nur mehr Aas erlegten, bot sie Gelegenheit, Zwiesprache mit sich zu halten und gelassener daraus hervorzugehen. Die Chance wurde vertan, wohl gar nicht erst erwogen. 1993 zeichnete Heiner Müller, zwischenzeitlich selbst als Stasiinformant gehandelt, ein deprimierendes Bild der deutsch-deutschen »Erinnerungskultur« vier Jahr nach dem Umbruch:

»Der historische Blick auf die DDR ist von einer Sichtblende verstellt, die gebraucht wird, um Lücken der eigenen ›moralischen Totalität‹ zu schließen [...] Wenn ich lese, daß der DDR-Sozialismus ein Nationalsozialismus mit menschlichem Antlitz war, ist mein erster Gedanke, daß der (jüdische) Autor mir an Zynismus einiges voraus hat [...] Das Niveau der Debatte um die DDR-Vergangenheit ist so niedrig, daß man sie als in die DDR ›Verstrickter‹ nur auf allen Vieren führen kann. Das Niveau wird wesentlich bestimmt von ost- und westdeutschen Spätheimkehrern in den Schoß des Kapitals, die beim Ruin der Märkte, auf der Flucht vor den eigenen Schamteilen, den roten Flecken ihrer Biographien, das Vokabular des politischen Analphabetismus, die Sprache der Idioten im griechischen Wortsinn, sich besonders schnell angeeignet haben, gerade weil sie Idioten, im griechischen

Wortsinn, nicht sind. Interessant ist die Renaissance des Tiervergleichs in der Debatte um die DDR, bekannt aus den Moskauer Prozessen und aus der antisemitischen Propaganda des Nationalsozialismus: Von der STASIKRAKE zum Schweinekoben im Feuilleton der ZEIT. Der Tiervergleich verweist den Gegner in die Zone der Vernichtung.«
(Zitiert aus dem Vorwort Müllers zu dem von Thomas Grimm herausgegebenen Band »Was von den Träumen blieb. Eine Bilanz der sozialistischen Utopie«).

Der Eifer von Konvertiten, von dem Müller spricht, besaß seinen gehörigen Anteil am Scheitern der gemeinschaftlichen Selbstvergewisserung über das, was »war«, mehr noch über das, was »bleibt«, und sei's auch nur als Platzhalter geschichtlich noch nicht verwirklichter Möglichkeiten menschlichen Zusammenlebens. Vormals eisern überzeugte Marxisten, Trotzkisten, Maoisten mit vornehmlich westdeutschem Erlebnishintergrund nutzten die Gunst der Stunde, um ihren alten Überzeugungen öffentlichkeitswirksam abzuschwören, und fuhren unbarmherzig, so, als verstünden sie gar nicht, wie jemand auf dergleichen Gedanken überhaupt hatte kommen können, auf jeden nieder, der ein Gleiches nicht tat.

BLOCKIERTE RÜCKSCHAU

»Die Katze Erinnerung« – die Formulierung stammt von Uwe Johnson, dem unübertroffenen Meister akribischen Erinnerns unter den deutschen Schriftstellern des 20. Jahrhunderts. Es verhält sich wie bei einem schöpferischen Akt, einem genialen Einfall: man kann sie nicht herbeizwingen. Wohl aber kann man auf einige der Bedingungen Einfluss nehmen, die sie wie das Erinnern konfigurieren.

Zwar werden große gesellschaftliche Umbrüche wie jener von 1989 schwerlich vonstatten gehen, ohne die Lebensumstände der daran Beteiligten gravierend zu verändern; das ist der Sinn der Übung. Hunderttausende, Millionen von Menschen sozial aus der Bahn zu werfen, wie das in Ostdeutschland geschah, hätte sich indes vermeiden lassen, wenn der Umbau von Wirtschaft und Gesellschaft behutsamer, unter Anknüpfung an vorhandene Ressourcen verlaufen wäre. Da das überwiegend ausblieb, gewannen die Sorgen um das bloße Dasein eine Macht über die Gemüter, die weitschweifige Betrachtungen, in welche Richtung auch immer, nicht zuließen. Statt abzuebben verstärkten sich diese elementaren Sorgen im Fortgang der 1990er Jahre vielfach, so dass der größte Teil der Energien trotz wachsenden zeitlichen Abstands zur historischen Zäsur von der Bewältigung der Gegenwart beansprucht wurde. Die staatlich-mediale Politik der Erinnerung im wiedervereinigten Deutschland tat ein Übriges, um die Rückschau entweder zu blockieren oder mit Ängsten aufzuladen, die ihrerseits das Dasein als solches berührten. Der Verlust der persönlichen Integrität stellte die schmale ökonomische Basis, auf der man sich bewegte, direkt in Frage. Es stünde besser um das historische Gedächtnis der Deutschen in Ost und West, wenn diese Fehler vermieden oder korrigiert worden wären, als noch Zeit dazu war, die eingefahrenen Gleise zu verlassen.

Vielleicht können andere Gemeinwesen, wenn sie in vergleichbare Turbulenzen geraten, aus diesen Erfahrungen lernen. Denkbar wäre ein Moratorium, das die öffentliche Aufklärung der Vergangenheit unter den Primat der Erzählungen stellt. Die Akten werden gesichert, aufbereitet, bleiben aber – mit Ausnahme strafrechtlich relevanter Befunde – so lange unter Verschluss, bis die vorab gesetzte Frist für Offenbarungen, persönliche Erklärungen abgelaufen ist.

DIE ALS KURIOSITÄTENKABINETT AUSSTAFFIERTE DDR

Die Erinnerung an die Vorwendezeit kam trotz gegenteiliger Praxis, trotz des Primats der Papiere und also schleppend in Gang. Je mehr man in die neuen Lebensverhältnisse hineinwuchs, desto offenkundiger traten vor allem die Unterschiede zwischen Damals und Heute ins Bewusstsein. Wirtschaftsweise, politisches System, Rechts-, Bildungs-, Gesundheitswesen – überall drängten sich Vergleiche auf, und sie fielen weder immer noch durchgehend zum Nachteil der DDR-Gesellschaft aus. Man entdeckte Bewahrenswertes und manches fand (widerstrebend) Eingang in die gesamtdeutschen Üblichkeiten: flächendeckende Kinderbetreuung, Ärztehäuser nach dem Modell der Polikliniken, Abitur nach vollendeter 12. Klasse. Aufgrund des größeren Problemdrucks wurde Ostdeutschland zunehmend als ideales Untersuchungsfeld grundlegender Zukunftsfragen wahrgenommen: Überalterung, Bevölkerungsrückgang, schrumpfende Städte. Plötzlich waren Meinung und Rat ostdeutscher Experten gefragt; Lernende mauserten sich zu Lehrern. Die Künste wurden wieder, was sie in der DDR seit je gewesen waren, Primärmedien öffentlicher Meinungsbildung. Schriftsteller, Filmemacher, Dramatiker, bildende Künstler, schon prominente wie jüngere, erzählten vom Leben in der DDR im neu gewonnenen Bewusstsein, das dieses Leben wert war, erzählt zu werden, und fanden ihr Publikum bald auch im anderen Teil des Landes. Gesamtdeutsche Kassenerfolge von Filmen wie »Sonnenallee« (1999) und »Good Bye Lenin« (2001) markierten allein durch ihr Genre, die Komödie, dass eine entkrampftere Art des Umgangs mit der DDR-Geschichte salonfähig geworden war.

Die triviale Seite dieses neuen Zugangs verkörperten die *Game*-, Rate- und Ostalgieshows, die ausgangs der 1990er Jahre wie eine Seuche über das deutsche Fernsehpublikum kamen. Diese Formate zeigten sich nirgends abgeschmackter als dort, wo sie sich »ausgewogen« gaben und dem Gefasel über »wilde« FKK-Strände an der Ostsee Berichte von Flüchtlingen und Inhaftierten als Einlage folgen ließen, die die »historische Gerechtigkeit« geböte. Die kam auf diese Weise allerdings zu ihrem Recht, zu einem Recht, das wohl selbst sturen Parteigängern des SED-Regimes übertrieben anmutete: Es war eben doch nicht alles gut in der DDR.

Bald legte sich der Hype. Die als Kuriositätenkabinett ausstaffierte DDR verzerrte und vereinseitigte die Erfahrungen der ostdeutschen Mehrheit ebenso wie das zuvor mit Liebe zum Detail eingerichtete Gefängnis.

Prof. Dr. Wolfgang Engler, geb. 1952, ist Professor für Kultursoziologie und Rektor an der Hochschule für Schauspielkunst »Ernst Busch«.

VERLORENE ILLUSIONEN?

DER NIEDERGANG DER KOMMUNISTISCHEN PARTEIEN IN EUROPA

Ξ Nikolas Dörr

Als Sean Connery in der Rolle des Kapitän zur See Marko Aleksandrowitsch Ramius im Sommer 1990 auf deutschen Leinwänden das sowjetische Atom-U-Boot »Roter Oktober« auf die US-amerikanische Küste zusteuerte, schien der Kalte Krieg zumindest cineastisch seinen Höhepunkt erreicht zu haben. In der Realität war die jahrzehntelange Auseinandersetzung der beiden Supermächte zu diesem Zeitpunkt allerdings bereits beendet. Die politischen und gesellschaftlichen Ereignisse hatten die Filmemacher überholt. Mit einem Kinostart weniger als zwei Monate vor der Wiedervereinigung wirkte der Film schon bei seiner Premiere in den bundesdeutschen Kinos anachronistisch. Nichtsdestotrotz wurde der Actionfilm zu einem Erfolg und erhielt wenige Monate später mehrere Oscar-Nominierungen sowie eine Auszeichnung.

Möglicherweise trug das Ende des Films dazu bei: Ramius entpuppt sich schlussendlich als Überläufer, der einen sowjetischen Erstschlag verhindern will und nun im US-amerikanischen Exil auf eine demokratische Revolution in Moskau hofft. Damit traf der Film die Stimmung der Zeit. Demokratische Revolutionen hatte es gegeben: die Friedliche Revolution in der DDR, die Samtene Revolution in der Tschechoslowakei, die Singende Revolution in den baltischen Staaten Estland, Lettland und Litauen usw. Sozialistische Diktaturen brachen zwischen 1989 und 1991 weltweit reihenweise zusammen. Insbesondere mit der Auflösung der Sowjetunion als Mutterland des Kommunismus verloren die meisten kommunistischen Parteien Europas ihren zentralen Bezugspunkt.

Der staatsrechtliche Akt der Auflösung der UdSSR durch den Obersten Sowjet am 26. Dezember 1991 – fast genau ein Dreivierteljahrhundert nach der Oktoberrevolution – war jedoch nur der Endpunkt einer Reihe von Krisen. Tatsächlich war der parteipolitische Kommunismus schon zuvor in fast allen Staaten der Welt auf dem Rückzug gewesen. Galten die 1970er Jahre im Zuge von »1968« noch als »rotes Jahrzehnt«[1], büßten die verschiedenen Spielarten kommunistischer Ideologien mit dem Aufkommen des neoliberalen Zeitgeists in den 1980er Jahren massiv an Faszination und dadurch auch an Anhängern ein. Für die breite Masse galt nun »Cashmere statt Cord«.[2]

1 Gerd Koenen, Das rote Jahrzehnt. Unsere kleine deutsche Kulturrevolution 1967–1977, Köln 2001.

2 Vgl. Franz Walter, Cashmere statt Cord. Von der jugendlichen Radikaldemokratie zum juvenilen Neuliberalismus, in: INDES. Zeitschrift für Politik und Gesellschaft, Jg. 3. (2014) H. 1, S. 35–46.

Durch den unerwartet raschen Zusammenbruch des »real existierenden Sozialismus« Ende der 1980er Jahre wurden die kommunistischen Parteien Europas in mehrfacher Hinsicht mit einem kaum lösbaren Problem konfrontiert. Die Staatsparteien der sozialistischen Diktaturen Osteuropas waren nachhaltig diskreditiert und mit der Demokratisierung der jeweiligen Staaten ihrer Macht- und Finanzbasis beraubt. Auch die kommunistischen Parteien Westeuropas büßten in einigen Fällen durch die Auflösung der KPdSU und anderer Bruderparteien ihre finanzielle Basis ein. Besonders deutlich wurde dies am Beispiel Westdeutschlands. Mitgliederschwache Parteien wie die Sozialistische Einheitspartei Westberlins (SEW) oder die Deutsche Kommunistische Partei (DKP) hatten zwar parlamentarisch nie eine Rolle gespielt. Infolge der massiven Finanzierung durch die Ost-Berliner Genossen der SED hatten sie jedoch mit ihren Vorfeldorganisationen, so zum Beispiel an den Universitäten durch den Marxistischen Studentenbund Spartakus (MSB Spartakus) oder die Aktionsgemeinschaft von Demokraten und Sozialisten (ADS), propagandistisch wirken können.

Noch schlimmer wirkte sich auf den westeuropäischen Kommunismus jedoch die Diskreditierung der politischen und wirtschaftlichen Alternative zum bürgerlich-liberalen kapitalistischen System aus. Der Kommunismus hatte augenscheinlich in allen Staaten, in denen entsprechende Parteien über einen längeren Zeitraum die Regierung stellten, versagt. Die am Boden liegenden Ökonomien Osteuropas waren das offensichtlichste Zeichen des Scheiterns. Hinzu kam, dass das Ausmaß der staatlichen Überwachung in den sozialistischen Staaten die negativen Erwartungen des Großteils der Kritiker übertraf. Institutionen wie die BStU und die Stiftung Aufarbeitung in Deutschland, UDV in Tschechien oder IPN in Polen trugen (und tragen) darüber hinaus seit den 1990er Jahren zu einer Aufarbeitung kommunistischer Verbrechen in der Öffentlichkeit bei.[3]

Wissenschaftliche Publikationen, die Massenauflagen erreichten, untermauerten dieses Bild. Der Historiker François Furet, von 1947 bis 1959 selbst Mitglied des Parti Communiste Français (PCF), analysierte den Niedergang der kommunistischen Ideologie in seinem 1995 erschienenen Werk unter dem vielsagenden Titel »Das Ende der Illusion«.[4] Das Buch wurde in 13 Sprachen übersetzt und weltweit rezipiert. Eine noch größere Aufmerksamkeit erreichte das 1997 von dem französischen Historiker (und ehemaligen Maoisten) Stéphane Courtois herausgegebene »Schwarzbuch des Kommunismus«.[5] Das Werk polarisierte und provozierte teils berechtigte, teils überzogene Kritik.[6] Nichtsdestotrotz erreichte es eine Millionenauflage. Die Kenntnis über kommunistische Gewaltverbrechen vom revolutionären Russland über

3 BStU = Behörde des Bundesbeauftragten für die Unterlagen des Staatssicherheitsdienstes der ehemaligen Deutschen Demokratischen Republik, Stiftung Aufarbeitung = Bundesstiftung zur Aufarbeitung der SED-Diktatur, ÚřDV = Úřad dokumentace a vyšetřování zločinů komunismu (Behörde für Dokumentation und Untersuchung der Verbrechen des Kommunismus), IPN = Instytut Pamięci Narodowej (Institut für Nationales Gedenken).

4 François Furet, Le Passé d'une illusion. Essai sur l'idée communiste au XXe siècle, Paris 1995. Deutsche Erstausgabe: François Furet: Das Ende der Illusion. Der Kommunismus im 20. Jahrhundert, München/Zürich 1996.

5 Stéphane Courtois (Hg.), Le Livre noir du communisme. Crimes, terreur, répression, Paris 1997. Deutsche Erstausgabe: Stéphane Courtois (Hg.), Das Schwarzbuch des Kommunismus. Unterdrückung, Verbrechen und Terror, München/Zürich 1998.

6 Vgl. exemplarisch Jens Mecklenburg u. Wolfgang Wippermann (Hg.), »Roter Holocaust«? Kritik des Schwarzbuchs des Kommunismus, Hamburg 1998.

die stalinistischen Diktaturen in Osteuropa bis hin zu den Roten Khmer in Kambodscha oder dem äthiopischen Regime von Mengistu Haile Mariam erreichte dadurch eine massenhafte Verbreitung.

Eine in der Praxis derart entwertete Ideologie übte nur noch auf eine äußerst kleine Minderheit eine Faszination aus. Die meisten kommunistischen Parteien mussten daher in den 1990ern drastische Mitgliederverluste hinnehmen. Offensichtlich wurde, dass in den meisten Fällen diejenigen Parteien auf einem relativ stabilen Niveau weiterexistierten, die bereits spätestens in den 1980er Jahren einen Wandlungsprozess begonnen hatten. In Westeuropa hatte die gewaltsame Niederschlagung des »Prager Frühlings« im August 1968 zahlreiche Kommunisten an der Vorbildwirkung der Sowjetunion zweifeln lassen. Vor allem in der größten kommunistischen Partei Westeuropas, dem Partito Comunista Italiano (PCI), war Alexander Dubčeks Konzeption eines »Sozialismus mit menschlichen Antlitz« mit viel Interesse und Sympathie verfolgt worden. Entsprechend deutlich wurde die Beendigung des tschechoslowakischen Experiments durch den Einmarsch von Warschauer Pakt-Truppen kritisiert.

Die Herausbildung eines eigenständigen Weges zum Kommunismus, der nicht mehr die Vorbildwirkung der Sowjetunion beinhaltete, wurde in den 1970er und frühen 1980er Jahren unter dem Schlagwort »Eurokommunismus« propagiert.[7] Neben den italienischen Kommunisten schlossen sich mehrere kommunistische Parteien in den westlichen Staaten dem Konzept an. Allerdings setzte sich der Eurokommunismus langfristig nicht durch. Nie kam es zu einer allgemein anerkannten theoretischen Ausarbeitung und somit blieb unklar, was der Eurokommunismus genau darstellten sollte. Auch blieben die Ansätze uneinheitlich. Zwischen französischem, italienischem und japanischem Eurokommunismus gab es de facto weniger Gemeinsamkeiten als seinerzeit angenommen. Mit dem Tod des italienischen Generalsekretärs Enrico Berlinguer und dem Parteiausschluss des spanischen Kommunistenführers Santiago Carrillo verlor der Eurokommunismus darüber hinaus in der ersten Hälfte der 1980er Jahre seine charismatischsten Vordenker.

Auch wenn das Konzept in der Praxis nicht umgesetzt werden konnte, sollte es sich wenige Jahre später als vorteilhaft erweisen. Eurokommunistische Parteien der 1970er und 1980er Jahre konnten sich in den meisten Fällen zwischen 1989 und 1991 erfolgreich reformieren und ihre Position in den jeweiligen politischen Systemen stabilisieren. Beispiele hierfür sind der Wandel des PCI zum Partito Democratico della Sinistra in Italien, der Linkspartei-Kommunisten zur Linkspartei (Vänsterpartiet) in Schweden oder des SKDL[8] zum Linksbündnis (Vasemmistoliitto) in Finnland. Alle drei Parteien

7 Vgl. Nikolas Dörr, Emanzipation und Transformation. Rückblick auf den Eurokommunismus, in: Osteuropa, Nr. 5–6/2013, Themenheft »Durchschaut – Der Kommunismus in seiner Epoche«, S. 255–270.

8 SKDL = Suomen Kansan Demokraattinen Liitto (Demokratische Union des Finnischen Volkes). Hierbei handelte es sich um ein Bündnis linker Parteien, in dem die Kommunistische Partei Finnlands durchschnittlich mehr als 75 Prozent der Mandate stellte.

waren in den 1990er Jahren an der Regierung beteiligt. Besonders erfolgreich waren dabei die Italiener, die mit dem ehemaligen Vorsitzenden des kommunistischen Jugendverbandes Massimo D'Alema zwischen 1998 und 2000 erstmals in der Geschichte den Regierungschef stellen konnten.

Nach einem langen und durch mehrfache Spaltungen, Fusionen und Umbenennungen geprägten Weg regiert die größte Nachfolgepartei des PCI auch heutzutage Italien.[9] Mit Giorgio Napolitano stand bis Mitte Januar 2015 gar ein ehemaliges Führungsmitglied der Kommunisten an der Staatsspitze. Auch die nach den Parlamentswahlen vom 25. Januar 2015 aktuell stärkste griechische Partei, SYRIZA, hat ihre Wurzeln im Reformkommunismus. Die in den frühen 1990er Jahren vor allem von ehemaligen griechischen Eurokommunisten gegründete »Koalition der Linken, der Bewegungen und der Ökologie« (Synaspismos) bildete 2012 unter Führung des aktuellen griechischen Premierministers Alexis Tsipras die größte Fraktion bei der Gründung von SYRIZA als Partei.[10]

Allerdings handelt es sich bei den genannten Beispielen nicht mehr um originäre kommunistische Parteien. Im italienischen Fall wandelte sich die Mehrheit zu Beginn des Jahres 1991 in eine sozialdemokratische Partei, die im September 1992 auch offiziell in die Sozialistische Internationale aufgenommen wurde. SYRIZA, die finnische und die schwedische Linkspartei lassen sich am ehesten dem Linkssozialismus zuordnen. Insbesondere die skandinavischen KP-Nachfolgeparteien orientieren sich seit den 1990er Jahren zusätzlich an links-ökologischen Positionen.

Einen anderen Weg schlugen die kommunistischen Parteien Portugals und Spaniens ein, die auf die Krise der 1980er Jahre mit Wahlbündnissen reagierten. Der Partido Comunista de España (PCE) hatte bei der ersten freien Parlamentswahl nach Ende der rechten Franco-Diktatur 9,3 Prozent der Stimmen erzielt, war aber aufgrund von internen Streitigkeiten in den 1980er Jahren auf Ergebnisse zwischen vier bis fünf Prozent abgesunken. 1986 organisierte die Parteiführung mit der Izquierda Unida ein Bündnis linker Parteien, das in den 1990er Jahren wieder bis zu zehn Prozent der Mandate bei nationalen Parlamentswahlen erreichen konnte. Als eine der wenigen auch in der Phase des Eurokommunismus weiterhin sowjettreuen Parteien konnte der Partido Comunista Português (PCP) infolge des 1987 geschlossenen Wahlbündnisses CDU[11] sein Niveau ebenfalls stabilisieren. In den 1990er Jahren erreichte das von den Kommunisten dominierte Bündnis bei nationalen Wahlen zwischen acht und neun Prozent.

Die französischen Kommunisten, die unter ihrem doktrinären Generalsekretär Georges Marchais die Reformen Michail Gorbatschows ablehnten und

9 Es ist allerdings zu beachten, dass ein Großteil der Führungspositionen von ehemaligen linken Christdemokraten ausgefüllt wird. Hierzu zählen Premierminister Matteo Renzi, Außenminister Paolo Gentiloni und Staatspräsident Sergio Mattarella. Die linkskatholische Partei La Margherita, die wiederum als eine der Nachfolgeparteien der italienischen Dauerregierungspartei Democrazia Cristiana anzusehen ist, hatte sich im Oktober 2007 mit den aus dem PCI hervorgegangenen Democratici di Sinistra und mehreren Kleinparteien zum Partito Democratico zusammengeschlossen. Vgl. Nikolas Dörr, Die Krise der Sozialdemokratie in Italien, in: Felix Butzlaff u. a. (Hg.), Genossen in der Krise? Europas Sozialdemokratie auf dem Prüfstand, Göttingen 2011, S. 226–241.

10 SYRIZA hatte bereits seit 2004 als ein Wahlbündnis verschiedener linker Parteien und Bewegungen fungiert.

11 CDU = Coligação Democrática Unitária (Demokratische Einheitskoalition). Das Bündnis setzt sich neben der Kommunistischen Partei Portugals aus der Grünen Partei Portugals (Partido Ecologista Os Verdes) und der kleinen sozialistischen Associação de Intervenção Democrática zusammen.

sich einem Wandel versagten, erlebten in den 1990er Jahren hingegen einen massiven Mitgliederverlust und Rückgang an Wählerstimmen. Auf die innerparteiliche Forderung einer Erneuerung und Demokratisierung des Parti Communiste Français reagierte Marchais Mitte bis Ende der 1980er Jahre mit großangelegten Parteiausschlüssen. Die Folge war ein Niedergang der einstmals größten und stärksten Partei Frankreichs. Zwar konnte der PCF infolge der Unterstützung des Parti Socialiste zwischen 1997 und 2002 noch einmal Juniorpartner in der Regierung von Premierminister Lionel Jospin werden, der Abstieg der Kommunisten konnte dadurch jedoch nicht verhindert werden.

Die ehemaligen kommunistischen Staatsparteien in Osteuropa erlebten einen noch deutlicheren Niedergang, der allerdings national betrachtet unterschiedlich stark ausfiel. Alle früheren Staatsparteien änderten in den 1990er Jahren ihren Namen und das Parteilogo, erlebten Abspaltungen und/oder Fusionen und schlossen besonders belastete Mitglieder aus. In der ideologischen Ausrichtung gab und gibt es Unterschiede. Die Polnische Vereinigte Arbeiterpartei löste sich im Januar 1990 auf. Ihre größte Nachfolgepartei bildete der auch heute noch im Parlament vertretene sozialdemokratische Bund der Demokratischen Linken (SLD), der als Wahlbündnis verschiedener Parteien 1991 gegründet wurde. Die 1990er Jahre stellten mit Regierungsbeteiligungen und der Wahl von Aleksander Kwaśniewski zum Staatspräsidenten seine bislang erfolgreichste Zeit dar.

Ähnlich verhält es sich mit der ex-kommunistischen Ungarischen Sozialistischen Partei (MSZP), die mit Gyula Horn von 1994 bis 1998 den Ministerpräsidenten stellte, seit 2010 jedoch deutlich an Einfluss verloren hat. Während der parteipolitische Kommunismus in Polen, Ungarn und den meisten osteuropäischen Staaten seit dem Ende der Diktaturen keine Rolle mehr spielt, hat die aus der tschechoslowakischen Staatspartei hervorgegangene Kommunistische Partei Böhmens und Mährens (KSČM) eine stabile Wählerbasis zwischen zehn und zwanzig Prozent der Stimmen bei nationalen, regionalen und lokalen Wahlen etabliert. In den 1990er Jahren galt die Partei aufgrund der Traditionslinie zur tschechoslowakischen KP jedoch als nicht koalitionsfähig. Erst in jüngster Zeit deutet sich eine Öffnung der tschechischen Sozialdemokraten gegenüber den Kommunisten an.

Einen Sonderfall stellte die Staatspartei der DDR dar. Im Zuge der Sonderregelung[12] für die ersten gesamtdeutschen Wahlen nach der Wiedervereinigung wurde die Partei des Demokratischen Sozialismus (PDS) als Nachfolgepartei der Sozialistischen Einheitspartei Deutschlands (SED) in das Parlament gewählt. Erstmals seit 1953 zogen somit wieder Kommunisten in den Bundestag ein. Während die PDS in den 1990er Jahren eine solide Wähler- und

12 Für einen Einzug in den Bundestag reichte das Überspringen der Fünfprozenthürde in West- oder Ostdeutschland aus.

Mitgliederbasis in den ostdeutschen Bundesländern inklusive Berlins etablieren konnte, gelang ihr die angestrebte Westausdehnung nicht. Eine Folge hiervon war, dass sie bis 1998 die gesamtdeutsche Fünfprozenthürde verfehlte und den Einzug in den Bundestag 1994 nur aufgrund der Grundmandatsklausel erreichte. Fraktionen innerhalb der Partei wie die seinerzeit von den Verfassungsschutzämtern beobachtete Kommunistische Plattform hielten in den 1990er Jahren an einer orthodoxen marxistisch-leninistischen Ausrichtung fest und sorgten für eine eingeschränkte Koalitionsfähigkeit der Partei. Entsprechend polarisierend wirkte das 1994 umgesetzte »Magdeburger Modell« einer sozialdemokratischen Minderheitsregierung in Sachsen-Anhalt unter Tolerierung der PDS.[13]

Zusammenfassend bleibt festzuhalten, dass mit dem Scheitern von Gorbatschows Reformkommunismus in Ost- und dem Eurokommunismus in Westeuropa die Krise kommunistischer Parteien spätestens Ende der 1980er Jahre deutlich wurde. Der Schock des raschen Zusammenbruchs aller kommunistischen Staaten weltweit – mit Ausnahme der Diktaturen in Kuba, China, Vietnam, Laos und Nordkorea – und der Beginn einer Aufarbeitung kommunistischer Verbrechen in Europa hat zu einer nicht mehr rückgängig zu machenden Diskreditierung geführt. Dies zeigt sich nicht zuletzt daran, dass kaum eine der Parteien das Attribut »kommunistisch« im Parteinamen behalten hat. Umbenennungen wie Linkspartei, Partei des Demokratischen Sozialismus, Linksdemokraten und andere stehen stellvertretend für die massive Verunsicherung der äußeren Linken. In die gleiche Richtung weist der häufige Verzicht auf Hammer und Sichel in den Parteiemblemen.

Die 1990er Jahre waren für kommunistische Parteien daher ein Jahrzehnt der Neuorientierung und in den meisten Fällen auch des Niedergangs. Die Chancen, die eine sich von der Linken abwendende Sozialdemokratie im Zuge von New Labour und der »Neuen Mitte« bot, wurden von den kommunistischen und ex-kommunistischen Parteien seinerzeit kaum genutzt. Erst die späten 2000er Jahre haben der äußeren Linken wieder ein Thema beschert, mit dem sie reüssieren kann.

Die große europäische Finanz- und Wirtschaftskrise der vergangenen Jahre hat vor allem in den südeuropäischen Staaten zum Erfolg von Parteien beigetragen, die sich selbst links der Sozialdemokratie verorten. Allerdings handelt es sich hierbei nicht mehr um originär kommunistische Parteien. Linke Bündnisse, Bewegungen oder Parteien wie SYRIZA in Griechenland, Podemos in Spanien oder Beppe Grillos Movimento 5 Stelle greifen zwar auf Versatzstücke kommunistischer Programmatik zurück, stellen aber – alleine aufgrund der heterogenen Zusammensetzung – keine kohärente

13 Von 1994 bis 1998 tolerierte die PDS eine rot-grüne Minderheitsregierung unter Ministerpräsident Reinhard Höppner (SPD), anschließend bis 2002 eine Alleinregierung der SPD erneut unter Höppner. 1998 kam es zur ersten offiziellen Regierungsbeteiligung der PDS auf Landesebene als Juniorpartner in der Regierung von Harald Ringstorff (SPD) in Mecklenburg-Vorpommern.

kommunistische Ideologierichtung dar. Neben einem ausgeprägten linken Populismus werden diese Formationen von Einflüssen geprägt, die von einer konservativ-christlichen Sozialethik über linke Varianten der Sozialdemokratie bis hin zu dogmatischen marxistisch-leninistischen oder auch anarchistischen Positionen reichen und daher kaum einer spezifischen linken Richtung zuordenbar sind.

Ganz verschwunden sind die kommunistischen Parteien in den 1990er Jahren zwar nicht, aber fast alle erlebten eine Transformation. Inwieweit sich aus den heterogenen Formationen, die sich bislang nur unter der generellen Bezeichnung »links« subsumieren lassen, erneut eine einheitliche ideologische Orientierung herausbildet, bleibt abzuwarten.

Dr. des. Nikolas Dörr, geb. 1979, Politikwissenschaftler und Historiker, ist wissenschaftlicher Mitarbeiter bei der Bundesstiftung zur Aufarbeitung der SED-Diktatur in Berlin mit dem Schwerpunkt historische Kommunismusforschung.

SEHNSUCHT NACH DEM GROSSEN ZAMPANO

ITALIEN ZWISCHEN REBELLION UND APATHIE

Ξ Thomas Schmid

Es gibt ein schönes, nicht zufällig paradoxes Bild, das Italiens Verfasstheit beschreibt: rasender Stillstand. Also: viel Wind, wenig Effekt. Ständiger Wandel, aber alles bleibt beim Alten. Leidenschaftliche Anläufe, die jedoch regelmäßig im Ungefähren verenden. Immerwährende Hoffnung und anhaltende Verzweiflung. Italien ist immer beides: fast überm Berg und auf steilem Weg hinab ins Tal der Tränen. Das macht es einem Deutschen, der Italien beharrlich mag, nicht eben leicht. Im Laufe der Jahre beobachtet er erstaunt und mit Erschrecken, dass sein Interesse ob dieses ewigen Hin und Hers wenn nicht im Verschwinden, dann doch im Abnehmen ist. Wenn keine italienische Einzelheit von größerer Dauer und Verlässlichkeit ist – warum soll man diese Einzelheiten dann überhaupt zur Kenntnis und unter die Lupe nehmen? Italien strengt an, es ermüdet. Warum kommt das Land so schwer vom rasenden Stillstand los? Warum wird – um eine These dieses Aufsatzes vorwegzunehmen – vermutlich auch Matteo Renzi, der junge und so energisch auftretende Ministerpräsident, daran wenig ändern können?

Es hat sicher mit der prekären Einheit Italiens zu tun. Als das Land 2011 das 150. Jubiläum der Herstellung der staatlichen Einheit feierte, unternahmen der Staat, fast alle Parteien, die meisten Zeitungen und etliche Intellektuelle einige Anstrengungen, die staatliche Einheit als gelungen, als große und unwiderrufliche Errungenschaft darzustellen und zu preisen. Allen voran war der damalige Staatspräsident Giorgio Napolitano, von Geburt Neapolitaner, bemüht, ein patriotisches Feuer zu entfachen. Rastlos reiste der damals schon 85 Jahre alte ehemalige Kommunist kreuz und quer durchs Land, um feierlich vom Segen der Einheit zu künden. An nahezu allen Orten, die im *Risorgimento,* dem italienischen Einigungsprozess, eine Rolle spielten, hielt er flammende Reden, in denen er Italiens Einheit mit einer fast sakralen Aura umgab. Er tat das aus Überzeugung und aus Not.

Not herrschte, weil die Einheit tatsächlich keineswegs selbstverständlich war. Führende Politiker der separatistischen »Lega Nord« etwa hatten frühzeitig angekündigt, sie würden die Einheitsfeiern boykottieren. Die Einheit, sagten sie, hätte seit 150 Jahren allen Teilen des Landes nur geschadet,

 INDES, 2015–1, S. 44–55, © Vandenhoeck & Ruprecht GmbH & Co. KG, Göttingen, 2015, ISSN 2191–995X insbesondere dem Norden. Es gebe also nichts zu feiern. Und in der Tat nahm die Mehrheit der Bevölkerung das nationale Festprogramm, das sich ein ganzes Jahr lang hinzog, ohne sonderliche Begeisterung zur Kenntnis. Obwohl Italien – von den Festuniformen der Soldaten und Carabinieri bis zu den *Frecce Tricolori*, der Kunstflugstaffel der Luftwaffe – im Pomp nationaler Choreographien fast alle westlichen Staaten übertrifft, gibt es in Italien kaum jenen selbstverständlichen Alltagspatriotismus, der in Großbritannien noch immer quer durch alle Schichten reicht: viel Tschingderassabum – eine heitere Festlichkeit wie *The Last Night of the Proms* wäre in Italien aber undenkbar. Die nationale Dramatik kann nicht überdecken, dass der italienische Nationalstaat auf schwachen Beinen steht.

Als Italiens Einheit hergestellt wurde, war sie allen hochfliegenden Legenden zum Trotz keine Sache des Herzens, sondern eine der Vernunft, keine Sache des Volkes, sondern eine der – norditalienischen, vor allem piemontesischen – Eliten. Italien war zuvor lange Zeit ein Konglomerat von Stadtstaaten gewesen, und es herrschte ein Prinzip, das im Grunde bis heute gilt: der *campanilismo*. Er war und ist etwas Ähnliches wie die deutsche Kirchturmspolitik, allerdings mit einem wichtigen Unterschied: Um jeden Campanile, um jeden Kirchturm herum bildete sich ein starkes Selbstbewusstsein heraus. Überspitzt gesagt, jedes Dorf empfand sich als ein fast staatsähnliches Gebilde und führte sich auch so auf. Selbst innerhalb von vergleichsweise homogenen Regionen sah man nicht die Gemeinsamkeiten, sondern vor allem die Unterschiede – keine gute Voraussetzung für die Herausbildung eines Nationalbewusstseins.

In den vielen Beschreibungen Italiens, die ausländische Reisende über das Italien des 18. und 19. Jahrhunderts verfassten, erscheinen die Italiener selten als ein stolzes Volk, das sich seiner großen Geschichte bewusst wäre und Großes im Sinn hat. Sondern als eine Vielzahl vor sich hin dämmernder Gemeinden, deren Bewohner mit ihrem kleinen Leben zufrieden sind und sich für nichts darüber Hinausgehende interessieren. Selbst Rom, die ewige Stadt, wird als ein daniederliegendes, schmutziges, gewissermaßen aus der Geschichte gefallenes Nest beschrieben: trostlos und selbstbezogen. Freilich wurde im späten 18. Jahrhundert und dann ganz besonders im 19. Jahrhundert auch Italien von der europaweit anschwellenden Idee der nationalen Vereinigung ergriffen. Es waren Juristen, Professoren, Schriftsteller und Gutsbesitzer gewesen, die zu der Überzeugung kamen, auch Italien müsse sich das nationale Projekt vornehmen. Andernfalls würde es, ohnehin schon das staatliche Schlusslicht Europas, noch weiter zurückfallen. Es waren übergeordnete staatliche und nicht zuletzt wirtschaftliche Erwägungen gewesen, die das Projekt der italienischen Einigkeit voranbrachten.

Auch wenn unter Garibaldi das – bewaffnete – Volk eine Rolle spielte, war das *Risorgimento* keine volkstümliche Angelegenheit. Die großen Akteure der italienischen Einigungsbewegung waren – von Mazzini bis Cavour – vielmehr von einem ausgeprägten Misstrauen gegenüber dem einfachen Volk getragen. Es galt ja, dessen Gleichgültigkeit, dessen Indifferenz gegenüber allen hochfliegenden Fortschrittsideen zu bekämpfen und zu überwinden. Die italienische Einigungsbewegung wurde von Eliten in Gang gebracht, die einfachen Leute wurden nicht gehört. Und es war ein volkspädagogisches Projekt: Stets war klar, wer sendet und wer zu empfangen hat, stets war klar, wer oben und wer unten steht.

Gegen Ende seines Lebens schrieb der Schriftsteller und Maler Massimo Taparelli d'Azeglio (1798–1866), der als Politiker eine wichtige Rolle im italienischen Einigungsprozess gespielt hatte, seine Erinnerungen nieder. Darin beklagt er sich im Vorwort wenige Jahre nach der Erreichung der Einheit (1861) bitter darüber, dass die Italiener keineswegs bereit seien, aus der neugewonnenen Einheit etwas Sinnvolles und Gutes zu machen. Er beklagt die in seinen Augen große Kluft zwischen dem hehren Einheitsprojekt und dem Desinteresse, ja der moralischen Verkommenheit der Italiener, quer durch alle Schichten hindurch. D'Azeglio schreibt über den Befreiungskampf, der sich vor allem gegen das habsburgische Österreich richtete: »Seit etwa einem halben Jahrhundert ist Italien in Bewegung und quält sich damit, ein einheitliches Volk zu werden und sich zur Nation zu machen. Ein großer Teil des italienischen Territoriums konnte zurückerobert werden. Der Kampf gegen die Fremdherrschaft hat weithin zu einem guten Ergebnis geführt. Aber nicht hier liegt die größte Schwierigkeit. Das größte Problem ist vielmehr unser innerer Kampf. Die gefährlichsten Gegner Italiens sind nicht die Österreicher, sondern die Italiener.« Warum das so sei? Weil die Italiener die alten geblieben seien – »mit all der Unfähigkeit, der Ignoranz und der moralischen Verkommenheit, die seit eh und je ihr Erbe sind«. Niemand sehe ein, dass Italien nur dann eine Nation werden kann, wenn es sich selbst reformiert, wenn es gegen die Übel im Inneren vorgeht und ein jeder in seinem Bereich seine Pflicht erfüllt. D'Azeglios Schlussfolgerung: »Die dringlichste Aufgabe Italiens besteht darin, dass sich Italiener mit starkem und hohen Idealen herausbilden. Doch leider geht Italien tagtäglich den entgegengesetzten Weg: Italien haben wir geschaffen – Italiener aber haben wir nicht geschaffen.«

Nicht nur Mentalitäten standen der Herausbildung eines Nationalgefühls entgegen. Italien war wirtschaftlich zurückgeblieben, viele ländliche Regionen waren völlig isoliert, es gab kaum Austausch und kaum eine Zirkulation von Arbeitskräften. Und schon die Sprache war angesichts der italienischen Dialektvielfalt ein großes Problem. Schätzungen zufolge waren in den Jahren der italienischen Einigung kaum mehr als 60.000 Menschen der italienischen Schriftsprache fähig – das waren bei einer Gesamtbevölkerung von etwas mehr als 25 Millionen Einwohnern gerade einmal 2,5 Prozent! Das Italienermachen blieb seitdem ein stetes Anliegen von Politikern und Intellektuellen. In keinem anderen Land Europas – Frankreich vielleicht ausgenommen – haben große Teile der Eliten ein derart ausgeprägt imperiales, bestenfalls pädagogisches Verhältnis zum eigenen Volk wie in Italien. Die Liebe für regionale Sitten und Eigenheiten ist durchaus ernst gemeint, in der Art, wie sie mit großer Geste zur Schau gestellt wird, nähert sie sich zuweilen aber der folkloristischen Sentimentalität.

Und selbst die großartige Vielfalt italienischer Küchen entging nicht dem pädagogischen Bemühen von oben. Im Jahre 1891 veröffentlichte ein gewisser Pellegrino Artusi, der aus der Emilia-Romagna stammte und als reich gewordener Händler in Florenz, der Stadt des Hochitalienischen, lebte, auf eigene Kosten ein dickes Buch: »La scienza in cucina e l'arte di mangiare bene«. In einer – späten – deutschen Übersetzung, die 500 der 790 Rezepte des Originals enthält, trägt es den Titel »Von der Wissenschaft des Kochens und der Kunst des Genießens«. Das ist korrekt im ersten Teil, falsch aber im zweiten. Denn Artusi, dessen Kochbuch binnen weniger Jahre zu einem bis heute klassischen Bestseller wurde, ging es wohl um Küchenwissenschaft, gerade nicht aber um Genuss. Der wohlhabende Junggeselle, der mit Diener und Köchin das gesellige Leben eines gut gestellten Pensionärs führte, sah sich als Aufklärer und als Positivist, der Ordnung in das Chaos der Küchen bringen wollte. Sein Buch wandte sich an die noch schmale Schicht des Bürgertums, der er zweierlei vermitteln wollte: die Kunst des guten, aber maßvollen und nie ausschweifenden Essens und ein Bewusstsein von der Vielfalt regionaler Küchen Italiens.

In seinem Arbeitsleben war er viel in Italien herumgekommen und hatte, wo immer er konnte, Rezepte gesammelt. Er stellte sie, drei Jahrzehnte nach der Herstellung der formalen nationalen Einheit, durchaus in pädagogischer Absicht zusammen. Das Buch sollte den Italienern ein Bewusstsein vom eigenen Land, seiner Vielfalt und dessen, was alle Italiener verbindet, vermitteln. Die Leserin und Nutzerin und der Leser sollten über den *campanilismo* ihrer lokalen Küche hinausgeführt werden und mit dem eigenen Land vertraut gemacht werden. Es ist immer wieder gesagt worden, dass das Buch weit mehr zur italienischen Einheit beigetragen habe als die vielen Flugblätter, Aufrufe und Feierstunden, mit denen den Italienern der Glaube an die

Einheit aufgenötigt werden sollte. Der Historiker Piero Camporesi schrieb über Artusis Buch: »Es ist nicht nur eine wunderbare Rezeptsammlung, die alle, zumindest dem Namen nach, kennen. Es hat auf untergründige, kaum wahrnehmbare Weise – zuerst in der Küche, dann im kollektiven Unbewussten, in den tiefen Schichten des populären Bewusstseins – Großes geleistet: Es hat die heterogene Vielfalt der Menschen, die sich nur formal als Italiener verstanden, vereint und amalgamiert.« Wenn das stimmt, dann war das ein denkwürdiger Vorgang: Wenn sie überhaupt kam, dann kam Italiens Einheit – gerade in ihrer kulinarischen Vielfalt – durch die Küche. Als Staats- und Erziehungsprojekt wurde nichts aus ihr.

Auch fand das Land in einer entscheidenden Phase nicht die Zeit, mit sich selbst ins Reine zu kommen. In dem halben Jahrhundert nach der staatlichen Vereinigung waren es zumeist Liberale gewesen, die in Land und Regierung politisch den Ton angaben. Sie waren typische Repräsentanten einer nicht eben volksfreundlichen Elite. Sie versuchten – was Fortschritt, Modernisierung und Industrialisierung anging – das Beste für Italien zu erreichen. Elitär, wie sie nun einmal waren, besaßen sie nicht das Vermögen, ihr Vorhaben ins Populäre zu übersetzen und das Volk für ihr Vorhaben zu gewinnen. Es war, wieder einmal, eine Modernisierung von oben. Und eine, die durch eine länger andauernde Wirtschaftskrise in den 90er-Jahren des 19. Jahrhunderts zu Verwerfungen führte. Nie gelang es den liberalen Eliten, in der breiten Bevölkerung Unterstützung für ihr Projekt zu finden.

Das war ein Grund dafür, dass sich Italien nach der für das Land dramatischen Erfahrung des Großen Krieges, des Ersten Weltkriegs, der liberal-bürgerlichen Elitenhegemonie entzog. Während es in Deutschland nach dem Ersten Weltkrieg noch 15 Jahre dauerte, bis der demokratische Weg mit Hitlers Griff nach der Macht endgültig verlassen wurde, verwarf Italien den bürgerlich-freiheitlichen Weg viel früher. 1922, nur vier Jahre nach den Erschütterungen des Ersten Weltkriegs, ging Italien mit Benito Mussolinis erster Regierung den Weg in Diktatur und Totalitarismus. Italien blieb, wenn man so will, im kriegerischen Modus. Und in der Begeisterung, die der Faschismus bei vielen Italienern auslöste, schwang auch eine volkstümliche Reserve gegenüber den liberalen Erziehungseliten mit. Der Operetten-Nationalismus, mit dem die Faschisten die Italiener zusammenzuschweißen versuchten, überspielte nur mit viel Pomp die Unsicherheit der Nation. Man muss diesen Hintergrund im Auge haben, um Italiens bis heute reichenden rasenden Stillstand zu verstehen. Von seiner Gründung als Nationalstaat bis zur Befreiung vom Faschismus – die halb eine Selbstbefreiung war – ist es Italien nicht gelungen, Volk und Verfassungsstaat, Tradition und Fortschritt,

Eigensinn und Gemeinsinn in eine dauerhafte Koexistenz zu bringen. Italien hatte nicht einmal eine Weimarer Republik.

Nach dem Zweiten Weltkrieg dauerte es nur wenige Jahre, bis Italien sich stürmisch auf den Weg in die industrielle und dann vor allem konsumistische und mediale Moderne machte. Zwar wurde im Juni 1946 in einem Referendum die Monarchie abgeschafft und die Republik begründet; und es begann eine ein halbes Jahrhundert lang andauernde Herrschaft von demokratischen Parteien, die – anders als ihre elitären Vorgänger der vorfaschistischen Zeit – im ganzen Land verankert waren: hier die christlich-demokratische Partei, dort die kommunistische Partei. Die eine regierte ein halbes Jahrhundert lang in Rom, die andere hatte in etlichen Regionen (vor allem im Norden) über Jahrzehnte hinweg politisch das Sagen. Und doch blieben beide Parteien letztlich dem alten paternalistischen Modell von Politik verhaftet.

Das galt leicht erkennbar für die christlich-demokratische Partei. Eng mit der katholischen Kirche verbunden, kopierte sie deren Verhältnis von Pfarrer und Gemeinde: Die Wähler waren Mündel, und sie wurden klientelistisch versorgt. Die *Democrazia Cristiana* war eine Massenpartei, aber keine Partei, die auf Massenbeteiligung setzte; aktiv waren wieder einmal nur die Eliten. Das war bei der kommunistischen Partei auf den ersten Blick anders. Sie zeichnete sich durch ein höchst aktives Vereinsleben aus und verstand sich definitionsgemäß als die Partei, die den Unterprivilegierten einen Weg aus ihrer Misere bahnen wollte. Aber über ein halbes Jahrhundert hinweg stammte fast die gesamte Führungsschicht der kommunistischen Partei aus alten Oberschicht-Familien – Enrico Berlinguer, der legendäre Parteivorsitzende des »historischen Kompromisses« und der der demokratischen Öffnung der Partei, und Massimo D'Alema, Ministerpräsident und fintenreicher Drahtzieher sind nur zwei Beispiele. In der Partei regierte ein kommunistischer Adel, und auch er unterhielt ein paternalistisches Verhältnis zur eigenen Wählerschaft.

Ein herausragender Repräsentant dieses Adels ist auch Giorgio Napolitano, der von 2006 bis zum Januar dieses Jahres italienischer Staatspräsident gewesen war. Allgemein galt und gilt er als demokratischer Fels in der Dauerbrandung des politischen Durcheinanders Italiens. Er kam zu einem Zeitpunkt ins Amt, als die politische Situation wieder einmal ganz besonders verkeilt war. Auf der einen Seite standen Silvio Berlusconi, seine Partei und seine – wechselnden – Bündnispartner. Es war paradox: Obwohl Berlusconis Unfähigkeit, sein Desinteresse am Gemeinwohl und seine kriminelle Energie längst offenkundig waren, fand er weiter seine Wähler, die zu einem beträchtlichen Teil gerade deswegen für ihm stimmten.

In keinem anderen Staat Europas hätte jemand wie er sich über mehr als zwei Jahrzehnte hinweg auf der obersten politischen Bühne halten können – Italien aber fand keinen Weg, sich seiner zu entledigen. Das hatte auch mit der politischen Gegenseite, dem *Partito Democratico* (PD) zu tun, der aus der kommunistischen Partei hervorgegangen war und dem auch Napolitano angehörte. Obwohl die Argumente für die Entzauberung Berlusconis offen zu Tage lagen, gelang es dem PD nie, Berlusconi zu bannen und aufs Altenteil zu schicken. Obwohl die PD-Wählerschaft Berlusconi aus vollem Herzen hasste und immer bereit war, massenhaft gegen ihn auf die Straße zu gehen, zögerte die PD-Führung bezeichnenderweise stets, ihn frontal – etwa mit einem seinen Einfluss einhegenden Mediengesetz – anzugehen. Daran hinderten sie die notorischen inneren Querelen, eine gewisse Hasenfüßigkeit und eine Beißhemmung, wie sie unter Eliten zuweilen auch dann verbreitet ist, wenn sie untereinander verfeindet sind. Die politische Klasse Italiens war nicht in der Lage, aus eigener Kraft der Epoche Berlusconis ein Ende zu machen.

Das besorgte dann im November 2011 Staatspräsident Napolitano. Es war die hohe Zeit der Finanzkrise, und aus Brüssel wurde der Druck immer stärker: Man sei, ließ man wissen, nicht mehr bereit, mit dem notorisch unzuverlässigen Berlusconi zusammenzuarbeiten. In diesem Moment, in dem eine Absetzung Berlusconis durch Druck aus dem Ausland möglich erschien, entschied sich Napolitano zum Handeln. Er entmachtete die Parteien und zog alle Kompetenz an sich. Er zwang Berlusconi zum Rücktritt, überließ die weiteren Dinge dann aber nicht wieder den Parteien, wie es eigentlich hätte sein müssen. Vielmehr war er es, der den parteilosen Wirtschaftswissenschaftler Mario Monti als Ministerpräsident auswählte und sich für die Bildung eines Kabinetts entschied, das nicht aus Politikern, sondern fast ausnahmslos aus Fachleuten zusammengesetzt war.

Es wäre zu viel, dieses Manöver als Staatsstreich zu bezeichnen. Aber demokratisch legitimiert war es gewiss nicht. Allenfalls der nationale Notstand konnte es rechtfertigen. Doch danach fragte damals niemand, und auch später wurde Napolitano wegen dieses Verhaltens fast nur von der populistischen und rabulistischen Fünf-Sterne-Bewegung Beppe Grillos kritisiert. Sonst aber gilt Napolitano als Retter der Demokratie, als der Deus ex machina, der das politische System wieder geordnet hat. Selbst die größte Tageszeitung des Landes, die linke »La Repubblica«, die sonst jeden Regelverstoß unnachsichtig enthüllt und anklagt, lag dem greisen Staatspräsidenten lobpreisend zu Füßen.

Warum konnte sich Napolitano diesen Exkurs an den Rand der Legalität leisten? Weil es in Italien noch immer und ziemlich ungebrochen üblich ist, den Lauf der politischen Dinge Eliten anzuvertrauen. Und da passte es natürlich gut ins Bild, dass der Staatspräsident vom Phänotyp her auf geradezu klassische Weise den Bürgerkönig verkörperte: hochgewachsen, kerzengerade, ernst und wie eine Gestalt aus dem 19. Jahrhundert, die mit ihrer ganzen Existenz die Kleinlichkeit des Lebens normaler Menschen turmhoch überragt. Italien jubelt gern, Italien delegiert gern, Italien nimmt es mit dem Buchstaben des Gesetzes und der Verfassung nicht so genau. So lärmig, selbstbewusst und im Verfolg der eigenen Interessen rücksichtslos die italienische Gesellschaft auch sein kann, so willig nimmt es hin, wenn ein großer Zampano wie Berlusconi oder ein großer alter Herr wie Napolitano auftritt und die Dinge an sich reißt. Rebellieren und kuschen, Auflehnung und Unterordnung liegen in Italien nah beieinander.

Man darf nicht übersehen, dass auch die Gestalt Berlusconis in dieses Muster passt. Als der erfolgreiche Medienunternehmer 1994 mit Aplomb die politische Bühne betrat und mit einem dem Boden gestampften, allenfalls parteiähnlichen Gebilde *Forza Italia* Ministerpräsident wurde, da erschien er vielen nicht als die autoritäre Führergestalt, als die ihn die Linke zwei Jahrzehnte lang verteufelt hat. Er wurde als Rebell, als frecher und unerschrockener Rebell wahrgenommen. Und das war nicht nur eine Täuschung. Wenn man Italien während Berlusconis erstem Wahlkampf bereiste, dann spürte man, dass ein Wind des Wandels wehte. Berlusconi war – mit seinen Versprechungen und mit seinem Stil, der die alten Parteirituale hinter sich ließ – eine Verheißung. Er verkündete: Es gibt noch eine andere, bessere politische Welt als die, die ihr ein Leben lang ertragen habt. Berlusconi – das war in gewisser Weise das Versprechen des Exodus.

Dieses Versprechen kam aus verschiedenen Gründen bei einem beträchtlichen Teil der Bevölkerung – und keineswegs nur dem konservativen – außerordentlich gut an. Zum einen waren viele Bürger die notorische Ineffektivität des Staates gründlich leid. In den 80er-Jahren des vergangenen Jahrhunderts hatte es einen beträchtlichen Aufschwung der italienischen Wirtschaft gegeben – es macht das stolze Wort von der »Lokomotive Italien« die Runde. Endlich schien das Land wieder an die Erfolge der 50er- und 60er-Jahre anknüpfen zu können, als Italien – im Autobau, im Design, in der Konsumgüterindustrie – mit an der Spitze Europas marschierte und wie betrunken war vom eigenen glamourösen Erfolg. Dieser Aufschwung verdankte sich zu einem wichtigen Teil der Tradition, und zwar der Familientradition. Im Norden Italiens kam es, besonders in Venetien, dem Friaul, der Lombardei und auch im Piemont, zu einem regelrechten Boom, dessen Basis viele kleine Familienbetriebe waren, die binnen weniger Jahre expandierten und den Weltmarkt belieferten. Familienbande, unternehmerischer Mut und technische

Raffinesse machten diesen Erfolg möglich. Dörfer, die eben noch verschlafene und etwas verkommene Nester gewesen waren, wurden plötzlich zu reichen Gemeinden, die stylisch restauriert wurden und stolz ihren Wohlstand präsentierten. Doch der Erfolg war hier wie anderswo nicht von langer Dauer. Denn der Staat war nicht in der Lage, etwa für eine angemessene Infrastruktur zu sorgen. Alle Klagen, alle Petitionen halfen nichts. Und so wurden viele der kleinen Unternehmen allmählich um ihren Erfolg gebracht, nur den ganz großen – Luxottica etwa – ging es weiterhin gut. Der Zorn war groß, viele fühlten sich durch einen schlecht organisierten Staat, eine miserable Verwaltung um die Früchte ihrer Arbeit betrogen.

Etwas anderes kam hinzu: Anfang der 1990er-Jahre des vergangenen Jahrhunderts kollabierte die *Democrazia Cristiana* (DC). Sie steckte schon länger in einer Krise, nun aber brach sie abrupt zusammen – und mit ihr die Sozialistische Partei Bettino Craxis. Auslöser war ein gewaltiger Schmiergeld-Skandal (Tangentopoli). Die inneren Gründe reichten aber tiefer: Die DC, die seit 1947 an jeder Regierung beteiligt war, war verbraucht und ruiniert. Ihr altes Modell funktionierte nicht mehr. Gerade in einer Zeit des Wertewandels wurde die ideologische Leere der Partei zu einem großen Problem: Der katholisch-konservative Kitt reichte einfach nicht mehr, die Klientelpolitik hatte sich überlebt.

Mit dem Ende der DC war eine tragende Säule der Nachkriegsordnung zusammengebrochen. Doch das wurde nicht, wie man vielleicht hätte erwarten können, zur großen Stunde der Kommunistischen Partei, die schon seit geraumer Zeit dabei war, eine sozialdemokratische Partei zu werden. Denn auch sie geriet ins Trudeln. Nicht wegen Korruption (die es durchaus auch gab, wo sie regierte), sondern weil ihre Ideologie an Zugkraft zu verlieren begann.

Die größte kommunistische Partei der westlichen Welt hatte über Jahrzehnte hinweg an der Zentralität der Arbeiterklasse festgehalten und eine entsprechende Arbeiterkultur gepflegt. Sie hatte zu spät gemerkt, dass die Zeit dieses auch lebensweltlich weit verbreiteten Milieu-Kommunismus zu Ende ging, dass er in den Mühlen des Konsumismus zermahlen wurde. In einem hektischen Reigen versuchte die Partei, dem hinterherzulaufen: mit mehreren Umbenennungen und einer forcierten Sozialdemokratisierung. Doch das kam zu spät. Der alte Nimbus der Partei war dahin. Die zweite politische Säule der Nachkriegsordnung brach zwar nicht zusammen, bröckelte aber.

Ein weiterer, langsam erst wirkender Schock traf Italien. Einige Jahre nach dem Ende des Kalten Krieges begann das Land zu spüren, dass es nicht zu den Siegern und Profiteuren dieses Umbruchs zählen würde. Bisher hatte es wenn nicht zu den Front-, so doch zu den Führungsstaaten der Nachkriegsordnung gehört. Gerade weil es hier eine starke kommunistische Partei gab, war das Land mit seiner immerwährenden Herrschaft der DC im westlichen Bündnis so wichtig. Und in der Zeit der eurokommunistischen Hoffnung wurde es sogar zur Avantgarde: Vielleicht würde hier paradigmatisch ein »historischer Kompromiss« zwischen rechts und links gelingen.

Italien war eine sichere westliche Bank und ein interessantes Laboratorium. Damit war nach dem Ende des Kalten Krieges bald Schluss. Italien fiel zurück, es wurde ein Staat unter etlichen – während sich das vereinte Deutschland auf den langen Weg zu einer stärkeren internationalen Rolle machte. Das erlebten viele in Italien als eine schwere Kränkung. Und unter diesem Druck fielen die inneren Defizite im öffentlichen Bewusstsein umso stärker ins Gewicht.

Das ließ die Sehnsucht nach einem Befreiungsschlag wachsen – eine Sehnsucht, die im inszenierungswilligen Italien ohnehin seit eh und je stark verbreitet ist. Als Silvio Berlusconi in den Jahren 1993 und 1994 die politische Bühne betrat, war er für viele die ideale Gestalt, die die Erfüllung dieser Sehnsucht zu verheißen schien. Er war ein Erfolgsmensch – der in der Lage sein würde, den Rest der Welt nachhaltig von Italiens ewig währender Stärke zu überzeugen. Er schien der Richtige zu sein, um nach dem Ende der alten Parteienherrschaft ein neues politisches Modell durchzusetzen: unideologisch, glanzvoll, charismatisch. Er schien fähig zu sein, das alte klientelare Italien hinter sich zu lassen. Mit ihm, hoffte so mancher, würde Italien endlich in einer bequemen, wohlständigen, medial aufregenden Moderne ankommen.

So kindlich diese Hoffnungen heute auch wirken – in ihnen drückte sich ein starker und berechtigter Wunsch aus, zu neuen Ufern aufzubrechen. Doch weil Italien nun einmal Italien ist, fand der von Berlusconi versprochene Exodus nicht oder genauer: nur rhetorisch statt. Und da Italien nun einmal Italien ist, war darob niemand sonderlich verwundert, selbst die Enttäuschung der Anhänger Berlusconis hielt sich in engen Grenzen. Dem Aufbruch folgten Apathie, Anpassung, Unterordnung. Berlusconi tat zwar so, als sei er noch immer ein Mann aus dem Volk; die Italiener hatten aber sehr wohl begriffen, dass dieser scheinbar unbeschwerte Zampano längst den Eliten angehörte – schräg und maßlos, aber Elite. Und das hat jeder Italiener mit der Muttermilch aufgesogen: Die Eliten folgen ihren eigenen Gesetzen und Regeln.

Jetzt, Frühjahr 2015, hoffen viele aber, sei diese Tradition an ihr Ende gekommen: mit dem jungen Ministerpräsidenten Matteo Renzi (PD), der endlich einen frischen Wind ins politische Geschehen gebracht habe. Doch auch da ist Vorsicht geboten. Renzi ist nicht anders an die Macht gekommen als Mario Monti. Zwar hat er alle Hebel in Bewegung gesetzt, um Regierungschef zu werden – im entscheidenden Moment war es aber wieder einmal Napolitano gewesen, der den neuen Ministerpräsidenten installiert hat. Es trafen sich gewissermaßen zwei Brüder im Geiste: hier Napolitano, der nicht zögerte, seine ganze Macht und mehr als sie ins Spiel zu bringen, um im Hauruck-Verfahren eine ihm genehme Regierung einzusetzen. Und dort Renzi, der es ebenfalls gewohnt war, unbekümmert mit den Institutionen und den Regeln umzuspringen.

Die halbe Welt ist auf Renzi hereingefallen, weil er noch überzeugender als einst Berlusconi, von dem er offenkundig gelernt hat, den Rebellen gab. Den Rebellen, der sich über Traditionen und verknöcherte Parteiapparate hinwegsetzt, der vom direkten Kontakt zum Volk lebt und sich so gewissermaßen plebiszitär legitimiert sieht. Tatsächlich hat er – mit dem Griff zum Parteivorsitz – erst seine Partei und dann – mit der gezielten Demontage von Enrico Letta, seinem Vorgänger im Amt des Ministerpräsidenten – den Staat und dessen Präsidenten überrumpelt. Er ist der dritte Ministerpräsident in Folge, der ohne Wahlen ins Amt gekommen ist. Wie einst Berlusconi hat auch er eine Politik schneller Hauruck-Reformen versprochen, wie Berlusconi hat er sich schnell im Kleingedruckten verheddert. Vorsichtig formuliert: Es ist zu früh, ihn als politischen Erneuerer Italiens zu feiern.

Im Februar dieses Jahres ist ihm ein Manöver gelungen, für das er allseits gelobt wird: nicht nur seines taktischen Geschicks wegen, sondern auch weil er, wie viele glauben, Italien damit einen Schubs zum Seriösen hin gegeben habe. Er setzte den ehemaligen christlichen Demokraten Sergio Mattarella, der inzwischen dem Milieu des PD nahesteht, als Nachfolger Napolitanos im Amt des Staatspräsidenten durch. Mehr noch: Er überlistete dabei Silvio Berlusconi und machte ihn dabei fast zur Witzfigur. Über all dem Lob für diesen Coup wurde jedoch einiges übersehen – geflissentlich, wie man vermuten darf. Wie sein Vorgänger Napolitano gehört auch Mattarella den alten Eliten an; obwohl er als unbestechlich gilt, verkörpert er das alte, paternalistische Italien. Er ist ein verborgener König: Er bewegt sich unauffällig und er ist vor allem einer, den außerhalb der politischen Klasse kaum jemand kennt. Die Botschaft, die von seiner Wahl ausgeht, richtet sich nicht an die Bevölkerung, sondern an die politische Klasse. Man wird sehen, wie er agiert. Aber wenig spricht dafür, dass Renzis Präsidentenmanöver jene Erneuerung bringen wird, die sich viele davon versprechen. Es könnte gut sein, dass Renzis Revolution am Ende doch wieder nur eine Palastrevolution sein wird, die die Verhältnisse im Palast neu ordnet, die Hütten aber Hütten sein lässt.

Italien ist eigentlich ein reiches Land: zum Bersten reich an Traditionen, Kunstdenkmälern, Landschaften, Erfindergeist, industriellen Fertigkeiten.

Deswegen überlebt es ja auch. Italien ist es bisher aber nicht gelungen, eine politische und vor allem institutionelle Gestalt zu finden, die es erlauben würde, diese Vielfalt produktiv auszuleben. Italien bringt sich notorisch um die Früchte seiner Möglichkeiten. Es müsste aus der langen Tradition des rasenden Stillstands austreten. Und die Windmaschine etwas herunterschalten.

Thomas Schmid, geb. 1945, Studium der Germanistik und Politikwissenschaft. Studentenbewegung. Lektor, freier Autor, Journalist. Chefredakteur der WELT-Gruppe, bis 2014 deren Herausgeber. Heute Publizist. Eigener Blog: www.schmid-blog.de.

NACH GLASNOST UND PERESTROJKA

RUSSLAND UNTER GORBATSCHOW, JELZIN UND PUTIN

Ξ Stephan Merl

Vielen Russen erscheinen die 1990er Jahre im Rückblick als Phase des Chaos und des Verlusts von Vertrauen in den Staat, als Periode einer gravierenden und andauernden Gefährdung des Lebensstandards und einer sich ausbreitenden Kriminalität. Das Ende der Sowjetunion 1991 bedeutete den Verlust der Stellung als Welt- und Industriemacht und wird heute als Beginn einer Zeit von nationalen Demütigungen angesehen. Russland stürzte ökonomisch auf das Niveau eines Schwellenlandes ab, das unter dem Diktat der Weltbank Kredite bezog. Hatte die Gruppe um Gorbatschow ihre Politik in dem Verständnis betrieben, durch die Überwindung des Blockdenkens zu einer neuen, friedlichen Weltordnung überzugehen, betrachteten die USA das Geschehen als Kapitulation infolge des erfolgreichen »Totrüstens« und gerierten sich gegenüber der Atommacht Russland, als seien sie die strahlenden Sieger des Kalten Krieges.

Diese Abstiegserfahrungen überschatten in der Erinnerung auch die davor liegende Phase unter Gorbatschow. Sie wird – medial extrem verstärkt – heute vor allem als Beginn allen Übels betrachtet, wodurch der reale Ablauf und die zeitgenössische Bewertung verzerrt werden.

Tatsächlich hatte die im Verlauf des Jahres 1986 zur Demokratisierung *(glasnost')* erweiterte Zielsetzung des wirtschaftlichen Umbaus *(perestrojka)* zunächst einen Großteil der Bevölkerung aus ihrer Lethargie des Sowjetsystems gerissen. Die völlig ungewohnte Offenheit von Information und Meinungsäußerung stieß bei zahlreichen Bürgern auf positive Resonanz. Die Enthüllungen über die Verbrechen unter Stalin zogen im Herbst 1988 viele von ihnen in ihren Bann. Mit Euphorie nahmen sie im März 1989 an der ersten weitgehend freien Wahl teil, bei der sie zwischen verschiedenen Kandidaten wählen durften.

Plötzlich konnten ohne Angst auch Fragen des gesellschaftlichen Zusammenlebens öffentlich erörtert werden. Alle verbanden das mit der von Gorbatschow geweckten Erwartung, dass sich damit auch unmittelbar die persönlichen Lebensverhältnisse verbessern würden. Die Hoffnung auf eine

 INDES, 2015-1, S. 56–68, © Vandenhoeck & Ruprecht GmbH & Co. KG, Göttingen, 2015, ISSN 2191-995X bessere Zukunft verknüpfte sich mit den scheinbaren Erfolgselementen des westlichen Modernemodells, Demokratie und Marktwirtschaft.

Vor allem den Jüngeren schienen sich Chancen und Karrierewege zu eröffnen, die den Verlust der bisherigen Berechenbarkeit des eigenen Lebens von der Wiege bis zur Bahre kompensierten. Der Zerfall des Ostblocks Ende 1989 und das Ende der Sowjetunion 1991 verbanden sich zeitgenössisch mit der Erwartung einer dauerhaften Überwindung der Militärbündnisse sowie eines besseren Lebens im »Nationalstaat«. Alle, auch die Russen, fühlten sich im Rahmen des Vielvölkerstaates plötzlich »ausgebeutet«.

Erst das Andauern der Unsicherheit auch noch in der zweiten Hälfte der 1990er Jahre, nachdem zunächst alles wieder aufwärts zu gehen schien, brachte den Umschlag. Die Rubelkrise 1998 ließ erstmals den Reallohn für alle drastisch abstürzen, ohne dass nach kurzer Zeit ein Ausgleich durch Indexierung erfolgt wäre. Viele begannen nun die Verhältnisse vor 1985 als eine Zeit von Stabilität und sozialer Absicherung zu verklären und sehnten sich, auch um den Preis einer erneut wachsenden politischen Bevormundung, dorthin zurück.

Mein Blick auf die »langen« 1990er Jahre setzt 1986 ein, als erste Anzeichen einer Demokratisierung in Verbindung mit der von Gorbatschow betriebenen Wirtschaftsreform zu spüren waren, und endet 2004 mit Putins Reaktion auf die »Orangene Revolution«. Das, was im Kern die Entwicklung von 1986 bis 2004 ausmacht, lässt sich einfach schildern. Es kreist um die Begriffe Wirtschaftsreform und Demokratisierung. Probleme erwuchsen daraus, beide Ziele unter den gegebenen Umständen zu verbinden. Letztlich wurde weder das eine noch das andere bis heute wirklich umgesetzt.

Unter Gorbatschow schritt zwar die Demokratisierung schnell voran, die Wirtschaftsreform war aber bereits in ihren ersten Ansätzen ab 1988 dadurch belastet, dass sie vor allem zur persönlichen Bereicherung Einzelner führte. Verantwortlich war Gorbatschows naive Erwartung, es genüge, die zentrale Kontrolle abzuschwächen. Seine Hoffnung, dass die Reform sich durch die Motivation der Bevölkerung beschleunigen würde, weil sie unmittelbar sozialverträglich sei und allen sofort steigende Einkommen beschere, entbehrte jeglichen Realitätsbezugs.

Die Nomenklatura des Sowjetsystems stellte sich Gorbatschows »radikalem« Reformkurs nicht entgegen, weil dieser ihr uneingeschränkte Möglichkeiten der Bereicherung eröffnete (Paul Gregory). Das Gesetz über die Staatsunternehmen befreite bereits im Juni 1987 die Betriebsleiter von »Bevormundung«. Gorbatschow zerstörte die beiden Säulen der administrativen Kommandowirtschaft – die Allokation von Ressourcen durch die Ministerien und die Eingriffsmöglichkeiten der Partei –, ohne sie durch ein neues Allokationssystem zu ersetzen.

Davon profitierten die Funktionäre der Staatsverwaltung genauso wie die Manager der Staatsunternehmen. Das Genossenschaftsgesetz gestattete 1988 den Managern, Genossenschaften zu gründen, in denen sie die Preise frei festlegen und unbegrenzte Profite erzielen durften. Ihnen wurde erlaubt, eigene Banken zu gründen, die nicht mehr der Staatsbank unterstanden; das wiederum schloss Auslandsgeschäfte ein, also Überweisungen auf ausländische Konten. Dort konnten sie die erzielten Gewinne sofort in Sicherheit bringen.

Im Ausgang der 1980er Jahre wurzelte auch das Entstehen krimineller und mafiöser Strukturen, deren Wirken die breite Masse der Bevölkerung spätestens 1993 zu spüren bekam. Die Symbiose von Kommando- und Schattenwirtschaft hatte auf der Tolerierung korrupter Praktiken beruht. Nachdem die Schattenwirtschaft von der staatlichen Regulierung befreit wurde, stand dem Umschlagen der korrupten Praktiken in kriminelle Strukturen nichts mehr im Wege. Die sowjetische Wirtschaft geriet durch diese Maßnahmen Anfang 1990 in freien Fall. Es blieb Gorbatschows Rivalen Jelzin vorbehalten, den Sozialismus zugunsten eines Marktsystems abzuschaffen. Gestützt auf seine demokratische Legitimation betrieb Jelzin 1990 und 1991 die Entmachtung Gorbatschows und löste das Staatsgebilde Sowjetunion auf, an dessen Spitze dieser stand.

Die Ereignisse Anfang der 1990er Jahre wurden vom Machtkalkül Jelzins bestimmt. Er schied im Herbst 1987 im Streit mit Gorbatschow aus dem Politbüro aus. Im März 1989 gelang ihm in Moskau ein triumphaler Wahlsieg und damit die Rückkehr auf die politische Bühne. Inzwischen war die Machterosion im Zentrum markant sichtbar: Gorbatschow fehlte nicht nur ein Konzept; seine Position als Chef der Kommunistischen Partei (KPdSU) reichte jetzt auch nicht mehr aus, um seine politischen Vorstellungen durchzusetzen.

Das hatte Jelzin genauso wie die beiden populären Bürgermeister von Moskau und Leningrad, Popov und Sobčak, begriffen. Anfang 1990 erklärten sie ihren Austritt aus der KPdSU. Am 29. Mai 1990 wählte der Volksdeputiertenkongress der Russischen Sozialistischen Föderativen Sowjetrepublik (RSFSR) Jelzin zum Präsidenten und erklärte im Juni mit überwältigender Mehrheit Russland für souverän. Jelzin drohte der Zentralregierung nun mit einer Streichung der Geldmittel und stellte sich auf die Seite der baltischen Staaten. Aus der Defensive heraus setzte Gorbatschow im März 1991 ein Referendum über die Neufassung des Unionsvertrages an.

Im Juni 1991 festigte Jelzin seine demokratisch erlangte Machtposition: Er wurde bereits im ersten Wahlgang direkt zum Präsidenten Russlands gewählt. Die Verwirrung der Putschisten (und des Westens) im August über die wahren Machtverhältnisse kam in ihrem gravierenden Fehlgriff zum Ausdruck, statt Jelzin den politisch längst entmachteten Gorbatschow unter Hausarrest zu stellen. Damit besiegelten sie, was sie eigentlich verhindern wollten: das Ende der Sowjetunion.

Jelzin kostete seinen Triumph voll aus und verbot die KPdSU. Damit war Gorbatschow faktisch kalt gestellt. Das Heft des Handelns lag nunmehr bei den Machthabern der Unionsrepubliken. Sie lösten am 5. September 1991 die Unionsexekutive auf. Entgegen allen Vorhersagen scheiterte die Sowjetunion nicht etwa am islamischen Faktor, sondern an dem Unwillen der Führung Russlands, dem Staatenbund Sowjetunion weiter anzugehören.

Jelzin rückte nun eine marktwirtschaftliche Reform ins Zentrum seines Handelns. Die Umsetzung überließ er anfänglich dem Wirtschaftsliberalen Gaidar. Nach dem Modell der Schocktherapie wurden Anfang 1992 die Preise freigegeben, der Handel liberalisiert und die Privatisierung des Volksvermögens eingeleitet. Die Gaidar'sche Wirtschaftsreform machte in kürzester Zeit alle, auch im Westen produzierte Waren frei zugänglich, nachdem diese zuvor gar nicht, nur nach jahrelanger Wartezeit oder nur über Beziehungen unter dem Ladentisch gehandelt worden waren. Trotz hoher Preise fanden die heiß begehrten Waren Abnehmer.

Die sozialen Kosten der Reform aber gefährdeten die Popularität Jelzins. Statt demokratisch einen Kompromiss mit dem Parlament zu suchen, entschied er sich zur Abänderung der Verfassung. Nachdem es dem Volkskongress im März 1993 nicht gelungen war, ihn abzusetzen, befahl er Anfang Oktober den (blutigen) Sturm auf das »Weiße Haus« (so wurde das Parlamentsgebäude vom Volk bezeichnet) und ließ am 12. Dezember 1993 die Bevölkerung über eine Präsidialverfassung abstimmen. Sie verlieh ihm weitgehende Machtvollkommenheit und setzte einer Rückkehr zu einer autoritären Regierungsform keine Schranken.

Wie stark die Bevölkerung inzwischen das Vertrauen in demokratische Wahlen verloren hatte, kam darin zum Ausdruck, dass sich nur 31 Prozent der Wahlberechtigten an der Abstimmung beteiligten. Von ihnen stimmten 57 Prozent für die Verfassung. Nachdem zur Sowjetzeit Wahlpflicht geherrscht hatte und nahezu jeder an die Wahlurne gegangen war, besiegelten nun gerade einmal 18 Prozent der Wahlberechtigten das Ende des Experiments »Demokratisierung«. Dass westliche Politiker dennoch Jelzin weiter als »Demokraten« bezeichneten und ihm die Stange hielten, trug zur Diskreditierung des Begriffs »Demokratie« in Russland bei.

Die mit der »kleinen Privatisierung« im Sommer 1992 demokratisch anlaufende Auflösung des Staatseigentums schlitterte mit dem Beginn der

Privatisierung der Großbetriebe und der entscheidenden Vermögenswerte der Volkswirtschaft ab 1993 in dunkle Geschäfte zwischen vermögenden Insidern und dem Staat hinein. Diese Privatisierung vollzog sich außerhalb demokratisch kontrollierter Strukturen und geriet mit der Präsidentenwahl 1996 ganz unter den Einfluss der Präsidialadministration und der von Jelzins Tochter Tatjana angeführten »Familie«. Das sollte die Weltbank nicht davon abhalten, Jelzins Politik weiterhin das Gütesiegel eines Übergangs zur freiheitlichen Marktwirtschaft zu verleihen und mit Krediten zu unterstützen. Sie nahm keinen Anstoß daran, dass mit diesen Mitteln vor allem Russlands Oligarchen ihre Bankkonten in den »staatsfreien Zonen« der westlichen Steuerparadiese füllten.

Im Umfeld der Präsidentenwahl 1996 nahm die Fortsetzung der Privatisierung, verborgen vor der Öffentlichkeit, endgültig Züge des Machtmissbrauchs an. Einige Oligarchen finanzierten Jelzins Wahlkampf. Die »Familie« hielt geheim, dass er kurz vor seinem knappen Wahlsieg gegen den Kommunisten Sjuganov im zweiten Wahlgang einen Herzinfarkt erlitten hatte. An Stelle des amtsunfähigen Präsidenten übernahm Anatolij Čubajs, Chef der Präsidialadministration, die Macht. Im Kampf um die besten Stücke bei der Privatisierung entbrannte ein erbarmungsloser Konkurrenzkampf zwischen den Oligarchen. Das Chaos an der Staatsspitze führte zur Rubelkrise, die im Herbst 1998 auch einige der Oligarchen in den Bankrott trieb.

Damit war der Übergang zu einer echten Marktwirtschaft, wie sie Gaidar 1991 vorgeschwebt hatte, gescheitert. Die Wahl der »Familie« für den Nachfolger fiel auf Putin. Er war bereit, Jelzin Immunität vor Verfolgung zuzusichern; dieses Zugeständnis verlangte die »Familie« dafür, ihn bei der Übernahme des Präsidentenamtes zu unterstützen.

Putin stützte sich auf die überzeugende Legitimation, die ihm die russische Bevölkerung am 26. März 2000 mit seiner direkten Wahl zum Präsidenten bereits im ersten Wahlgang verliehen hatte. Eine seiner ersten Amtshandlungen bestand in der Kündigung der von der Weltbank vergebenen und an die Bedingung konkreter politischer Maßnahmen geknüpften Kredite. Vor allem brachte Putin die Machtstrukturen im Zentrum und in der Peripherie wieder in Ordnung. Gestützt auf die Steuerpolizei entmachtete er diejenigen Oligarchen, die ungeschminkt Einfluss auf die Politik genommen hatten. Die vielfach ebenfalls von korrupten Netzwerken dominierten regionalen Machtstrukturen unterstellte er seiner Kontrolle.

Zur Einbindung der Bevölkerung stützte sich Putin auf den Patriotismus als Integrationsideologie. Die Wiederherstellung der staatlichen Ordnungsfunktion ließ sich durch die Vertrautheit aller mit den vorherigen sowjetischen

Institutionen schnell durchsetzen. Begünstigt wurde Putins Kurswechsel durch einen steigenden Ölpreis auf dem Weltmarkt. Den unbedingten Primat der Politik über die Wirtschaft exerzierte er vor der Dumawahl 2003 mit der Verhaftung von Chodorkovskij, einem Oligarchen, der die Internationalisierung des Ölgeschäfts betrieb und sich in die Politik einzumischen versuchte. Durch dieses »politische Verfahren« steigerte Putin seine Popularität sogar noch, indem er Chodorkovskij beschuldigte, durch Steuerhinterziehungen die Verantwortung dafür zu tragen, dass der Staat Renten und Gehälter nicht auszahlen konnte.

Damit waren im Übergang zu den 2000er Jahren die von Gorbatschow angestrebten Veränderungen gescheitert: Statt demokratischer, von unten aufbauender Strukturen dominierten wieder autoritäre. Gorbatschow hatte dem mit seiner verfehlten Wirtschaftsreform Vorschub geleistet. Gaidar gebührt zwar das Verdienst, bis heute tragfähige Strukturen geschaffen zu haben, die die Versorgung der Bevölkerung mit Konsumgütern sicherstellen und zur Errichtung einer im Ausgangspunkt vollständig fehlenden, modernen Handelsinfrastruktur beigetragen zu haben. Die Marktwirtschaft funktionierte in Russland aber nur bedingt, weil die aus der Sowjetzeit übernommene informelle Institution des *blat* (»eigennützige Freundschaft«) unter den Spitzen der Verwaltungs- und der ökonomischen Elite ungebrochen fortexistierte und auch Putins Aktionen gegen die Oligarchen überstand. Die neu in die Elite aufsteigenden Personen nämlich integrierten sich problemlos in die bestehenden *blat*-Netzwerke.

In der »russischen Marktwirtschaft« (Hans-Hermann Höhmann) wirkt der Markt deshalb nicht als alleiniger, unabhängiger Regulierungsfaktor. Wirtschaftlicher Erfolg beruht weiterhin vor allem auf Aushandlungen zwischen den staatlichen Strukturen »der Macht« und den von Oligarchen geführten großen Wirtschaftskonzernen. Großbetriebe sind kaum gezwungen, ihre Position in marktwirtschaftlicher Konkurrenz durch Erhöhung der Effizienz zu behaupten. Sie setzen ihre Interessen vielmehr in direktem Kontakt mit den Spitzen der Exekutive durch. Subventionen landen deshalb immer bei ihnen, auch wenn sie für Klein- und Mittelbetriebe bestimmt sind.

Die russische Wirtschaftskultur prägt somit unverändert das Handeln der Wirtschaftssubjekte. Ebenso bewahrte die russische Wirtschaft ihre Pfadabhängigkeit als Rohstoffexporteur und ist insofern auf Europa als Modernisierungspartner angewiesen. Putin unterstrich dies 2002 überzeugend in seiner Rede vor dem deutschen Bundestag.

Der Konsolidierungsprozess war im Jahr 2004 gefestigt, als die russische Regierung mit der »Orangenen Revolution« in der Ukraine eine neue Gefahr erblickte: einen scheinbar vom Westen betriebenen Umsturz, der sich auf die Jugend gründete. Als entscheidender Akteur der Einflussnahme erschienen vom Westen finanzierte zivilgesellschaftliche Organisationen (NGOs), die vorgaben, Demokratiebewegungen zu unterstützen. Putin sah den Konflikt um die Wahlfälschung als einen von den Amerikanern geschürten und finanzierten Wahlprotest an, nach dem Motto: »Demokratie ist nur, wenn die Entscheidung zugunsten der USA ausfällt.«

Um die Gefahr eines Umsturzes in Russland abzuwehren und die russische Jugend bei der Stange zu halten, reagierte Putin umgehend. Die »Partei der Macht«, *»Edinaja Rossija«*, gründete *»Naši«* als eigene Jugendorganisation. Zugleich wurde wieder – wie zuvor im Sowjetsystem – eine eigene Kaderschulung für Nachwuchskräfte in politischen Ämtern geschaffen. Die Tätigkeit zivilgesellschaftlicher Organisationen (NGOs) wurde beschränkt. Wenn sie Finanzmittel vom Ausland erhielten, galten sie als »Fünfte Kolonne«, die die russische Jugend »umpolen« wolle, und wurden in der Regel verboten. Damit diskreditierte die mediale Darstellung der »Orangenen Revolution« den Begriff »Demokratie« in Russland zusätzlich. Der Rückfall in eine Wagenburgmentalität setzte Ende 2004 ein.

Eindrucksvoll, widersprüchlich und paradox sind die großen Entwicklungsbögen: Gorbatschows »Offenheit« dauert in gewisser Weise fort: Physisch sind die Russen heute in Europa und in der Welt angekommen. Sie sind in allen europäischen Urlaubsregionen vertreten, einige sind wie vor 1914 wieder fest in russischer Hand. Geistig ist die Mehrzahl der Russen, egal ob sie in Russland oder seit Jahren in Europa leben, aber nie so weit von »gemeineuropäischen Werten« – so wie sie bei uns in den Medien zelebriert werden – entfernt gewesen wie zur Stunde.

Obwohl Jelzin das Ende der Sowjetunion aktiv betrieb, zeigte er zu keinem Zeitpunkt die Bereitschaft, Territorien der Russischen Föderation preiszugeben. Er schreckte auch nicht davor zurück, das Bestreben zur Loslösung von Russland militärisch zu unterdrücken. Allerdings war er bereit, bilaterale Abkommen zur Machtabgrenzung mit Teilrepubliken zu schließen. Tatarstan ging darauf ein und sicherte sich als Gegenleistung für den Verbleib in der Russischen Föderation weitreichende Autonomiebefugnisse.

In Čečenien verlief die Entwicklung anders. Dudaev verkündete nach seiner Wahl zum Präsidenten am 1. November 1991 die Unabhängigkeit von Russland. Seine autoritäre Herrschaft führte schnell zur weiteren Spaltung des Landes. Der Versuch, gestützt auf die Opposition Dudaev zu stürzen, schlug fehl. Danach erfolgte Ende 1994 die Militärintervention. Jelzin erwartete einen schnellen und lokal begrenzten Krieg, doch beim Sturm auf

Groznyj erlitten die Russen gegen die materiell unterlegenen, aber stärker motivierten Čečenen immer wieder Niederlagen.

Jelzin verwickelte sein Land damit in einen Krieg, der durch Terrorakte schnell auch das Zentrum Russlands erreichte und aufgrund der vielen Opfer unter den russischen Rekruten unpopulär war. Mitte der 1990er Jahre standen Panzer an allen Kontrollpunkten der Automobilinspektion im Umkreis der Städte. Reisende wurden von der Miliz mit gezogener Waffe kontrolliert. Der im Mai 1997 geschlossene Friedensvertrag vertagte den Entscheid über den Verbleib in der Russischen Föderation. Erst der unter Putin geführte zweite Čečenienkrieg endete mit der Unterwerfung, ohne bis heute das Gebiet wirklich zu befrieden.

Für die Bevölkerung begannen die 1990er Jahre mit einem Vertrauensbruch. Die Pavlov'sche Geldreform vom 22. Januar 1991 wollte »überschüssige Kaufkraft« beseitigen, konfiszierte aber ohne Vorwarnung einen Teil des Geldes der Bevölkerung. Den Warenmangel verschärfte sie sogar noch. Die Bevölkerung verlor nachhaltig das Vertrauen in staatliches Handeln. Bis heute zweifeln die Russen an der Rechtssicherheit.

Die Gaidar'sche Wirtschaftsreform gab Anfang 1992 die meisten Preise frei. Das Ziel, das Preisniveau auf Basis von Knappheitspreisen auf höherem Niveau zu stabilisieren, verfehlte sie, weil der Staat die Staatsbetriebe weiter subventionierte. Für die Bevölkerung endete der Schock über die Freigabe der Preise nach drei Monaten: Ab April 1992 wurden die Löhne indexiert und damit an die Entwicklung der Preise gebunden. Zugleich brachte die Reform allerdings alle Waren in die Geschäfte zurück und machte darüber hinaus qualitativ bessere westliche Produkte verfügbar.

Wie stark der Transformationsprozess vor allem die älteren Leute traf, offenbaren die demographischen Daten. Innerhalb von nur zwei Jahren (von 1990 auf 1992) sank die Lebenserwartung der Männer von 63,7 auf 58,1 Jahre, die der Frauen etwas schwächer von 74,3 auf 71,6 Jahre. Medikamente hatte die Sowjetunion zuvor aus der DDR bezogen. Nach der deutschen Wiedervereinigung waren diese in Devisen zu bezahlen. Da die Sowjetunion diese nicht aufbringen konnte, kollabierte das Gesundheitswesen zeitweilig gerade in einer Phase, in der die Transformation mit der Änderung der vertrauten Verhältnisse und der starken Inflation für viele ältere Leute eine gefährliche Stresssituation erzeugte. Die Zahl der Herzinfarkte schnellte hoch.

Entgegen den Erwartungen waren soziale Unruhen auf der Straße in den 1990er Jahren kaum zu beobachten. Staatliche Maßnahmen bewahrten gezielt oder im Nebeneffekt große Teile der Bevölkerung vor einem ungebremsten Absturz in Armut und machten sie zugleich zu Kleineigentümern. Den

Grundstein dafür legte die Regierung bereits unter Gorbatschow: Sie bot den Städtern kleine Bodenstücke in Stadtrandlage an, die als Schrebergarten genutzt werden konnten und auf denen sich eine Datsche errichten ließ. Etwa ein Drittel der städtischen Haushalte machte davon Gebrauch. Die Gesamtzahl der Datschen-Grundstücke stieg in Russland von knapp zehn Mio. 1988 auf 21,5 Mio. 1992 an. Damit verfügten zwei Drittel der städtischen Familien über ein eigenes kleines Bodenstück, auf dem sie Grundlebensmittel selbst produzieren und ein Häuschen errichten konnten.

1992 erzeugten diese Kleingärtner ein Viertel der Gesamternte von Kartoffeln und Gemüse und über ein Drittel der Beeren und Früchte. Der Preisanstieg für Lebensmittel traf viele Menschen deshalb nur bedingt. Zugleich entfielen die zuvor geltenden restriktiven Bestimmungen zur Bebauung. So entstanden – besonders im Umkreis von etwa 200 km um Moskau – auf diesen Stücken nicht selten mehrstöckige, anfänglich allerdings nur äußerlich luxuriöse Bauten. Erstmals seit Beginn der Sowjetzeit waren Baumaterialien frei verfügbar, viele staatliche Großbetriebe brannten Ziegel in Nebenbetrieben. Die Bautätigkeit selbst in ländlichen Regionen erreichte Anfang der 1990er Jahre ein zuvor unbekanntes Ausmaß.

Der sozialen Absicherung diente 1992 ebenfalls die Übergabe der sich zuvor in Staatsbesitz befindlichen Wohnungen an ihre Bewohner. Dem einen schenkte der Staat damit Wohnraum, der aufgrund der günstigen Lage und Qualität schnell bis zu einige Hunderttausend Dollar Marktwert erlangte, dem anderen zumindest ein Dach über dem Kopf. Zudem kamen gerade die Ärmsten in den Genuss der Liberalisierung des Handels. Zunächst durfte jeder an jedem Ort mit jeder Ware handeln und den Preis für sie selbst bestimmen. Der davon ausgehende Schutz vor Verelendung kann gar nicht überschätzt werden. Viele alte Mütterchen verbrachten nun ihre Zeit am Straßenrand, auf Bahnhöfen oder an Metrostationen und boten Waren feil, die sie zuvor in Läden erworben, selbst gekocht, produziert oder gesammelt hatten.

Was in der Sowjetunion als Spekulation verfemt und mit hohen Strafen belegt war, der Weiterverkauf von Waren mit Gewinn genauso wie die Vermietung von Wohnraum, konnte nun jeder nutzen, um damit seinen Lebensunterhalt zu bestreiten. Das erkannten allerdings auch Banden, die alleinstehende Wohnungsbesitzer ermordeten und dann die Wohnung verkauften. (Dass im Verlauf der 1990er Jahre alte Leute fast völlig aus dem Moskauer Stadtbild verschwanden, war außerdem der Tatsache geschuldet, dass man mit einer Staatsrente in Moskau nicht überleben konnte. Letzteres war geschlechterbezogen eher ein Problem der Frauen, weil sich die meisten Männer vor dem Renteneintritt aus dem Leben flüchteten.)

Eine neue Erscheinung der 1990er Jahre war die Angst vor der sich ausbreitenden Kriminalität, insbesondere Einbruch und Straßenraub. Beides hatte es zur Sowjetzeit kaum gegeben. Nachdem aber in vielen Wohnungen elektronische Geräte (u. a. Unterhaltungselektronik und Computer) auftauchten, die es sich zu stehlen lohnte, schnellte die Zahl der Einbrüche hoch. Die kaum gesicherten Wohnungen im Staatseigentum luden dazu auch geradezu ein. Wohnungen wurden deshalb aufwendig mit neuen Schlössern gesichert und mit Eisengittern verbarrikadiert. Viele neugebaute Hochhäuser in Moskau entstanden ab Mitte der 1990er Jahre ghettoähnlich hinter Zäunen, der Zutritt wurde von bewaffneten Wächtern geschützt. Eine Randerscheinung war, dass im Straßenbild ab 1992 immer mehr ausgesetzte Hunde auftauchten, die tierliebe Besitzer nicht mehr durchfüttern konnten. Zugleich sah man nun abends Gutbetuchte, die ihren neuen Rassehund ausführten, der vor allem dazu diente, Einbrecher abzuschrecken.

Die soziale Differenzierung verstärkte sich seit Beginn der *Perestrojka* letztlich allerdings weniger durch die Verarmung der sozialen Unterschicht. Die Gruppen am unteren Rande der Gesellschaft waren auch zur Sowjetzeit schon arm. Neu war dagegen das Aufkommen einer kleinen Schicht sehr reicher Personen in den 1990er Jahren, bezeichnet als »neue Russen«. Außerdem entwickelten sich erste Ansätze einer städtischen Mittelschicht, die sich dann unter Putin verfestigen und ihre Lebensführung deutlich verbessern konnte. Heute ist eine größere Gruppe materiell gut situiert und in der Lage, sich regelmäßige Auslandsreisen zu leisten. Von ihrem Einkommen her kamen die Russen um 2005 in Europa an.

Die Spielregeln des sozialen Aufstiegs veränderten sich währenddessen grundlegend. Genossen zuvor Akademiker und Lehrer ein hohes Ansehen, setzten nun junge Leute, die die Zeichen der Zeit verstanden, auf anderes. Körperliche Kraft und Skrupellosigkeit waren von Vorteil, ein Hochschuldiplom unabhängig von der tatsächlichen Qualifikation und Fachrichtung öffnete Karrierewege.

Die Preisfreigabe Anfang 1992 führte in kurzer Zeit zu dramatischen Nachfrageverschiebungen mit gravierenden Folgen für die russische Volkswirtschaft. Gerade für Waren, die zuvor am stärksten begehrt erschienen, brach unter dem neuen Konkurrenzdruck die Nachfrage weg. Das traf Tierprodukte, aber auch in Russland hergestellte dauerhafte Konsumgüter und andere Industriewaren. Die von Lev Kopelev 1991 an die Wand gemalte Hungersnot löste obendrein zur Unzeit eine Überschwemmung des Marktes mit westlichen Hilfslieferungen aus. Dadurch konnten die neugegründeten Bauernwirtschaften (Fermer) ihre selbst produzierten Lebensmittel nicht in den Städten absetzen. Die Hälfte des Viehbestandes musste abgeschlachtet werden.

Vor allem minderwertige und qualitativ unzureichende russische Waren wurden vom Markt verdrängt. Die betroffenen Betriebe gingen dazu über, nach dem Trucksystem ihre Arbeiter mit den produzierten Waren zu bezahlen, oder schlossen mit anderen Betrieben Barter- bzw. Tauschgeschäfte ab. Der Anteil des Tauschhandels am Industrieumsatz stieg von zehn Prozent (Anfang 1992) auf 45 Prozent (Anfang 1998).

Russische Händler setzten auf Importwaren, um einen »schnellen Rubel« zu machen: Diese waren häufig auch qualitativ überlegen, durchweg aber länger haltbar und attraktiver verpackt. Autos, Computer und Unterhaltungselektronik, zuvor praktisch nicht zugänglich, erfreuten sich jetzt einer starken Nachfrage. Schnell entstand eine wenn auch primitive Handelsinfrastruktur in Form von Buden.

Von dem schnellen Geld, das im Handel zu verdienen war, wollten auch kriminelle Akteure profitieren. Die Schutzgelderpressung wurde zu einem neuen Wirtschaftszweig, der bis 1993 das Land flächendeckend überzog. Regional tätige mafiöse Banden »besteuerten« die Produktion, den Transport und die Vermarktung von Waren. Für das Geld boten sie »Schutz« (russisch: ein »Dach«). Damit verhinderten sie auch, dass Händler auf Märkten einander unterboten. Die Buden der Händler, die sich nicht fügten, wurden abgefackelt. Die schwächsten Glieder freilich, die gerade erst gegründeten Fermerwirtschaften, wurden dadurch völlig von der lukrativen Versorgung der Städte ausgeschlossen und mussten ihre Waren unter freiem Himmel an Durchgangsstraßen oder den Zufahrten zu den Datschensiedlungen der reichen Städter feilbieten. Der Staat tat wenig, das Aufkommen dieser Strukturen zu verhindern.

Wahrscheinlich trifft der Begriff »Entwurzelung« am besten das, was erhebliche Teile der russischen Bevölkerung in den 1990er Jahren durchlebten. Das Sowjetsystem hatte zwar keinen hohen Lebensstandard gewährleistet, aber doch ein ungewöhnliches Maß an sozialer Absicherung vermittelt und fast jedem eine Beschäftigungsstelle garantiert. Das alles ging schlagartig verloren: Erworbene Qualifikationen wurden entwertet, weil sie keine auskömmliche Beschäftigung mehr garantierten. Das traf auch viele Hochschullehrer und Akademiemitglieder. Häufig blieb man mit der bisherigen Arbeitsstätte in Form einer Zuschreibung verbunden, selbst wenn im Extremfall die »Kurzarbeit« auf null Stunden sank. Sozial Schwache fielen am stärksten durch das Netz: Ihr Einkommen lag zwar auch zuvor unterhalb des Armutsniveaus, war aber symbolisch durch viele eher immaterielle Privilegien für

»Veteranen des Krieges und der Arbeit« übertüncht worden. Erst unter Putin verbesserte sich die soziale Absicherung wieder.

Die 1990er Jahre waren eine Zeit extrem hoher Migration: Russen, häufig gut situierte Fachkräfte, wurden aus vielen unabhängig gewordenen ehemaligen Unionsrepubliken vertrieben. Millionen mussten in das ihnen häufig unbekannte Heimatland zurückwandern und erlebten auch eine persönliche Degradierung. Nachdem die Löhne an der Peripherie und in der Provinz an Attraktivität verloren, setzte eine Abwanderungswelle ins Zentrum ein. Hauptziel war Moskau. Die Auswanderung von Juden, vor allem wegen ihrer andauernden Diskriminierung, blieb die 1990er Jahre über hoch, eine starke Abwanderung von Russlanddeutschen wegen ihrer unsicheren Zukunftsaussichten setzte ein.

Angelockt durch die viel höheren Einkommen begann zudem die Abwanderung der »besten Köpfe«, vor allem in die USA. Der *brain drain* war vor allem in naturwissenschaftlichen Berufsfeldern stark, in denen die Sowjetunion eine hochwertige Ausbildung vermittelt hatte. Er stützte sich auf Netzwerke, nachdem einzelne erfolgreich in den USA einen Job gefunden hatten. Allerdings: Wenn die Umrechnung mit dem offiziellen Wechselkurs in Russland 1992 nur ein mittleres Einkommen unter hundert US-Dollar ergab, verzerrt das den um Einiges geringeren realen Kaufkraftunterschied bis zur Unkenntlichkeit.

Moskau hatte zwar auch zur Sowjetzeit eine Sonderstellung. Nun aber weichte die administrative Zuzugsbeschränkung auf. Die Veränderungen und der Wohlstandsgewinn zeigten sich hier deutlich schneller. Selbst Petersburg fiel dagegen ab, stärker noch als schon zur Sowjetzeit. Die Einkommen – aber auch die Lebenshaltungskosten – in Moskau betrugen etwa das Dreifache des Durchschnitts in der Provinz.

Putin, so anfechtbar seine Auffassung von Politik immer ist und so irritiert der westliche Betrachter über sein autokratisches Machogehabe den Kopf schütteln mag, stärkte den Staat, beendete das Chaos und reduzierte die Kriminalität. Der Bereicherung einzelner stand jetzt eine wirtschaftliche Stabilisierung gegenüber, von der ein großer Teil der Bevölkerung profitierte. »Dächer« behielten ihre Bedeutung, doch erschien es nun vorteilhafter, wo immer es möglich war, sich unter dem Dach des Staates einzurichten und an Staatsdiener Bestechungen zu zahlen, als mit dem kriminellen Milieu Geschäfte zu machen.

Bis zur Finanzkrise 2008 verdreifachte sich der durchschnittliche Reallohn. Im politisch-administrativen Bereich vollzog sich eine gewisse Rückkehr zu russisch-sowjetischen Verhaltensweisen, die der Bevölkerung noch gut vertraut waren und von ihr im Tausch gegen den vermittelten Wohlstandsgewinn akzeptiert wurden. Nach der Entwurzelung in den 1990er Jahren könnte man davon sprechen, dass unter Putin die Bevölkerung mittels der aus der Sowjetzeit vertrauten Verhaltensformen und informellen Institutionen »wiedereingewurzelt« wurde. Der Sowjetpatriotismus wurde dabei in einen nun auf Russland bezogenen Patriotismus umgewandelt.

Dennoch: An den grundlegenden Weichenstellungen, die Jelzin bis Mitte der 1990er Jahre vollzog, hat Putin nichts geändert. Die von Gorbatschow angestrebte Demokratisierung hatte für die Bevölkerung längst an Bedeutung verloren. Die Präsidialverfassung erlaubte einen autoritären Regierungsstil. Die Wirtschaftsreform war unter Jelzin umgesetzt worden. Aus ihr war aber eine »russische Marktwirtschaft« entstanden, bei der sich an der Spitze die enge Verschränkung von Verwaltung und Konzernen erhielt. Mit dem Patriotismus griff Putin eine Integrationsideologie wieder auf, die schon zur Sowjetzeit erfolgreich war. Sie stellte das unter Jelzin verlorengegangene Gefühl der Zusammengehörigkeit wieder her. So gelang es Putin, sich zumindest bis 2011 als ein von dem überwiegenden Teil der Bevölkerung respektierter, gerechter Herrscher (»guter Zar«) zu profilieren. Die Wende hin zu zukunftsträchtigen Innovationen wurde aber Mitte der 2000er Jahre verpasst, weil die Konzepte zur Stabilisierung rückwärtsgewandt in der Sowjetzeit gründeten.

Prof. Dr. Dr. h. c. mult. Stephan Merl, geb. 1947, ist Professor für Allgemeine Geschichte unter besonderer Berücksichtigung der Osteuropäischen Geschichte an der Universität Bielefeld und Vorsitzender des Wolfgang-Schüler-Instituts für Internationale Managementstudien. 1994–2010 war er stellv. Vorsitzender des deutschsprachigen MBA-Programms an der Akademie für Volkswirtschaft bei dem Präsidenten der Russischen Föderation, Moskau. Seine Arbeitsgebiete sind u. a.: Kultur-, Sozial- und Wirtschaftsgeschichte Russlands und der Sowjetunion seit 1850; Sowjetisierung und Entstalinisierung in Osteuropas. Zuletzt erschien von ihm: Kommunikation in der Diktatur. Deutschland und die Sowjetunion im Vergleich, Göttingen 2012.

BLÜHENDE LANDSCHAFTEN – SCHEINASYLANTEN – GLOBALISIERUNG

SPRACHE UND POLITIK IN DEN 1990ER JAHREN

Ξ Josef Klein

I. VORBEMERKUNG

Die 1990er Jahre schlossen das 20. Jahrhundert mit einer Zeitenwende ab: Ende des *Kalten Krieges,* in Deutschland *Wiedervereinigung.* Beide Bezeichnungen waren als politische Schlagwörter ein halbes Jahrhundert alt. Weltweit tauchen nun zwei neue auf – angesichts der Jahrtausendwende mit maximalem historischen Anspruch: Fukuyamas *Ende der Geschichte* (*End of History* … 1992) und – diametral entgegengesetzt – Huntingtons *Kampf der Kulturen* (*Clash of Civilizations* 1996). Ihre Beachtung kam allerdings kaum über Intellektuellenmilieus hinaus, zumal in Deutschland, das mit sich selbst beschäftigt war. Hier prägen in den 1990ern andere Begriffe die politisch-mediale Öffentlichkeit. Bevor wir uns dem zuwenden, seien einige Hinweise zum Sprachverständnis des Beitrags erlaubt.

Sprache ist eine Macht. Begriffe, einzeln oder vernetzt, auch Formeln prägen per Tradition oder per Diskurs Denken, Fühlen und Handlungsorientierung. Typisch für politische Diskurse ist die Verwendung von Begriffen, die Meinungen beeinflussen, indem sie offen oder versteckt eine bestimmte Sicht und Bewertung dessen vermitteln, was sie bezeichnen. Sie transportieren neben ihrem Sachbezug emotionale und normative Botschaften (»deontische Bedeutung«[1]), häufig auch Anspielungen auf Brisantes (»Konnotationen«). Geschieht das in appellierendem Gestus und mit hoher öffentlicher Frequenz, fungieren sie als Schlagwörter, öffnen sie den Zugang zu Kernpositionen eines Diskurses, als Schlüsselwörter. Konkurrenz und Dominanz politischer Diskurse zeigt sich in der Konkurrenz oder Dominanz von Schlag- und Schlüsselwörtern. Wird ein Diskurs über einen längeren Zeitraum so mächtig, dass andere Diskurse marginalisiert sind, zeichnet sich darin »Zeitgeist« ab.

Sprachliches Signum des Jahres 1989 in Deutschland sind prägnante Sätze, welche die *friedliche Revolution* in der DDR (blass und bedeutungmindernd auch *Wende* genannt) markieren: *Wir sind das Volk./Wir sind ein Volk./Wer zu spät kommt, den bestraft das Leben./Jetzt wächst zusammen, was zusammen gehört.* Im kommenden Jahrzehnt sind es Begriffe und Begriffsnetze, die die politisch-mediale Kommunikation sprachlich prägen. Wenn es um vielbeachtete Begriffe geht, denkt die Öffentlichkeit gern an das »Wort des Jahres«. Es liefert Hinweise auf Diskurse von größerer oder geringerer politischer Relevanz. Im Jahrzehnt vor der Jahrtausendwende betrifft es vier Komplexe:

- Deutsche Einheit: *die neuen Bundesländer* (1900), *Besserwessi* (1991)
- Politische-Institutionen: *Politikverdrossenheit* (1992), *Superwahljahr* (1994), *Rot-Grün* (1998)
- Politische Maßnahmen: *Sozialabbau* (1993), *Sparpaket* (1996), *Reformstau* (1997)
- Zukunft: *Multimedia* (1995), *Millennium* (1999)

Etwa die Hälfte dieser Wörter spielt eine Rolle in den Begriffsnetzen der bestimmenden Diskurse des Jahrzehnts, denen wir uns nun zuwenden.

II. WIEDERVEREINIGUNG

Dass Begriffe mit Bezug zur deutschen Einheit nicht nur »Wort des Jahres« 1990 und 1991 geworden sind, sondern auch jeweils die Plätze 2 und 3 der Rankinglisten belegen (1990: *vereintes Deutschland, 2+4-Gespräche;* 1991:

1 Vgl. Fritz Hermanns, Appellfunktion und Wörterbuch. Ein lexikographischer Versuch, in: Herbert Ernst Wiegand (Hg.), Studien zur neuhochdeutschen Lexikographie VI.1, Hildesheim u. a. 1986, S. 151–182.

abwickeln, Kurzarbeit null) wundert nicht. Der Vereinigungsprozess generiert Begriffsinventare aus

1. der Phase vor der Einheit mit den Schwerpunkten
   - Stationen bis zur Vereinigung
   - Perspektiven für Ostdeutschland
2. den ersten Jahren nach Realisierung der Einheit mit den Schwerpunkten
   - staatliche und ökonomische Makro-Ebene
   - Mikroebene des persönlichen Betroffen-Seins in Ostdeutschland
   - DDR im Rückblick.

STATIONEN BIS ZUR VEREINIGUNG

Aus den Prozessen des Jahres 1990, die zur Wiedervereinigung führen, ragen einige heraus und erhalten Bezeichnungen, die sich verfestigen:

Runder Tisch, Erstürmung der Stasi-Zentrale, erste freie Volkskammerwahl, 2+4-Gespräche, Währungsunion, Einigungsvertrag, (deutsche) Einheit.

Über den Sachgehalt hinaus manifestiert sich in ihnen eine positive Deontik, bedingt durch die Positiv-Bedeutung eines Wortes oder Wortbestandteils *(freie, Einheit, Einigung-)*, einer Metapher *(Runder Tisch)*, einer Konnotation (zu *Währungsunion:* ersehnte *D-Mark*) oder durch Kontextkenntnis *(Erstürmung der Stasi-Zentrale, Zwei-plus-Vier-Gespräche).*

Die Bezeichnungen für den Zielpunkt des Prozesses *Wiedervereinigung/deutsche Vereinigung* werden überwiegend als mit Sehnsuchts- und Erfüllungsphantasien emotional geladene Positivbegriffe verwendet. Umstritten ist allerdings der – von der Volkskammer mit 294 Stimmen beschlossene – verfassungsrechtliche Modus als *Beitritt* der ehemaligen DDR zum Geltungsbereich des Grundgesetzes nach Art. 23 GG. Die Minderheit (62 Stimmen) favorisiert die Vereinigung auf Basis einer neuen gemeinsamen Verfassung nach Art. 146 GG. Nicht wenige aus diesem Lager setzen *Beitritt* die abwertende, auf die Vereinnahmung Österreichs durch Hitler-Deutschland anspielende Konkurrenzbezeichnung *Anschluss* entgegen.

PERSPEKTIVEN FÜR OSTDEUTSCHLAND

Bei der Volkskammerwahl im März 1990 vereinen Parteien und Gruppierungen, die eine rasche Vereinigung mit der Bundesrepublik anstreben, mehr als 75 Prozent der Stimmen auf sich (Wahlbeteiligung 93,4 Prozent) und bilden eine (über)große Koalition mit Lothar de Maizière (CDU) als Ministerpräsident. Deutschlandweit wird in Politik und Medien ein Diskurs über die staatlich-institutionellen und ökonomisch-sozialen Perspektiven für Ostdeutschland dominant, dessen Kern ein Begriffsnetz bildet, das am bundesrepublikanischen

Modell orientiert ist. Die meisten Begriffe finden sich schon in der Regierungserklärung de Maizières am 19. April 1990. Am wirkmächtigsten erweist sich Kohls Metapher von den ostdeutschen Ländern als künftig *blühenden Landschaften,* die er am 18. Mai 1990 anlässlich der Unterzeichnung des Staatsvertrages über die »Währungs-, Wirtschafts- und Sozialunion« formuliert – ein emotionales, idyllisierendes Bild jenseits abstrakter Politikbegriffe, das als Versprechen verstanden wird. Die Begriffe lauten:

I. Staat: *Wiedervereinigung, Einheit Deutschlands, Demokratie, Freiheit, Prinzip der Gewaltenteilung, Rechtsstaat, Dezentralisierung, Föderalisierung, Länder, vielfältige Medienlandschaft, Solidarität, soziale Sicherungssysteme, Ende des Ost-West-Konfliktes, gesamteuropäisches Sicherheitssystem …*

II. Ökonomie: *blühende Landschaften, D-Mark, Marktwirtschaft* (häufig in der Kollokation *Umstellung von staatlicher Planwirtschaft auf Soziale Marktwirtschaft), Wohlstand, Markt, Wettbewerb(sfähigkeit), freie Preisbildung, private Initiative, Reprivatisierung, Unternehmensgründung, Mittelstand, Eigentumsbildung, gesamtwirtschaftliches Gleichgewicht …*

Dass die meisten dieser Begriffe mit Hoffnung und Zuversicht aufgeladen sind, verwundert nicht nach einer erfolgreichen *friedlichen Revolution.* Unangenehme Begriffe wie *Arbeitslosigkeit* bleiben am Rande – so bei de Maizière – in der Hoffnung, durch *Umlenkung freiwerdender Arbeitskräfte* in andere Branchen oder neue Unternehmen könnten Probleme auf dem *Arbeitsmarkt* in Grenzen gehalten werden.

NACH DER VEREINIGUNG

Staatliche und ökonomische Makro-Ebene

Ostdeutschland heißt nun *neue Bundesländer* – in Abgrenzung zu den *alten Bundesländern.* Die Historie ist dabei ausgeblendet. Brandenburg und Sachsen sind *alte* Kurfürstentümer, Nordrhein-Westfalen und Rheinland-Pfalz dagegen *Neu*-Gründungen nach dem Zweiten Weltkrieg. *Neu* ist in vielen Kontexten gegenüber *alt* deontisch privilegiert. Es lassen sich aber auch Verhältnisse assoziieren, in denen die *Neuen* sich nach den *alten Erfahrenen* oder den *Alteingesessenen* zu richten haben.

In den *neuen Bundesländern* greifen bald gewaltige ökonomische und soziale Umwälzungen um sich. Neben Vokabeln der Zuversicht wie *Aufbau Ost, Solidarpakt, Transferleistungen* treten Begriffe der Besorgnis, z. B. *Vereinigungskrise,* oder emotionsbetonte Wortbildungen mit *Schock: Vereinigungsschock, Anpassungsschock, Schocktherapie.*

Begriffe wie *Strukturwandel, Umstrukturierung(sprozess), Überführung der Planwirtschaft in die Marktwirtschaft, Privatisierung, Treuhand(anstalt),*

Investor, Sicherung industrieller Kerne, (Grundsatz) Rückgabe vor Entschädigung sind – je nach Standpunkt – mit unterschiedlicher Wertigkeit versehen. Nur *Sanierung (leistungsfähiger Betriebe)* wird ausschließlich als positives Schlagwort verwendet. Wem die Begriffe *Arbeitslosigkeit* und *Deindustrialisierung* zu sachlich-neutral erscheinen, spricht von *Massenarbeitslosigkeit* und *Industriezerstörung*. Auch Positiv-Begriffe werden als Instrumente der Kritik genutzt. Prototypisch dafür ist die Große Anfrage der PDS-Gruppe im Bundestag vom 2. Dezember 1993 zur Verwirklichung des Einigungsvertrages. Da werden schwere Fehlleistungen bezüglich *Wachstum, Produktivität, Mittelstands-* und *Wirtschaftsförderung* beklagt.

Bemerkenswert an dem Schlagwortinventar der ersten Vereinigungsjahre ist zweierlei:

1. Es handelt sich ausschließlich um Begriffe aus dem ökonomisch-sozialen Bereich.
2. Sie entstammen der westlich-marktwirtschaftlichen Tradition. Dies wurde gestützt durch die neue Mediensituation in Ostdeutschland, wo Verlage, Sender und Chefredaktionen mit wenigen Ausnahmen in westdeutschen Händen liegen. Doch selbst, wo das nicht der Fall ist, bei der PDS und ihr nahe stehenden Medien, ist das marxistisch-leninistisch geprägte Begriffsnetz der SED – auch in der Kritik an den Zuständen im vereinten Deutschland – verschwunden. Eine Ausnahme bildet das Festhalten der PDS am Begriff des *Volkseigentums*, wenn sie in der Großen Anfrage den Umgang mit *volkseigenem/-en Vermögen/Boden, landwirtschaftlichen Flächen/Grundstücken* beklagt.

Mikroebene des persönlichen Betroffen-Seins in Ostdeutschland

Neben dem Vokabular für Sachverhalte auf der politisch-ökonomischen Makroebene prägen Begriffe der Mikroebene die öffentliche Sprache, in denen hunderttausendfach erlebte Härten und Einschnitte in Ostdeutschland konzeptualisiert werden – umgangssprachlich *(abwickeln, platt machen)*, verwaltungssprachlich *(ABM, Rückübertragung)*, sarkastisch *(Anbetung des Investors)* oder auch zynisch und euphemistisch zum Arbeitsplatzverlust (*Freisetzung, Kurzarbeit null, sozial abfedern, Warteschleife* – sämtliche Wörter auf vorderen Plätzen der Ranking-Listen der Wörter und Unwörter der Jahre 1991–1994). Mit der ostdeutschen Lebenswelt ändern sich unzählige Begriffe. So tritt das *Ärztehaus* an die Stelle der *Poliklinik*.

Die Deutschen sind in einem Staat vereint, aber gänzlich anders betroffen. Das führt zu neuen Bezeichnungspaaren. Das blasse *Ostdeutsche – Westdeutsche* wird abgelöst durch das saftig, persönlich und locker klingende

Ossi(s) – Wessi(s), auch abwertend verschärft zu *Jammerossi* für Ostdeutsche, die ihre Situation beklagen, und *Besserwessi* für Westdeutsche, die Ostdeutschen besserwisserisch die Welt erklären wollen.

DDR IM RÜCKBLICK

Von großer Einheitlichkeit ist – trotz zunehmender Kritik an der Entwicklung in Ostdeutschland nach der Vereinigung – die Dominanz einer rückblickend überaus negativen Konzeptualisierung der DDR. Es gibt ein Netz abwertender Begriffe primär mit Staatsbezug: *SED-Diktatur, Unrechtsregime, Unrechtsstaat, Unfreiheit, Stasi, IM, Täter – Opfer* (der Staatssicherheit). Der Kontrast zu zentralen Elementen des freiheitlichen, demokratischen Rechtsstaats bildet die Basis solcher Begriffsfassung. (Dieser Hintergrund machte *Gauck-Behörde* als Bezeichnung der – nach ihrem damaligen Leiter benannten – Institution zum Positiv-Begriff.) Daneben steht ein primär auf das Wirtschaftssystem ausgerichtetes Netz: *DDR-Sozialismus, Zentralismus, Planwirtschaft/Plandirigismus, mangelnde Produktivität, verdeckte Arbeitslosigkeit, unwirtschaftliche Arbeitsplätze.* Folie für die ökonomiebezogene Negativ-Konzeptualisierung der untergegangenen DDR sind marktwirtschaftliche Effizienzvorstellungen.

III. BEZEICHNUNGSKONKURRENZEN IN DER *ASYLDEBATTE*

Immer mal wieder war in Westdeutschland seit den 1970er Jahren Migration ein öffentliches Thema gewesen, vorübergehend und selten schrill. Zwischen 1991 und 1993 steht es oben auf der Agenda von Politik und Medien. 1992 steigt die Zahl der Asylanträge gegenüber 1991 um 71 Prozent auf 438.000. Ausschreitungen gegen Migranten im Osten (Hoyerswerda, Rostock) und Brandanschläge im Westen (Mölln, Solingen) verdeutlichen: Gewalt gegen Fremde ist ein gesamtdeutsches Problem.

Während die Taten einhellig als *(rechtsextremistische) Gewalttaten, Mordanschläge, Pogrome* durch *einen ausländerfeindlichen Mob* u. Ä. qualifiziert werden, besteht über die aktuelle Migration keine Einigkeit.[2] An konkurrierenden Bezeichnungen für die Zuziehenden ist das abzulesen.[3] Da wird dem deontisch ambivalenten Begriff *Ausländer* der aufwertende Begriff *ausländische Mitbürger* entgegengestellt. Die politische Auseinandersetzung konzentriert sich auf das Thema Asyl *(Asyldebatte).* Lange Zeit war, wer in Deutschland um Asyl nachsuchte, verwaltungssprachlich neutral als *Asylant* bezeichnet worden. Abwertende Komposita *(Scheinasylant, Wirtschaftsasylant)* zur Bezeichnung derer, die nicht als *politisch Verfolgte,* sondern aus anderen, im Grundgesetz nicht als Asylgrund vorgesehenen Motiven nach Deutschland kommen, sowie die Zunahme von Kontexten des sog. *Asylmissbrauchs,* in

2 Rechtsextreme Sprache *(Überfremdung, Ausländerkriminalität, Deutschland den Deutschen, Ausländer raus u. Ä.)* wird in diesem Beitrag nicht behandelt. Sie kam nie in die Nähe von Dominanz in öffentlichen Diskursen.

3 Als empirische Basis dienen die »Beleg- und Stichwörter« in Martin Wengeler, Multikulturelle Gesellschaft oder Ausländer raus? Der sprachliche Umgang mit der Einwanderung seit 1945, in: Georg Stötzel u. Martin Wengeler, Kontroverse Begriffe. Geschichte des öffentlichen Sprachgebrauchs in der Bundesrepublik Deutschland, Berlin/New York 1995, S. 711–749, hier S. 747–749.

denen *Asylanten* als *Asylbetrüger* in unvorteilhaftem Licht erscheinen, führen dazu, dass Sozialwissenschaftler die Bezeichnung *Asylant* zum Unwort erklären und sich damit – vor allem nach den schockierenden Gewalttaten gegen Ausländer – in der Öffentlichkeit rasch durchsetzen. *Asylbewerber* wird zur deontisch neutralen Nachfolgebezeichnung. Wer noch *Asylant* sagt, riskiert, mit den Stigmawörtern *Ausländerfeind* und *Rassist* belegt zu werden. In den Bundestagsdebatten zur Asylgesetzgebung ab 1992 nimmt niemand mehr das Wort *Asylant* in den Mund.[4]

Vor allem im linken politischen Spektrum setzt sich – neben der neutralen Bezeichnung *Asylsuchende* – der Begriff *Flüchtlinge* durch. Mit der Konzeptualisierung als *Flüchtlinge* wird der Aspekt der Asylberechtigung ausgeblendet. Wer flüchtet, muss kein *politisch Verfolgter* sein. *Flucht* kann auch durch Krieg, Elend oder gesellschaftliche Diskriminierung motiviert sein. Die Bezeichnung impliziert einen moralischen Imperativ: *Flüchtlingen* muss man helfen! Allerdings ist auch dieser Begriff nicht geschützt vor Kompositumbildungen wie *Armutsflüchtlinge, Elendsflüchtlinge* und *Wirtschaftsflüchtlinge.*

Zuwanderung als bedrohlich zu empfinden, wird begünstigt durch die verbreitete Praxis, sie nach dem metaphorischen Modell von Gewässermassen zu modellieren.[5] Keine Station des Naturphänomens fehlt in der medialen Berichterstattung:

URSPRUNG[6]: *Nachschubquelle, Reservoir*
VERLAUF: *Strom, Zustrom, Welle, Flut, anschwellen, steigender Pegel*
EINGRIFF DURCH MENSCHEN: *schleusen, Schleuser, Dämme, kanalisieren*
(mögliche) ERGEBNISSE: a) *Ausländerschwemme, Überflutung;* b) *Eindämmung*

Zuwanderung nach dem Modell eines Naturphänomens zu konzeptualisieren, bedeutet die Ausblendung der prinzipiellen Differenz der Sphäre des Menschen (Individualität, Menschenrechte etc.) zu physikalischen Phänomenen.

Nach dem sog. *Asylkompromiss* zwischen CDU/CSU, FDP und der oppositionellen SPD (Einschränkung des Asylrechts durch Änderung des Art. 16 GG) tritt das Thema bald in den Hintergrund. Es bleibt die – vor allem von den Grünen forcierte – Debatte zugunsten einer *multikulturellen Gesellschaft*, von den Kritikern mit dem abwertenden Begriff *Multikulti* attackiert.

IV. MARKTLIBERALER *REFORM*-DISKURS

Die Debatte um die wirtschaftliche Zukunft wird durch das Thema Asyl in den Jahren 1991–1994 keineswegs verdrängt und dauert über 2000 hinaus. Stetige Zunahme der Arbeitslosigkeit primär in Ostdeutschland, aber auch

4 Josef Klein, Bewertendes Reden über Migranten im Deutschen Bundestag, in: Matthias Jung u. a. (Hg.), Die Sprache des Migrationsdiskurses, Opladen 1997, S. 241–260, hier S. 249.

5 Vgl. Karin Böke, Wenn ein »Strom« zur »Flut« wird, in: Oswald Panagl u. Horst Stürmer (Hg.), Politische Konzepte und verbale Strategien, Frankfurt a. M. u. a. 2002, S. 265–286, hier S. 270.

6 Der frame-analytischen Konvention entsprechend werden die internen Ordnungskategorien (slots) des metaphorischen Modells in VERSALIEN und die jeweils zugehörigen metaphorischen Einzelbegriffe (fillers) *kursiv* geschrieben.

im Westen, Investitionsschwäche und Stagnieren des Exports vertreiben die Zuversicht, die Vereinigung führe kraft Marktwirtschaft und Finanztransfers schnell zu *blühenden Landschaften* im Osten und *selbsttragendem Aufschwung* im ganzen Land. Das Misstrauen gegenüber »der« Politik wächst. *Politikverdrossenheit* wird zum Topos öffentlicher Diskurse und schon 1992 »Wort des Jahres«.

Mitte des Jahrzehnts beginnt die Karriere zweier ökonomischer Fachbegriffe als politische Schlagwörter: *Globalisierung* und *Standort.* Ursprünglich als Terminus einer die *National*ökonomie sprengenden Wirtschaftswissenschaft kreiert,[7] saugt *Globalisierung* als politisches Schlagwort die jüngsten Entwicklungen – Entstehung eines weltweiten Arbeitsmarkts nach Auflösung des Ostblocks, Siegeszug neuer Informationstechnologien, Liberalisierung des Welthandels etc. – als Bedeutungselemente auf und konzeptualisiert weltweit wirksame Prozesse in unterschiedlichen Bereichen als e i n Phänomen. Begünstigt durch die sprachliche Struktur als »Kollektivsingular« (= ein Wort ohne Plural) klingt *Die Globalisierung* wie eine mythische Macht, sei es als Segen, sei es als Fluch.

Auch *Standort* stammt aus der Wirtschaftstheorie. Als *Standort Deutschland* dient der Begriff dazu, Deutschland als Wirtschaftseinheit wahrzunehmen. Angesichts der Arbeitsmarkt- und Wirtschaftsdaten wird ein Diskurs mit *Globalisierung* und *Standort Deutschland* als Schlüsselbegriffen dominant,[8] zu denen bald ein dritter hinzutritt, *Reformen.* Denn der Diskurs ist voll von Klagen über *Reformstau,* dem »Wort des Jahres« 1997. Bundespräsident Herzog schlägt mit einem markanten Satz in die gleiche Kerbe: *Es muss ein Ruck durch Deutschland gehen!*

Inhaltlich ist der Begriff *Reform* marktliberal gefüllt – konträr zur *Reformpolitik* der sozial-liberalen Koalition der 1970er Jahre. Dort waren *Reformen* Gesetze zur Verbesserung der Lage sozial schwacher/rechtlich benachteiligter Gruppen sowie für mehr Mitbestimmung/Partizipation in Wirtschaft und Institutionen. Nun bedeuten *Reformen* Gesetze zur Stärkung der Wettbewerbsfähigkeit der Wirtschaft: Senkung der Arbeitskosten, Steuererleichterungen, Einschränkung von Sozialleistungen u. Ä.

Der *Reform*-Diskurs kommt argumentativ daher. Argumente und Schlussfolgerungen werden zu Schlagwörtern verdichtet. Sie bilden ein Schlagwortnetz, dessen Struktur einem gängigen, handlungslogisch aufgebauten Schema (Frame) aus Argumenttypen (Topoi) und Konklusion (Handlungskonsequenzen) entspricht. Als Argumente dienen relevante Daten (Datentopos), deren Bewertung (Valuationstopos), leitende Prinzipien und Werte (Prinzipientopos) sowie Ziele (Finaltopos).[9]

7 Wolf-Andreas Liebert, Zu einem genetischen Konzept von Schlüsselwörtern, in: Zeitschrift für Angewandte Linguistik, Bd. 38 (2003), S. 57–83, hier S. 67.

8 Empirische Basis der Diskurs- und Begriffsanalyse ist ein 300 Medientexte umfassendes Korpus, das dem folgenden Band zugrunde liegt: Josef Klein u. Iris Meißner, Wirtschaft im Kopf. Begriffskompetenz und Einstellungen junger Erwachsener zu Wirtschaftsthemen im Medienkontext, Frankfurt a. M. 1999, vgl. hier v. a. S. 9.

9 Vgl. Josef Klein, Komplexe topische Muster: Vom Einzeltopos zur diskurstyp-spezifischen Topos-Konfiguration, in: Thomas Schirren u. Gert Ueding (Hg.), Topik und Rhetorik, Tübingen 2000, S. 623–649; David Römer u. Martin Wengeler, »Wirtschaftskrisen« begründen/mit »Wirtschaftskrisen« legitimieren. Ein diskurshistorischer Vergleich, in: Martin Wengeler u. Alexander Ziem (Hg.), Sprachliche Konstruktionen von Krisen, Bremen 2013, S. 269–288, hier S. 277 ff.

MARKTLIBERALES SCHLAGWORTNETZ REFORM-POLITIK[10] [11]

Schlagwörter in Argumentfunktion:
DATENTOPOS: *die Globalisierung, x Millionen Arbeitslose, (der deutsche) Sozialstaat*
VALUATIONSTOPOS: *Chancen der Globalisierung* (+), *Massenarbeitslosigkeit* (–), *Überregulierung* (–), *Abgabenstaat* (–), *Versorgungsstaat* (–)
PRINZIPIENTOPOS: *Freiheit* (+), *Eigenverantwortung* (+), *Wettbewerb* (+)
FINALTOPOS: *Wettbewerbsfähigkeit* (+), *(Sicherung des) Standort(s) Deutschland* (+), (mehr) *Arbeitsplätze* (+)

Schlagwörter in Konklusionsfunktion:
HANDLUNGSKONSEQUENZ: *Reformen* (+): *Deregulierung* (+), *Flexibilisierung* (+), *Senkung der Lohnnebenkosten* (+), *Steuererleichterungen* (+), *schlanker Staat* (+) durch *Privatisierung* (+) und *Bürokratieabbau* (+)

Durch Komprimieren von Argumenten und Schlussfolgerungen in Schlagwörtern gewinnt ein Diskurs an Durchschlagskraft – u. U. als Ergebnis strategisch durchdachten Framings.

Der Zentralbegriff *Reformen* wird durch das Schlagwortnetz mit Bedeutung aufgeladen und lässt den sozial-liberalen *Reform*-Begriff verblassen. Dazu trägt bei, dass dem kein wirkmächtiges Begriffsnetz entgegengesetzt wird, sondern kaum mehr als das Schlagwort *Sozialabbau* und auf intellektuell höherer Ebene die Stigmatisierung durch den zum Schmähwort umfunktionierten wissenschaftshistorischen Begriff *Neoliberalismus.* Schon 1993 wird *Sozialabbau* zum »Wort des Jahres«. Doch als Offensiv-Begriff der SPD im Bundestagswahlkampf 1994 zündet er nicht. 1998 setzt die SPD nach 16 Jahren Regierung Kohl primär auf deren Verschleiß. Daneben nutzt sie Begriffe eines Modernitäts-Flairs, das den harten Kern des wirtschaftsliberalen Diskurses gefühlig umgibt und dem Klima vor der Jahrtausendwende entspricht: *Innovation, Erneuerung* u. Ä, daneben SPD-Traditionsbegriffe wie *soziale Gerechtigkeit* und *Solidarität.* Nach dem Wahlsieg von *Rot/Grün* bleibt der marktliberale *Reform*-Diskurs bei anhaltender Wirtschaftsschwäche mit hoher Arbeitslosigkeit dominant. Erst mit der Agenda 2010 und ihren Folgen verliert er Mitte des folgenden Jahrzehnts seine Wucht und verstummt in der Finanzkrise 2008/2009.

V. ZEITGEIST?

Die Entwicklung von Wirtschaft und Arbeitsmarkt ist beherrschendes Thema des Jahrzehnts, zunächst für Ostdeutschland, dann für ganz Deutschland.

10 Vgl. Josef Klein, Grundlagen der Politolinguistik, Berlin 2014, S. 26. Belege finden sich – über das in Anm. 8 genannte Korpus hinaus – reichlich in der gesamten deutschen Presse und in Texten insbesondere der FDP, der Union, sowie wirtschaftsnaher Organisationen.

11 Legende: (+) = befürwortend verwendet, (–) = ablehnend verwendet. Zu VERSALIEN und *kursiv*-Druck s. Anm. 6.

Es dominieren der marktwirtschaftliche Diskurs, seine Begriffe und Schlagwortnetze – anfangs, im Kontext der Wiedervereinigung, im Sinne »Sozialer Marktwirtschaft«, dann eher »Freier Marktwirtschaft«. Es weht ein marktwirtschaftlicher Zeitgeist durch die 1990er Jahre. Nicht zufällig wirbt 1996 der SPD-Vorsitzende Lafontaine dafür, den Begriff *Soziale Marktwirtschaft* für die SPD zu besetzen.[12]

In einigen Bereichen erlangen einzelne Begriffe und Formeln öffentliche Beachtung, deren Themen später in den Mittelpunkt rücken werden, so der Satz des Bundeswissenschaftsministers Rüttgers *Humboldt ist tot*[13] als Auftakt zur *Bologna-Reform.* Der Begriff *Terrorismus* tritt nach dem Mord an Treuhandchef Rohwedder und der GSG-9-Aktion in Bad Kleinen gegen die RAF vorübergehend in den Vordergrund, um im nächsten Jahrzehnt mit den Konnotationen *Nine Eleven* und *Islamismus* auf der öffentlichen Agenda ganz nach vorn zu rücken. Auch europapolitische Begriffe bleiben noch im Hintergrund. Lediglich die Umbenennung von *EG* in *EU* 1992 und die Bezeichnungen der Ende des Jahrzehnts eingeführten geldpolitischen Neuerungen *Europäische Zentralbank (EZB)* und *Euro* prägen den einen oder anderen Diskurs. Kriegsbezogene Begriffe bleiben Fachdiskussionen überlassen. Doch findet Sprachkritik an euphemistischen militärischen Bezeichnungen große Beachtung. Eine Jury, die seit 1991 das »Unwort des Jahres« kürt, wählt *ethnische Säuberung* zum »Unwort des Jahres« 1992; *weiche Ziele* kommt auf den zweiten Platz. 1999 trifft es den Nato-Terminus *Kollateralschaden.* Neben der Etablierung der »Unwort«-Wahl zeugen die Erfolge von Kritik an »politisch unkorrekten« Begriffen (s. o. *Asylant*) sowie die Zunahme »geschlechtergerechter Sprache« in Verwaltungstexten nach 1990[14] von wachsender Sprachsensibilität als Zeitgeistfacette.

12 Vgl. Aachener Nachrichten, 29.08.1996, S. 2; vgl. auch Martin Wengeler, Beabsichtigter Sprachwandel und die »unsichtbare Hand« Oder: Können verbale Strategien die Bedeutungsentwicklung »brisanter Wörter« beeinflussen?, in: Oswald Panagl u. Horst Stürmer (Hg.), Politische Konzepte und verbale Strategien, Frankfurt a. M. u. a. 2002, S. 62–84, hier S. 64.

13 Bei der Jahresversammlung der HRK in Siegen 1997.

14 Vgl. Hildegard Gorny, Feministische Sprachkritik, in: Georg Stötzel u. Martin Wengeler, Kontroverse Begriffe. Geschichte des öffentlichen Sprachgebrauchs in der Bundesrepublik Deutschland, Berlin/New York 1995, S. 517–562, hier S. 553 ff.

Prof. Dr. Josef Klein, geb. 1940, ist Sprachwissenschaftler mit dem Forschungsschwerpunkt Politolinguistik. Neben wissenschaftlicher Tätigkeit in Aachen (RWTH), Koblenz, Berlin (FU) und mehreren Gastprofessuren kennt er die praktische Seite der Politik als Bundestagsabgeordneter (1972–76) und Präsident der Universität Koblenz-Landau (2000–2005). Jüngste Publikation: »Grundlagen der Politolinguistik«, Berlin 2014.

»DAS SIND DOCH KEINE MENSCHEN«

DIE DEBATTE UM DAS GRUNDRECHT AUF ASYL UND DIE EREIGNISSE VON ROSTOCK-LICHTENHAGEN

Ξ Thomas Prenzel

»Wenn die Politiker nicht imstande sind, in Lichtenhagen für Ordnung zu sorgen, muß sich der gemeine Bürger eben selber zur Wehr setzen«, war am 24. August 1992 in einer Rostocker Lokalzeitung zu lesen.[1] Seit zwei Tagen attackierten zu diesem Zeitpunkt hunderte Menschen in dem Neubauviertel Lichtenhagen eine Unterkunft von Asylsuchenden und ein Wohnheim vietnamesischer Vertragsarbeiter. Tausende klatschten Beifall. Nachdem die Flüchtlinge noch am selben Tag evakuiert worden waren, richtete sich die Gewalt gänzlich gegen die Vietnamesen. Am Abend stürmten Angreifer ihr Wohnhaus, verwüsteten die Einrichtung und legten schließlich Feuer. Mehr als 120 Menschen waren in dem Gebäude eingeschlossen und konnten nur mit der Flucht über das Dach ihr Leben retten. Aus der johlenden Menge tönte ihnen immer wieder »Deutschland den Deutschen« entgegen, und: »Wir kriegen euch alle«.[2]

Das Pogrom von Rostock-Lichtenhagen[3] war die größte Eskalation rassistischer Gewalt in der bundesdeutschen Nachkriegsgeschichte – und zugleich Teil einer Welle rechter Angriffe auf Asylsuchende und Migranten, die unmittelbar nach der deutschen Vereinigung begann. Bei Überfällen auf Unterkünfte von Flüchtlingen und Vertragsarbeitern, Hetzjagden von Neonazi-Skinheads oder Brandanschlägen auf Wohnhäuser wie in Solingen und Mölln starben Dutzende Menschen, unzählige wurden verletzt. Erst nach einem Jahrzehnt flaute diese Gewalt, die insbesondere in Ostdeutschland fast alltäglich geworden war, ab.

Zugleich steht die Zuspitzung in Rostock in unmittelbarem Zusammenhang mit politischen Debatten und Stimmungen dieser Zeit. Seit Jahren wurde in der Bundesrepublik über Einwanderung und die Einschränkung des Grundrechts auf Asyl diskutiert. Als die Zahl der Flüchtlinge anstieg, nahm die Auseinandersetzung bisweilen schrille Töne an, und Ressentiments wurden auch aus der Mitte der Gesellschaft geäußert. Rostock-Lichtenhagen wurde schließlich zu einem gewichtigen Argument der Befürworter einer Änderung des Grundgesetzes: Um einer Verschärfung der Gewalt

1 Ulrich Ben Vetter, Nächtlicher Angriff auf Ausländerheim. 13stündiges Schreckensspektakel in Lichtenhagen, in: Norddeutsche Neueste Nachrichten, 24.08.1992, S. 4.

2 Jochen Schmidt, Politische Brandstiftung. Warum 1992 in Rostock das Ausländerwohnheim in Flammen aufging, Berlin 2002; Landtag Mecklenburg-Vorpommern: Beschlußempfehlung und Zwischenbericht des 2. Untersuchungsausschusses nach Artikel 34 der vorläufigen Verfassung des Landes Mecklenburg-Vorpommern und dem vorläufigen Untersuchungsausschußgesetz gemäß den Beschlüssen des Landtages vom 28. August 1992 und 10. September 1992. Drucksache 1/3277 vom 16.06.1993; vgl. Thomas Prenzel, Rostock-Lichtenhagen im Kontext der Debatte um die Einschränkung des Grundrechts auf Asyl, in: Thomas Prenzel (Hg.), 20 Jahre Rostock-Lichtenhagen. Kontext, Dimensionen und Folgen der rassistischen Gewalt, Rostock 2012, S. 9–29.

3 Zur Diskussion des Pogrombegriffs vgl. Roman Guski, »Das Wort Pogrom kannte ich nur aus Geschichtsbüchern« – Nachwendepogrome im vereinten Deutschland, in: Zeitgeschichte regional. Mitteilungen aus Mecklenburg-Vorpommern, Jg. 16 (2012) H. 2, S. 26–35.

gegen Migranten entgegenzutreten, fand sich die oppositionelle SPD zu einem Kompromiss mit der Bundesregierung aus CDU/CSU und FDP zusammen, der die notwendige Zwei-Drittel-Mehrheit für eine Änderung von Artikel 16 GG sicherstellte.

DIE ASYLDEBATTE DER FRÜHEN 1990ER JAHRE

Lange wurde das individuelle Recht auf Asyl, das die Gründergeneration der Bundesrepublik unter dem Eindruck von Verfolgung und Terror durch die Nationalsozialisten festgeschrieben hatte, nur von einigen tausend Menschen im Jahr wahrgenommen. Mit zunehmenden internationalen Umbrüchen und Krisen stiegen die Zahlen jedoch rasant an: 1988 wurden etwa 100.000 Asylanträge registriert, zwei Jahre darauf waren es bereits doppelt so viele. Der Höchststand wurde 1992 mit fast 440.000 Asylsuchenden erreicht.[4]

Zuweilen wurde in der öffentlichen Auseinandersetzung nicht zwischen den verschiedenen Formen der Migration nach Deutschland unterschieden; extrem rechte Gruppierungen wie die Nationaldemokratische Partei Deutschlands (NPD) oder die Deutsche Volksunion (DVU) machten gegen eine vermeintliche »Asylantenflut« mobil oder propagierten schlichtweg »Deutschland den Deutschen! Ausländer raus!«. »Die Republikaner« konnten 1989 bei den Wahlen zum Berliner Abgeordnetenhaus sowie zum Europaparlament mehr als sieben Prozent der Stimmen verbuchen.[5] Zugleich häuften sich aus den Kommunen Rufe nach einer Neuregelung des Asylrechts. Die Sonderbestimmungen wie Gemeinschaftsunterkünfte, Arbeitsverbote oder Wertgutscheine statt Bargeld waren kostenintensiv und wurden angesichts steigender Flüchtlingszahlen zu einer immer größeren Herausforderung für Länder und Gemeinden. Auch die Auseinandersetzung mit dem Begriff der »nationalen Identität« nach der deutschen Vereinigung kann nicht ausgeblendet werden. »Asyl« wurde in den frühen 1990er Jahren für Politik und Öffentlichkeit zu einem Thema von besonderer Bedeutung und zum Symbol für Zuwanderung überhaupt. In Umfragen von 1992 sahen Ost- wie auch Westdeutsche das »Ausländerproblem« als eines der wichtigsten bzw. das wichtigste Thema überhaupt an, deutliche Mehrheiten meinten, dass das Asylrecht missbraucht werde. Zwei Drittel aller Befragten befürworteten eine Grundgesetzänderung.[6]

Die Zentrale Aufnahmestelle für Asylbewerber in Mecklenburg-Vorpommern (ZAST) war in dem jungen Bundesland 1990 im Rostocker Stadtteil Lichtenhagen eröffnet worden, neben einem Wohnheim vietnamesischer Vertragsarbeiter und in dem ob seiner charakteristischen Wandgestaltung so genannten Sonnenblumenhaus. Diese Durchgangseinrichtung, von der Asylsuchende in andere Unterkünfte weiterverwiesen wurden, konnte 200 bis

4 Vgl. Ursula Münch, Asylpolitik in der Bundesrepublik Deutschland. Entwicklung und Alternativen, Opladen 1993; Bundesamt für Migration und Flüchtlinge, Das Bundesamt in Zahlen 2013. Asyl, Migration und Integration, Nürnberg 2014, S. 11.

5 Vgl. Richard Stöss, Rechtsextremismus im Wandel, Berlin 2005, S. 42–45; Gideon Botsch, Die extreme Rechte in der Bundesrepublik Deutschland. 1949 bis heute, Darmstadt 2012, S. 88–94.

6 Sylvia Pahlke, Der Asylkompromiß 1992. Ursachen, Argumente, Konsequenzen (Diplomarbeit an der Universität Oldenburg), Oldenburg 1999, S. 55–59.

300 Menschen aufnehmen. Bereits 1991 allerdings war das Gebäude überfüllt, im Frühjahr 1992 meldeten sich monatlich 800 bis 900 und im Juni schon mehr als 1.500 Personen bei der ZAST. Die Flüchtlinge waren gezwungen, teils mehrere Tage unter katastrophalen hygienischen Bedingungen unter freiem Himmel auf der Wiese vor der ZAST abzuwarten. »Die Leute mußten für 2–3 Tage, bis zu einer Woche draußen bleiben«, schilderte eine Frau aus Rumänien. Ein anderer Flüchtling ergänzte: »Alles war voll [...] Es war katastrophal. So viele Leute. Was ich da gesehen habe, war erschreckend. Und ich habe gefragt, ›warum seid ihr alle draußen?‹ Mir wurde gesagt, daß sie kein Asyl mehr bekommen. Da waren Leute mit kranken Kindern. Wir wurden erniedrigt, wir hatten Hunger. Und wir waren schmutzig. Wir wollten etwas Wärme und einen Platz, wo wir mit unseren Kindern bleiben konnten.«[7] Bereits im Sommer 1991 hatte ein Vertreter des Hohen Flüchtlingskommissars der Vereinten Nationen in Deutschland die Zustände in der ZAST als »nicht haltbar« bezeichnet.[8] Zudem wurden die Bewohnerinnen und Bewohner der Einrichtung immer wieder von deutschen Jugendlichen bedroht.

Sorgen der Anwohner um eine Eskalation und Forderungen nach mobilen Toiletten oder neuen Unterkünften wurden im Schweriner Innenministerium und in der Rostocker Stadtverwaltung jedoch ignoriert. »Je besser wir die einen unterbringen, um so größer ist der Zuspruch neuer Asylbewerber am nächsten Tag«, hieß es vom Innensenator der Stadt, Peter Magdanz (SPD), in der Lokalpresse.[9] Die Zustände um die ZAST galten ihm als Fingerzeig in Richtung Bundespolitik: »Bonn ignoriert einfach den Druck der Menschen«, sagt der SPD-Politiker. »Wenn nicht schnell etwas passiert, wird es schon sehr bald keine Akzeptanz für wirkliches politisches Asyl in der Bevölkerung mehr geben.« Der Mißbrauch des Asylrechts durch eine Vielzahl von Asylbewerbern steht für Magdanz fest [...] »Daß Ladendiebstähle in Rostock oft durch rumänische Zigeuner erfolgen, ist kein Geheimnis.«[10]

In Leserbriefen in der Lokalpresse wurden insbesondere Asylsuchende aus Rumänien immer wieder als Kriminelle oder Schmarotzer stigmatisiert. Antiziganistische Ressentiments, die Roma für Diebstähle, Schmutz und einen vermeintlichen Missbrauch des Sozialsystems verantwortlich machten, konnten sich in der regionalen Berichterstattung entfalten, während die Perspektive der zuvorderst Betroffenen unberücksichtigt blieb. Eine Reportage aus der ZAST mit dem Titel »Möwengrillen in einer Einraumwohnung« zitiert etwa unhinterfragt einen Mitarbeiter der Einrichtung: »Alles, was glänzt, wird grundsätzlich abgebaut. Die Benutzung der Toiletten ist unüblich. [...] Das Schlimmste konnte Spiering gerade noch verhindern, als er kürzlich eine Roma-Familie in ihrer Einraum-Wohnung beim Grillen überraschte:

7 Beide Aussagen in der Filmdokumentation Siobhan Cleary u. Mark Saunders, The truth lies in Rostock, BRD/Großbritannien 1993.

8 Zit. nach Jochen Schmidt, Der Brandanschlag von Rostock-Lichtenhagen im August 1992. Ursachen, politischer und publizistischer Kontext und Folgen (Magisterarbeit im Fach Politikwissenschaften), Marburg 1998, S. 24.

9 Zit. nach T. A., »Schlepperbanden bringen bald die nächsten«. Gestern wurden 200 im Freien campierende Asylbewerber aus der Stadt gebracht, in: Ostsee-Zeitung, Lokalausgabe für die Hansestadt Rostock, 06.08.1992, S. 13.

10 T. A., Lichtenhagen erlebt die Ohnmacht der Politiker gegenüber Asylproblem, in: Ostsee-Zeitung, Lokalausgabe für die Hansestadt Rostock, 08.08.1992, S. 11.

Auf dem Balkon gefangene Möwen drehten sich über einem Lagerfeuer aus ZAST-Möbeln.«[11]

Im August 1992 schließlich gab die Lokalpresse unverhohlenen Aufrufen zur Gewalt eine Plattform. »In der Nacht vom Samstag zum Sonntag räumen wir in Lichtenhagen auf. Das wird eine heiße Nacht«, hieß es in einer Zeitung,[12] eine andere zitierte junge Deutsche, die ankündigten, dass die rumänischen Roma »aufgeklatscht« werden sollen. »Die Rechten haben die Schnauze voll! Wir werden dabei sein«, sagt Thomas, »und du wirst sehen, die Leute, die hier wohnen, werden aus den Fenstern schauen und Beifall klatschen.« Der Rostocker Innensenator rief unterdessen die »Herren in Bonn« einmal mehr zu Gesetzesänderungen auf.[13]

»DAS WIRD EINE HEISSE NACHT.«

In Ostdeutschland war es seit 1989 zusehends zu einer Eskalation rechter Gewalt gekommen: Unter dem Eindruck der Transformationskrise in den neuen Bundesländern, die mit der Überführung der staatlich kontrollierten Ökonomie der DDR in die Marktwirtschaft Millionen Menschen in die Arbeitslosigkeit entließ, paarten sich soziale Abstiegsängste mit einem völkischen Nationalismus. In einer anhaltenden Phase der politischen Desintegration nach dem plötzlichen Zusammenbruch des autoritären und ideologisch als »antifaschistisch« überhöhten Staates hatten einfache Erklärungsmuster und extrem rechte Agitation Konjunktur. Die erfassten einschlägigen Straftaten vervielfachten sich rasant, im September 1991 kam es zu ersten tagelangen rassistischen Ausschreitungen im sächsischen Hoyerswerda.[14] Auch in Mecklenburg-Vorpommern häuften sich vor und nach Rostock-Lichtenhagen landesweit Übergriffe mit Steinen, Knüppeln, Messern und Molotow-Cocktails auf Migranten und Flüchtlingsunterkünfte. Mehrere Menschen wurden zum Teil schwer verletzt, im März 1992 wurde ein Mann aus Rumänien in Ribnitz-Damgarten nahe Rostock ermordet.

Die Polizei war jedoch nicht vorbereitet, als sich am Samstag, den 22. August, mehrere tausend Menschen vor dem Sonnenblumenhaus einfanden. Ab dem frühen Abend flogen Steine, Flaschen, Leuchtraketen und Brandsätze gegen die Flüchtlingsunterkunft und das benachbarte Wohnheim der vietnamesischen Vertragsarbeiter. Wolfgang Zöllick, zu jenem Zeitpunkt als Stellvertreter von Klaus Kilimann Oberbürgermeister, versuchte erfolglos, die aufgebrachten Einwohner zu beruhigen: Zöllik: »Aber es sind doch Menschen, die hier sind.« »Menschen? Das sind keine Menschen mehr! Hör auf mit deinem Scheiß!« Zöllik: »Wie sie sich auch immer verhalten, aber Menschen bleiben sie trotzdem.« »Das sind doch keine Menschen!«[15] Die

11 Hans Bentzien, Möwengrillen in einer Einraumwohnung. Teil 2 unserer Serie: Die Aufnahmestelle für Asylbewerber, in: Norddeutsche Neueste Nachrichten, 14.07.1992, S. 3. Zur ideologischen Dimension vgl. Stephan Geelhaar u. a., »... und du wirst sehen, die Leute, die hier wohnen, werden aus den Fenstern schauen und Beifall klatschen.« Rostock-Lichtenhagen als antiziganistisches Pogrom und konformistische Revolte, in: Alexandra Bartels u. a. (Hg.), Antiziganistische Zustände 2. Kritische Positionen gegen gewaltvolle Verhältnisse, Münster 2012, S. 140–161.

12 Ulrich Ben Vetter, Lichtenhäger Bürgerwehr will ZAST »aufräumen«. Anonymer Anrufer: »Wir schaffen Ordnung«, in: Norddeutsche Neueste Nachrichten/Rostocker Anzeiger, 19.08.1992, S. 9.

13 O. V., Lichtenhäger wollen Protest auf der Straße, in: Ostsee-Zeitung, Lokalausgabe für die Hansestadt Rostock, 21.08.1992, S. 9.

14 Vgl. Detlef Pollack, Die ausländerfeindlichen Ausschreitungen im September 1991 in Hoyerswerda, in: Berliner Debatte Initial, Jg. 16 (2005), S. 15–32.

15 Cleary u. Saunders.

eingetroffenen knapp zwanzig Polizisten wurden verprügelt und zum Teil schwer verletzt, zwei Funkstreifenwagen angezündet.

Am folgenden Tag setzten sich die Ereignisse fort. Imbissstände sorgten für Verpflegung, tausende Anwohner klatschten Beifall und boten Schutz und Unterstützung, als Hunderte die ZAST, das vietnamesische Wohnheim und die Polizei attackierten. Obwohl inzwischen mehr als 300 Polizeibeamte vor Ort waren, gelang es ihnen nicht, die Situation zu kontrollieren. Erstmals stürmten die Rechten an diesem Sonntag bereits das vietnamesische Wohnheim und drangen bis in den sechsten Stock vor, ehe die Sicherheitskräfte sie herausholten. Als am Abend eine Gruppe von 200 antifaschistischen Protestierenden spontan eine Demonstration anmeldete, zerstreuten sich die Angreifer. Die Polizei löste diese Versammlung jedoch entschlossen auf und nahm sechzig dieser Demonstranten wegen »Gefahr im Verzug« in Gewahrsam.

Am Montagnachmittag, dem 24. August, räumten die Behörden die ZAST und verteilten die Asylsuchenden auf Heime in anderen Städten und Kreisen des Landes. Die Polizei rechnete zwar mit weiterer Gewalt, sah jedoch die Menschen im vietnamesischen Wohnheim trotz der Ereignisse der vergangenen Tage nicht gefährdet. Am Abend gerieten die Beamten in enorme Bedrängnis und zogen sich schließlich zurück. Die Angreifer drangen nun abermals in das Wohnheim ein, zündeten in den unteren Stockwerken Wohnungen an und rückten in die oberen Etagen vor – wo mehr als 120 Vietnamesen, eine Handvoll deutscher Unterstützer, Wachmänner wie auch ein Kamerateam um ihr Leben bangten. Die Eingeschlossenen brachen einen Durchgang in die ebenfalls brennende ZAST auf und retteten sich von dort aus über das Dach in ein Nachbarhaus. Das Fernsehteam des ZDF nahm im Haus auf: »Das ist eine Situation, von der man uns vor einer Viertelstunde nur erzählt hat. Und plötzlich sind wir mittendrin. Und die Angst, die wir im Moment spüren, weil Leute unten Feuer legen, weil sie diese Menschen bedrohen, weil Menschen weglaufen, das ist die Angst, die diese Ausländer hier zwei Nächte lang gespürt haben. Und es ist die nackte Angst.«[16]

Die Vietnamesen wurden schließlich in Busse geleitet und aus dem Stadtteil eskortiert. Während die Menge noch tobte, war Lichtenhagen »ausländerfrei«. Nun gab es dort nur noch Deutsche.

ZWISCHEN AUFARBEITUNG UND MUSEALISIERUNG

Noch während die Gewalt in Rostock abflaute, setzte bereits die politische Aufarbeitung ein. Sie hatte zum einen eine lokale und regionale Dimension: Untersuchungsausschüsse von Stadt und Land fragten nach der Verantwortung für die Zustände in der ZAST, für die Eskalation der Gewalt, für den

16 Zit. nach Schmidt, Politische Brandstiftung, S. 103.

unzureichenden Polizeieinsatz. Tausende demonstrierten in den anschließenden Wochen gegen Rassismus, und in den folgenden Jahrzehnten setzten sich Akteure der Rostocker Zivilgesellschaft, der Politik und der Medien immer wieder mit dem Pogrom auseinander. Dieser Prozess war lückenhaft, wurde zuweilen aufgeschoben und hat regelmäßig zu Konflikten geführt – erst zehn Jahre nach den Ereignissen etwa wurden die letzten Prozesse gegen einige der rechten Angreifer eröffnet.[17] Der diffuse Wille nach einem Schlussstrich unter das als beschämend wahrgenommene Kapitel der eigenen Stadtgeschichte und die Forderung nach einer offensiven Auseinandersetzung mit Rassismus prallten zuletzt am 20. Jahrestag zusammen: Lokalpolitiker pflanzten eine Eiche vor dem Sonnenblumenhaus, linke Initiativen kritisierten den Symbolgehalt des Baumes und den unbestimmten Text einer Gedenktafel. Eine »Arbeitsgruppe antifaschistischer Fuchsschwanz« fällte die Eiche kurzerhand.[18]

Zugleich wurde Rostock-Lichtenhagen zum Symbol von Rassismus im wiedervereinigten Deutschland. Die Live-Aufnahmen des brennenden Sonnenblumenhauses gingen um die Welt, den Angriffen folgte eine Vielzahl weiterer Überfälle auf Migranten und Flüchtlingsheime. Die rechte Szene feierte die Gewalt. Eine einschlägige Band etwa sang »Barbecue in Rostock«, für die NPD sitzt seit Jahren Michael Andrejewski im Schweriner Landtag, der 1992 für ein Flugblatt gegen Flüchtlinge in Rostock verantwortlich zeichnete.

In der Bundespolitik spitzten die Geschehnisse in Rostock die Auseinandersetzung um die Einschränkung des Asylrechts zu. Zeitgleich mit der Eskalation von Lichtenhagen hatte der Parteivorstand der SPD sich für eine Begrenzung der Zuwanderung nach Deutschland ausgesprochen. Im Dezember einigte sich die Partei mit den Regierungsfraktionen auf eine Ergänzung des Artikels 16 GG im so genannten Asylkompromiss: Fortan war nicht länger die Einreise von Asylsuchenden aus Staaten gestattet, in denen keine Verfolgung stattfindet – da dies auf alle Nachbarländer Deutschlands zutrifft, ist die Flucht in die Bundesrepublik auf dem Landweg verwehrt. Zudem wurde die Möglichkeit der Bestimmung sicherer Herkunftsstaaten geschaffen, in denen keine politische Verfolgung stattfindet und deren Bürger deshalb nur im Einzelfall zu einem Antrag auf Asyl berechtigt sind. In der SPD hielt man sich zugute, das individuelle Recht auf Asyl gerettet zu haben.[19]

Ist das Pogrom von Rostock-Lichtenhagen ein Ereignis der 1990er – jener Jahre, in denen Nationalismus und Rassismus nur in der Katerstimmung der Nachwendezeit und unter dem Eindruck der als Krise wahrgenommenen steigenden Flüchtlingszahlen in enthemmte und kollektive Gewalt umschlagen konnten? Die Bundesrepublik hat in den letzten Jahrzehnten einen

17 Vgl. Roman Guski, Nach Rostock-Lichtenhagen: Aufarbeitung und Perspektiven des Gedenkens, in: Prenzel (Hg.), 20 Jahre Rostock-Lichtenhagen, S. 31–52.

18 Vgl. Thomas Prenzel, Umkämpfte Erinnerung: Gedenken und Politik zum 20. Jahrestag von Rostock-Lichtenhagen, in: Zeitgeschichte regional. Mitteilungen aus Mecklenburg-Vorpommern, Jg. 16 (2012) H. 2, S. 36–44.

19 Vgl. Franz Nuscheler, Internationale Migration. Flucht und Asyl, Wiesbaden 2004, S. 148–154; Ulrich Herbert, Geschichte der Ausländerpolitik in Deutschland. Saisonarbeiter, Zwangsarbeiter, Gastarbeiter, Flüchtlinge, München 2001, S. 318–322.

weitreichenden Wandel durchlebt – zusehends akzeptiert sich Deutschland als Einwanderungsland und Heimat von Menschen unterschiedlichster Herkunft, statt auf »deutsches Blut« im Staatsbürgerschaftsrecht zu pochen. Während Bundeskanzler Helmut Kohl sich noch der Trauerfeier für die Opfer des Mordanschlags von Mölln verweigerte und von »Beileidstourismus« sprach, empfing Angela Merkel die Angehörigen der Opfer der NSU-Terrorzelle im Kanzleramt und positionierte sich deutlich gegen die »PEGIDA«-Demonstrationen des letzten Winters. Noch mehr als zehn Jahre nach dem »Aufstand der Anständigen« existieren breite Förderprogramme gegen Rechts, und regelmäßig blockieren Tausende Menschen Neonazi-Aufzüge, statt sich wie vor zwanzig Jahren bei Lichterketten vor allem um das Ansehen Deutschlands im Ausland zu sorgen.

Zugleich jedoch weisen Untersuchungen immer wieder auf die Beständigkeit und Verbreitung rassistischer Einstellungen hin, die die Mitte der Gesellschaft durchziehen.[20] Die Unterbringung einer steigenden Zahl von Asylsuchenden stellt seit einiger Zeit viele Gemeinden vor vergleichbare Probleme wie vor 25 Jahren. Nicht selten gründen sich Bürgerinitiativen, die Flüchtlinge in ihrer Nachbarschaft ablehnen, und die Bundesregierung hat mit einer Gesetzesverschärfung reagiert und die Liste jener verfolgungsfreien Herkunftsstaaten, deren Bürger keinen Asylantrag stellen können, erweitert.

Angesichts dieser Aktualität scheint es zweifelhaft, Rostock-Lichtenhagen zu historisieren und zu musealisieren, wie es in Erinnerungsveranstaltungen, Dokumentation und Spielfilmen zunehmend geschieht. Die lärmenden Töne der Asyldebatte wie auch der 90er-Jahre-Chic der Rostocker Bürger mögen nur noch als Lektion der Vergangenheit taugen; Aufnahme und Integration von Flüchtlingen wie auch die Konfrontation mit Rassismus und rechter Gewalt sind jedoch Herausforderungen der Gegenwart.

20 Vgl. die Langzeitstudie Wilhelm Heitmeier (Hg.), Deutsche Zustände, Berlin 2002–2012; sowie die sog. »Mitte-Studien« der Universität Leipzig, zuletzt Oliver Decker u. a., Die stabilisierte Mitte. Rechtsextreme Einstellung in Deutschland 2014, Leipzig 2014.

Thomas Prenzel, geb. 1981, promoviert am Institut für Politik- und Verwaltungswissenschaften der Universität Rostock.

EIN »GERECHTER KRIEG«?

DER INTELLEKTUELLENDISKURS ÜBER DEN KOSOVO-KRIEG 1999

Ξ Kurt Gritsch

DIE GESELLSCHAFTLICHE BEDEUTUNG DER KOSOVO-THEMATIK

Die Diskussion um den Kosovo-Krieg war *das* diskursive Ereignis des Jahres 1999.[1] Zugleich war die Frage um ein militärisches Eingreifen in den Bürgerkrieg im Kosovo auch eine der bedeutendsten Intellektuellendebatten, nicht nur des Jahres 1999, sondern des ganzen Jahrzehnts. In der Zeit der Luftangriffe (24.3. bis 10.6.1999) wurden alleine in *FAZ, Süddeutsche Zeitung, taz, ZEIT* und *Spiegel* insgesamt 267 Intellektuelle und ihre Meinung zum Krieg erwähnt. Dabei wurde sowohl von Befürwortern als auch von Gegnern der Intervention wiederholt historisch argumentiert, indem auf den Holocaust und die Anti-Hitler-Koalition Bezug genommen wurde.

Da 1999 keine Ermächtigung durch den UN-Sicherheitsrat vorlag, wurden die Luftangriffe mit der Pflicht zur Nothilfe angesichts einer drohenden »humanitären Katastrophe« begründet. Insbesondere in Deutschland wurde dazu der Slogan »Nie wieder Krieg« durch »Nie wieder Auschwitz« ersetzt. Damit wurde zur Legitimierung einer Militärintervention, die zugleich der erste deutsche Waffengang seit dem Ende des Zweiten Weltkriegs war, explizit an die Shoah angeknüpft. Die richtigen Lehren aus der deutschen Geschichte zu ziehen, bedeute, Völkermord notfalls auch militärisch zu bekämpfen. Wer der Meinung sei, dass der Krieg gegen Hitler-Deutschland moralisch richtig gewesen war, der müsse nun dem Kampf gegen Serbiens autoritären Herrscher Slobodan Milošević ebenfalls zustimmen.

DIE INTELLEKTUELLEN-DEBATTE ZUR INTERVENTION IM KOSOVO: BEFÜRWORTER, GEGNER UND SKEPTIKER

Die Zuordnung der in den fünf Zeitungen genannten Intellektuellen nach ihrer Position hinsichtlich der NATO-Intervention sieht folgendermaßen aus:

- Interventionsbefürworter 30,7 %
- Interventionsgegner 55,1 %
- Skeptiker 14,2 %.

1 Der Untersuchungszeitraum erstreckte sich vom 25. März bis zum 20. Juni 1999. Vgl. Christiane Eilders u. Albrecht Lüter, Gab es eine Gegenöffentlichkeit während des Kosovo-Krieges? Eine vergleichende Analyse der Deutungsrahmen im deutschen Mediendiskurs, in: Ulrich Albrecht u. Jörg Becker (Hg.), Medien zwischen Krieg und Frieden (Schriftenreihe der Arbeitsgemeinschaft für Friedens- und Konfliktforschung e. V. 29), Baden-Baden 2002, S. 103–122, hier S. 109.

Die Mehrheit der Intellektuellen war demnach gegen den Angriff. Die doppelte Zahl von Interventionsgegnern gegenüber Befürwortern bei einem Siebtel an Skeptikern lässt sich damit erklären, dass v. a. mittel- und osteuropäische Intellektuelle gegen die NATO opponierten – die meisten serbischer, russischer, griechischer und rumänischer Herkunft, aber auch Italiener und Ostdeutsche, wobei sie sich in prinzipielle Pazifisten und Pragmatiker unterteilten. Westdeutsche, französische, britische und US-amerikanische Intellektuelle begrüßten die Intervention hingegen mehrheitlich. Waren unter den Pro-Stimmen vor allem gemäßigte Linke, so gehörten Konservative vermehrt den Skeptikern an, obwohl ein Teil von ihnen politisch den Krieg unterstützte.

Die Verteilung bezieht sich auf alle Intellektuellen, egal, ob sie nur namentlich erwähnt wurden oder mit einem eigenen Essay oder Interview vertreten waren. Betrachtet man ausschließlich die in den fünf Printmedien publizierten Essays und Interviews, so zeigt sich ein anderes Bild:

- FAZ: 57,6 % pro, 32,2 % contra, 10,2 % skeptisch
- Spiegel: 55 % pro, 20 % contra, 25 % skeptisch
- SZ: 46,2 % pro, 42,3 % contra, 11,5 % skeptisch
- Zeit: 35,8 % pro, 32,1 % contra, 32,1 % skeptisch
- Taz: 31 % pro, 59,5 % contra, 9,5 % skeptisch

Leser von *FAZ* und *Spiegel* konnten somit den Eindruck haben, die Geisteseliten stünden mehrheitlich hinter dem Angriff. Während sich knapp 30 Prozent aller Intellektuellen für die Intervention aussprachen und fast doppelt so viele dagegen, erweckten *FAZ* und *Spiegel* den umgekehrten Eindruck. Letzterer räumte nur knapp einem Drittel der realen Anzahl von Kriegsgegnern Platz für Essays oder Interviews ein, während er in den referierten Artikeln zwar viele Kriegsgegner nannte, die jedoch pejorativ dargestellt wurden (z. B. Peter Handke).

Die Zeit lag mit ihrer Anzahl der Kriegsbefürworter (35 %) zwar nur wenig über der tatsächlichen, erweckte aber, da sie im Verhältnis dazu nur die Hälfte der Interventionsgegner repräsentierte, den Eindruck, es herrsche eine gleichmäßige Verteilung unter den Meinungsäußerungen. Und anstatt rund 14 % skeptischer oder unentschlossener Argumentationen druckte sie 32 %. In der *Süddeutschen Zeitung* kamen Befürworter und Kritiker gleichermaßen zu Wort, wodurch auch hier beim Leser das Bild einer ausgeglichenen Meinungsverteilung entstehen konnte. Die *taz* dagegen kam den Prozentsätzen der namentlich erwähnten Intellektuellen auch bei den Essays und Interviews mit 31 für die Befürworter und 59 für die Gegner ziemlich nahe.

In allen anderen Zeitungen verschafften sich die Befürworter der *Operation Allied Force* deutlich mehr Gehör als die Gegner. Diese Meinungsverteilung steht in Korrelation zur politischen Kosovo-Berichterstattung von *FAZ, Süddeutsche Zeitung, Zeit* und *Spiegel*, die einer militärischen Intervention schon vor dem 24. März positiv gegenübergestanden hatten und den Krieg politisch gerechtfertigt sahen, während es auch abseits des Feuilleton »den Kritikern der NATO-Intervention in Deutschland kaum gelungen ist, sich auf der massenmedialen Ebene Gehör zu verschaffen«.[2]

Letztendlich zeigte sich in der Kosovo-Debatte auch eine Diskrepanz zwischen öffentlicher und veröffentlichter Meinung. So rief der Politikwissenschaftler Theodor Ebert in der 3.500 Exemplare starken Zeitschrift *Junge Kirche* dazu auf, man solle wieder von der Moral zur Politik übergehen und ›analysieren statt moralisieren‹.[3] Doch während teilweise polemische Schriftstellerkommentare von Herta Müller, Peter Schneider oder Hans Magnus Enzensberger in der *FAZ* mehrere hunderttausend Leser erreichten, blieb die fundierte Analyse des Fachmanns einem kleinen Leserkreis vorbehalten.

ARGUMENTE DER DEBATTE

Der US-Politologe Andrei S. Markovits befürwortete am 7. April 1999 die Intervention, indem er, für einen US-Liberalen nicht ungewöhnlich, die Lehren des Zweiten Weltkrieges auf den aktuellen Konflikt (der Holocaust verpflichtet zum Eingreifen) übertrug. Zwar sei ihm Serbien als Opfer der NS-Herrschaft in Erinnerung, doch seit dem Jugoslawien-Krieg habe sich sein Bild geändert, da Serben dort Verbrechen begangen hätten, die einen Vergleich mit der NS-Zeit rechtfertigten. Deshalb müsse der Westen nun die »systematische Vertreibung eines ganzen Volkes«[4] notfalls auch mit Gewalt verhindern. Markovits' Argumentation, der zahlreiche Interventionsbefürworter folgten, basiert auf emotionaler anstelle rationaler Annäherung: »Für mich sind die Parallelen zum Zweiten Weltkrieg sowohl visuell als auch emotional – wenn auch nicht unbedingt historisch-analytisch – auf allen Seiten dieses furchtbaren Krieges allgegenwärtig.«[5] Der deutsche Schriftsteller Hans Magnus Enzensberger ging noch einen Schritt weiter und forderte die Bewaffnung der UÇK und die internationale Anerkennung des Kosovo, wodurch »der Verteidigungskrieg der Albaner völkerrechtlich legitimiert [wird]«[6].

Ignaz Bubis, der Vorsitzende des Zentralrats der Juden, meinte am 10. April 1999, die Vergangenheit verpflichte Deutschland zur Teilnahme am Krieg. »Wenn man Vertreibung, die Flucht, das Leid der Menschen sieht, dann kann ich verstehen, daß irgendwann auch gehandelt werden mußte.«[7] Trotzdem lehnte er die Begriffe ›Völkermord‹ und ›Holocaust‹ in der aktuellen Debatte

2 Ebd., hier S. 118.

3 Theodor Ebert, Tragödie und Torheit. Kein Friede im Kosovo ohne Verständnis für die Staatsräson Jugoslawiens, in: Junge Kirche, H. 5/1999, S. 262 ff.

4 Andrei S. Markovits, Allianz der Verlierer. Die Wiederbelebung des Zweiten Weltkrieges im Kosovo-Konflikt und das Ende der Relativierung, in: die tageszeitung, 07.04.1999.

5 Ebd.

6 Hans Magnus Enzensberger, Ein seltsamer Krieg. Zehn Auffälligkeiten, in: Frank Schirrmacher (Hg.), Der westliche Kreuzzug. 41 Positionen zum Kosovo-Krieg, Stuttgart 1999, S. 28–30, hier S. 28 ff. u. S. 30.

7 Thomas E. Schmidt, Die Vergangenheit verpflichtet zum Mitmachen. »Wir dürfen uns nicht zurückziehen«: Ignatz Bubis über den Kosovo-Krieg und die Folgen, in: Die Welt, 10.04.1999.

ab und ergänzte, dass weder die Shoah noch die Gräuel im Kosovo relativiert werden dürften. Zwei Tage später argumentierte der Friedensnobelpreisträger von 1986, Elie Wiesel, im US-Magazin *Newsweek* ähnlich. Auch er distanzierte sich zwar vom Sprachgebrauch der NATO, wies aber darauf hin, dass die UNO-Völkermord-Deklaration erlaube, die Vorgänge im Kosovo als Genozid zu bezeichnen. Shoah-Analogien seien aber nicht zutreffend, der Vergleich mit Auschwitz abzulehnen.[8]

Susan Sontag, die zwischen 1993 und 1996 im lange von bosnisch-serbischen Truppen belagerten Sarajevo gelebt hatte, sprach sich am 19. April ebenfalls für die Intervention aus. Da man Genozid nur mit Krieg aufhalten könne, sei der NATO-Angriff nicht nur legitim, sondern »ein gerechter Krieg«.[9] Ähnlich wie Sontag argumentierte der 1933 geborene Schriftsteller Louis Begley am 18. Mai. Er formulierte den moralischen Imperativ für die NATO-Intervention auf Grund seiner persönlichen Erfahrungen – er hatte in Polen von Christen versteckt den Holocaust überlebt – damit, dass »Macht und Überzeugungskraft des Wortes ihre Grenzen haben, sobald Massenmord, Vergewaltigung, Brandstiftung, Plünderung an der Tagesordnung sind«. Niemand könne sich hinter seiner Unwissenheit verstecken, weshalb es für einen moralischen und zivilisierten Menschen ebenso wie für eine Gemeinschaft von Nationen unmöglich sei, nichts zu tun.[10]

Am 29. April 1999 interpretierte Jürgen Habermas in der *Zeit* die Intervention als »Transformation des Völkerrechts in ein Weltbürgerrecht«, denn die »unmittelbare Mitgliedschaft in einer Assoziation von Weltbürgern würde den Staatsbürger auch gegen die Willkür der eigenen Regierung schützen«.[11] Die USA betrieben konform mit ihren Eigeninteressen die weltweite Durchsetzung der Menschenrechte. »Der militärische Pazifismus, die neue Mischform von humanitärer Selbstlosigkeit und imperialer Machtlogik« (Ulrich Beck),[12] stehe in der Tradition der Entscheidungen Wilsons und Roosevelts, auch aus der »Orientierung an Idealen« in die beiden Weltkriege einzutreten. Dennoch bestünden an der Zweckmäßigkeit der Militärschläge berechtigte Zweifel, die Selbstermächtigung der NATO dürfe auch nicht zum Regelfall werden, denn »selbst 19 zweifellos demokratische Staaten bleiben, wenn sie sich selbst zum Eingreifen ermächtigen, Partei«.[13]

Die Erhöhung der Türkei zu einem »zweifellos demokratischen Staat« lehnte der Schweizer Historiker Josef Lang entschieden ab und meinte, es sei kein Zufall, dass Habermas »die systematische und verhängnisvolle Marginalisierung und Instrumentalisierung der zivilen Uno und OSZE durch die militärische Nato ausblendet«.[14] Dabei schade der Luftkrieg gerade dem von Habermas postulierten Rechtspazifismus, indem die Zwangspazifizierung

8 Elie Wiesel, The Question of Genocide. The persecution of the Albanians, horrifying as it may be, is not the Holocaust. Still, it is evil enough, in: Newsweek, 12.04.1999.

9 Susan Sontag, Das einundzwanzigste Jahrhundert begann in Sarajevo. Von Italien aus gesehen: Keine Hoffnung auf ein schnelles Ende des Kosovo-Krieges, in: Schirrmacher (Hg.), S. 64–73, hier S. 71 f.

10 Louis Begley, Das ist Deutschlands gerechter Krieg. Und es wäre besser, wenn er ohne die Hilfe Amerikas geführt würde. Ein Gespräch zum Kosovo-Krieg mit Jordan Mejias, in: Schirrmacher (Hg.), S. 211–216, hier S. 212.

11 Jürgen Habermas, Bestialität und Humanität. Ein Krieg an der Grenze zwischen Recht und Moral, in: Die Zeit, 29.04.1999.

12 Ulrich Beck, Der militärische Pazifismus. Über den postnationalen Krieg, in: Süddeutsche Zeitung, 19.04.1999.

13 Jürgen Habermas, Bestialität und Humanität. Ein Krieg an der Grenze zwischen Recht und Moral, in: Die Zeit, 29.04.1999.

14 Josef Lang, Zwängelei eines Weltbürgers, in: Wochenzeitung, 20.05.1999.

die Zivilgesellschaft schwäche. Peter Handke wiederum kritisierte, Habermas wolle ein Weltbürgerrecht, »aber bevor es formuliert ist, fingiert er es mit einem Krieg. [...] Ein Philosoph, der im gegebenen Moment die Empörung verfehlt oder versäumt, hat seinen Beruf verfehlt.«[15] Dagegen wehrte sich der Angegriffene, der inzwischen für einen bedingten Waffenstillstand plädierte, und warf dem ›Blitze schleudernden Dichter‹ mangelnde Gewissenhaftigkeit des Lesens vor.[16]

Zum Terminus »Weltpolizei« bemerkte der Hamburger Friedensforscher Dieter S. Lutz, dass eine möglichst gerechte Weltpolizei eine »Weltinnenpolitik« verlange, die keine Unterscheidung der Folgen eines Militäreinsatzes nach nationalen Interessen oder Freund-Feind-Schemata zulasse. »Die Funktion der Weltpolizei kann nur von der Weltgesellschaft selbst, das heißt in Verantwortung und unter Kontrolle der Vereinten Nationen, ausgeübt werden.«[17] Dass im Verlauf des Krieges von einer »Strafaktion gegen Jugoslawien« die Rede sei, entziehe dem Eingriff jede Legitimation, denn Strafe sei keine Nothilfe, meinte der Strafrechts- und Rechtsphilosophieprofessor Reinhard Merkel am 12. Mai und erinnerte an das Kriterium legitimer Machtausübung: »Non sub homine, sed sub lege« (»Nicht dem Menschen, sondern dem Recht untertan«). Es sei grundlegend falsch, die Intervention als »Polizeiaktion« zugunsten bedrohter Menschen zu rechtfertigen, denn eine Polizei, die sich wie die NATO selbst zum Eingreifen ermächtige, sei im innerstaatlichen Bereich expliziter Ausdruck eines Unrechtsregimes.[18]

Wo Habermas die Folgen des Angriffs auf eine Frage der Verhältnismäßigkeit reduziert hatte – »Hätte die Nato die Zerstörung des staatlichen Rundfunks nicht eine halbe Stunde vorher ankündigen sollen?«[19] – rief Reinhard Merkel in Erinnerung, dass die gezielte Bombardierung eines Fernsehsenders oder der landesweiten Stromversorgung völkerrechtlich als Kriegsverbrechen bezeichnet werden.[20] Der Einwand »was soll man denn sonst tun« als Rechtfertigung der Luftangriffe sei »ein intellektuelles Armutszeugnis«. Wer zur Hilfe in einer Notlage nichts Legitimes tun könne, dürfe gar nichts tun, meinte Merkel und verwies darauf, dass man selbstverständlich mehr und anderes als die Bombardierungen hätte unternehmen können und teilweise auch getan hat.

»Eine ›deutsche Lösung‹ für den Balkan«[21] und eine »Entnazifizierung Serbiens« forderte derweil Daniel Jonah Goldhagen am 30. April in der *Süddeutschen Zeitung*. Auch wenn Serbien als kleine Macht keinen Weltkrieg entfachen könne, unterschieden sich die serbischen Schreckenstaten von den NS-Taten grundsätzlich nur durch die geringeren Dimensionen, wenngleich Milošević kein Hitler sei und die Serben ebenso wenig die totale Vernichtung

15 Willi Winkler, Moral ist ein anderes Wort für Willkür. Der Schriftsteller Peter Handke über die Nato-Bomben auf Serbien und die Frage, warum Amerika umerzogen werden muß, in: Süddeutsche Zeitung, 15./16.05.1999.

16 Jürgen Habermas, Zweifellos. Eine Antwort auf Peter Handke, in: Süddeutsche Zeitung, 18.05.1999.

17 Dieter S. Lutz, Das Faustrecht der Nato. Politische und rechtliche Aspekte der gegenwärtigen Entwicklung der westlichen Staaten, in: Thomas Schmid (Hg.), Krieg im Kosovo, Reinbek bei Hamburg 1999, S. 218–242, hier S. 231.

18 Reinhard Merkel, Das Elend der Beschützten. Der Nato-Angriff ist illegal und moralisch verwerflich, in: Die Zeit, 12.05.1999.

19 Jürgen Habermas, Bestialität und Humanität. Ein Krieg an der Grenze zwischen Recht und Moral, in: Die Zeit, 29.04.1999.

20 Reinhard Merkel, Das Elend der Beschützten. Rechtsethische Grundlagen und Grenzen der sog. humanitären Intervention und die Verwerflichkeit der NATO-Aktion im Kosovo-Krieg, in: Ders. (Hg.), Der Kosovo-Krieg und das Völkerrecht, Frankfurt a. M. 2000, S. 66–98, hier S. 75.

21 Daniel J. Goldhagen, Eine »deutsche Lösung« für den Balkan, in: Süddeutsche Zeitung, 30.04.1999.

eines ganzen Volkes versuchten. In der deutschen Übersetzung des englischen Originals[22] fehlten diese Unterschiede zwischen Serbien und Hitler-Deutschland teilweise oder wurden sinnentstellt wiedergegeben.[23] Goldhagens Fazit gleichwohl: Jeder, der das alliierte Interventionsprinzip im Zweiten Weltkrieg und die Umerziehung nach demokratischen Prinzipien für richtig halte, müsse das NATO-Vorgehen nun ebenfalls billigen.

Goldhagens Essay, vom griechischen Schriftsteller Demosthenes Kourtovik als »Denkmal blinder Intoleranz«[24] bezeichnet, stellte die *Süddeutsche Zeitung* am gleichen Tag ein Waffenstillstandsplädoyer des Autors Herbert Riehl-Heyse gegenüber.[25] Dennoch führte die »deutsche Lösung« zu Kritik. Der Politologe Matthias Küntzel forderte, Goldhagens Kosovo-Beitrag mit derselben Vehemenz zurückzuweisen, mit der sein Werk über die Shoah (»Hitler's Willing Executioners«)[26] verteidigt werden müsse.[27] Der Berliner Zeithistoriker Wolfgang Wippermann meinte, Goldhagen, der sich bis dato gegen alle im Zeichen der Totalitarismustheorie stehenden Vergleiche des Dritten Reiches mit anderen Regimes gewandt hatte, habe sich nun »in die Riege der trivialisierenden Vergleicher eingereiht«.[28] Der Artikel im britischen *Guardian* sei keine Analyse gewesen, sondern eine publizistische Intervention mit dem Ziel, den Fortgang des Krieges zu beeinflussen.

Matthias Küntzel bemängelte zudem zwei wesentliche Punkte:[29]

1. die unhistorische Argumentation von Goldhagens Artikel, der die politischen wie ökonomischen Voraussetzungen des Kosovo-Krieges ignoriere und stattdessen ein dichotomes Bild zeichne, welches bereits Bestandteil einer den Nationalismus verschärfenden Kriegslogik sei;
2. die Annahme, dass sich die von serbischen Truppen verübten Schreckenstaten von denen der Nazis nur durch die geringeren Dimensionen unterscheiden würden.

Stattdessen verwies Küntzel auf die Charakteristik der Shoah, die sich sowohl im Ziel der Ausrottung eines gesamten Volkes wie auch in der Umsetzung, in der industriellen Vernichtung der Menschen, grundsätzlich von anderen Genoziden unterscheide.[30] In dieselbe Richtung zielte der Einwand Jürgen Elsässers gegen Goldhagen im Speziellen und die deutsche Kriegsdebatte im Allgemeinen, welche »die Auschwitzkeule als Kriegswaffe«[31] instrumentalisiere. Goldhagens Beitrag in der *Süddeutschen*, »gerade für das politisch sensible und dem rot-grünen Lager eher zuneigende Milieu relevant«[32], könne dazu beitragen, den kritischen Blick auf die deutsche Geschichte zu verstellen.

22 Daniel J. Goldhagen, German Lessons, in: The Guardian, 29.04.1999.

23 Dieser Hinweis bei Jürgen Elsässer, Kriegslügen. Vom Kosovo-Konflikt zum Milošević-Prozess, Berlin 2004, S. 133f.

24 Demosthenes Kourtovik, Trommeln des Vergessens. Abschied vom kritischen Denken, in: Frankfurter Allgemeine Zeitung, 01.06.1999.

25 Herbert Riehl-Heyse, Der Krieg braucht eine Pause, in: Süddeutsche Zeitung, 30.04.1999.

26 Auf Deutsch erschienen als: Daniel J. Goldhagen, Hitlers willige Vollstrecker. Ganz gewöhnliche Deutsche und der Holocaust, Berlin 1996.

27 Matthias Küntzel, Miloševićs willige Vollstrecker? Goldhagen, Deutschland und der Kosovo-Krieg, in: Jürgen Elsässer u. Andrei S. Markovits (Hg.), »Die Fratze der eigenen Geschichte«. Von der Goldhagen-Debatte zum Jugoslawien-Krieg, Berlin 1999, S. 171–181, hier S. 180.

28 Wolfgang Wippermann, Goldhagen und die deutschen Historiker. Strukturalistische Verkürzungen, böswillige Verdrehungen und antisemitische Untertöne, in: Elsässer u. Markovits (Hg.), S. 14–28, hier S. 24.

29 Küntzel, S. 172f.

30 Ebd., S. 173f.

31 Küntzel, S. 174. Zum Thema »Auschwitz-Keule als Kriegswaffe« vgl. S. 174–180.

32 Ebd., S. 178.

INTERVENTIONSSKEPTIKER

Am 19. April räsonierte der Soziologe Ulrich Beck »über den postnationalen Krieg«[33], der keine »Fortsetzung der Politik mit anderen Mitteln« (Clausewitz)[34] darstelle, weil er weder im nationalen Interesse noch aus alten, nationalistischen Rivalitäten heraus geführt werde. Es handle sich auch nicht um Expansion oder geostrategische Interessen, sondern »um die Fortsetzung von ethnischen Konflikten mit anderen, mit staatlich-militärischen Mitteln«[35]. Die »Fortsetzung der Moral mit kriegerischen Mitteln« bleibe jedoch umstritten. Denn obwohl Wegschauen ebenso schuldig mache wie Eingreifen, bestehe die Gefahr, dass in »einem Weltsystem schwacher Staaten, wie es im Zuge neoliberaler Weltpolitik propagiert und geschaffen wird, [...] [der] militärische Pazifismus, die neue Mischform von humanitärer Selbstlosigkeit und imperialer Machtlogik [...] einem imperialen Mißbrauch«[36] zum Opfer fallen könne.

Ähnlich argumentierte der Philosoph Robert Spaemann am 4. Mai in der *FAZ*. Der zentrale Punkt der Intervention, die »Verteidigung ›unserer Werte‹«,[37] entpuppe sich als unsinnig und gefährlich, denn der westliche *way of life* sei durch Milošević nicht bedroht. Westliche Werte aufzunötigen, stelle zudem den klassischen Fall eines imperialistischen Krieges dar. Beruhe die Rechtfertigung allerdings auf der naturrechtlichen Begründung, Menschen hätten als solche unveräußerliche Rechte, so gehe es um die Verteidigung von Menschen, nicht jedoch um die von Werten, denn »Werte verteidigen ist wertlos. [...] Bei der Verteidigung von Werten können nämlich die Menschen auf der Strecke bleiben.«[38] Tatsächlich waren für die Intervention keine humanitären Güter oder ärztliche Versorgung vorgesehen gewesen.[39]

Und der Wirtschafts- und Sozialhistoriker Eric J. Hobsbawm kritisierte am 6. Mai, dass die Probleme der Nationalismen »weder durch den serbischen Staatsterror im Kosovo noch durch den Luftkrieg der Nato gelöst«[40] würden. Dezidiert verurteilte der marxistische Historiker eine Politik, welche keine diplomatische Lösung zuzulassen scheine.

INTERVENTIONSGEGNER

Der indische Journalist Siddharth Varadarajan kritisierte die Intervention in der *Times of India* am 29. März 1999 als Völkerrechtsbruch. Der Angriff auf Jugoslawien, »das in Europa das letzte Land war, das sich dem US-Zugriff auf eine Sicherheitsordnung in der Ära des Post-Kalten-Krieges verweigerte«,[41] sei kein Zufall, denn die Militärallianz diene letztlich der Aufrechterhaltung des US-Einflusses innerhalb und außerhalb Europas.

Am 23. April 1999 wandte sich eine ganzseitige bezahlte Anzeige in der *Frankfurter Rundschau* »gegen eine neue Art der Auschwitz-Lüge«. Darin

33 Ulrich Beck, Der militärische Pazifismus. Über den postnationalen Krieg, in: Süddeutsche Zeitung, 19.04.1999.

34 Vgl. Karl von Clausewitz, Vom Kriege, Leipzig 1939, S. 671–680, das sechste Kapitel, B. Der Krieg ist ein Instrument der Politik.

35 Ulrich Beck, Der militärische Pazifismus. Über den postnationalen Krieg, in: Süddeutsche Zeitung, 19.04.1999.

36 Ebd.

37 Robert Spaemann, Werte oder Menschen? Wie der Krieg die Begriffe verwirrt, in: Schirrmacher (Hg.), S. 150–155, hier S. 153.

38 Ebd.

39 Vgl. Dieter S. Lutz, »Dirty Secrets« oder: War der Kosovo-Krieg wirklich unabwendbar?, in: Ders. (Hg.), Der Krieg im Kosovo und das Versagen der Politik. Beiträge aus dem IFSH, Baden-Baden 2000 (Demokratie, Sicherheit, Frieden 128), S. 323–328.

40 Eric J. Hobsbawm, Die neuen Nationalismen. Der Krieg auf dem Balkan ist das Symptom einer tiefen europäischen Krise, in: Die Zeit, 06.05.1999.

41 Siddharth Varadarajan, Kosovo Cauldron. NATO on a Dangerous and Illegal Course, in: The Times of India, 29.03.1999.

richteten Auschwitz-Überlebende, u.a. Esther Bejarano, Peter Gingold und Kurt Goldstein,[42] einen offenen Brief an die Minister Joschka Fischer und Rudolf Scharping: »Wir Überlebenden von Auschwitz und anderen Massenvernichtungslagern verurteilen den Missbrauch, den Sie und andere Politiker mit den Toten von Auschwitz, mit dem von Hitlerfaschisten im Namen der deutschen Herrenmenschen vorbereiteten und begangenen Völkermord an Juden, Sinti und Roma und Slawen betreiben. Was Sie tun, ist eine aus Argumentationsnot für ihre verhängnisvolle Politik geborene Verharmlosung des in der bisherigen Menschheitsgeschichte einmaligen Verbrechens.«[43]

Die Unterzeichner kritisierten Belgrads Übergriffe auf Kosovo-Albaner als Verstoß gegen die Menschenrechte und forderten eine Reaktion im Rahmen der UNO: »Wer die antifaschistische, den Menschenrechten verpflichtete Rolle der UNO nicht nutzt, sondern die UNO ausschaltet und schwächt, der hat jedes Recht verloren, sich auf antifaschistische Postulate wie ›Nie wieder Auschwitz‹ zu beziehen, zumal er damit zugleich das Recht auf Krieg begründet. Die Folgen eines solchen Handelns werden ein Wiedererwachen der Kräfte sein, die 1945 entscheidend geschlagen zu sein schienen.«[44]

Der deutsche Essayist Walter van Rossum glaubte am 14. Mai im Kosovo-Krieg das Resultat der über Jahre vorbereiteten Out-of-area-Strategie der NATO zu erkennen. Die Verhandlungen, hinter denen stets die militärische Drohung gestanden habe, hätten nichts anderes beabsichtigt, als dass sich die Öffentlichkeit – mit Ausnahme der deklarierten Pazifisten – »dem militärischen Automatismus der moralischen Konfliktregelung« beuge: »Niemand fragte je nach der Kompetenz der Friedensemissäre, der Lauterkeit ihrer Interessen, dem Leumund der Versöhner. Anscheinend vermag nichts den Glauben an die Mission aufrichtiger Diplomatie zu erschüttern – nicht einmal, daß kein Abgeordneter des Bundestages den zuletzt entscheidenden Vertragsentwurf Rambouillet II auch nur kannte, den nicht nur ein Milošević ablehnen mußte.«[45]

Am 17. Mai kritisierte der Pekinger Philosophie- und Politikprofessor Wang Wei, der Westen fühle sich seit dem Ende des Kalten Krieges als alleiniger Sieger und nehme in Form der NATO das Recht für sich in Anspruch, mit Hilfe internationaler Organisationen Druck auf Staaten auszuüben, die sich nicht ohne weiteres der neuen Weltordnung fügen wollen würden. So komme man einer allgemeinen Anerkennung der Menschenrechte jedoch keinen Schritt näher. Denn wenn staatliche Souveränität nicht geachtet und Menschenrechte mit Gewalt durchgesetzt würden, verkämen sie »zu einer Spielkarte im internationalen politischen Poker«.[46]

Der japanische Journalist Tan Minoguchi wiederum konstatierte am 18. Mai, viele Asiaten interpretierten das Bombardement wegen des ihm

42 Esther Bejarano, Mitbegründerin und Vorsitzende des Auschwitzkomitees und Mitglied der VVN-BdA (Vereinigung der Verfolgten des Naziregimes, Bund der Antifaschistinnen und Antifaschisten), Peter Gingold, VVN-BdA-Bundessprecher und Mitglied des Auschwitzkomitees, Kurt Goldstein, Ehrenvorsitzender des Internationalen Auschwitz Komitees und der VVN-BdA.

43 »Gegen eine neue Art der Auschwitz-Lüge«. Offener Brief an die Minister Fischer und Scharping, in: Frankfurter Rundschau, 23.04.1999.

44 Ebd.

45 Walter van Rossum, Die humanitäre Zitadelle. Menschenrechtskrieger. Der moralische Automatismus und seine Automaten, in: Freitag, 14.05.1999.

46 Wang Wei, Die Nato ist schuld. Wie Peking den Rest der Welt sieht, in: Schirrmacher (Hg.), S. 201–203, hier S. 202.

zugrunde liegenden Weltbilds als amerikanischen Krieg. Die Interventionskriege der USA im 20. Jahrhundert seien nämlich »immer eine Fortsetzung der Moral mit anderen Mitteln«[47] gewesen. Wenn aber die »Menschheit« auf die Kriegsfahne geschrieben werde, mutiere der Interventionskrieg, der Versuch, Recht und Ordnung wieder herzustellen, in eine polizeiliche Aktion. Dies erschwere eine diplomatische Lösung, weil sich die Polizei ja auch nicht auf Verhandlungen mit einem Kriminellen einlasse.

Und der norwegische Friedensforscher Johan Galtung zeigte am 7. Juni 1999 Gegenvorschläge zur westlichen Politik auf, die er aufgrund des massenmedialen Desinteresses vor Kriegsbeginn nur über das Internet hatte verbreiten können.[48] Er habe, so der Träger des alternativen Nobelpreises für die Erforschung der Voraussetzungen von Frieden, bei seinen 25 Balkan-Reisen in den letzten acht Jahren den Eindruck gewonnen, der Westen habe in Jugoslawien »das Rohmaterial für einen Konflikt gehabt und wollte ihn mit Gewalt lösen«.[49] Galtung, der sich dezidiert gegen Milošević wie auch »gegen den serbischen Faschismus« stellte, kritisierte, dass die Fragestellungen, wie Konflikte aufgelöst werden könnten, allenfalls kaum hörbar gestellt würden. Zudem seien im Westen Presse und öffentliche Meinung »außerordentlich einseitig anti-serbisch«. Allerdings fand dieses *tertium datur* erst drei Tage vor Kriegsende den Weg an die Öffentlichkeit.

FAZIT UND INTERPRETATION

Die Berufung der Interventionsbefürworter, im Kosovo im Namen der Menschenrechte und unter Bezugnahme auf die deutsche Geschichte, Hitler und den Holocaust ein »neues Auschwitz« (Joschka Fischer) zu verhindern, wirkte bei zahlreichen Intellektuellen meinungsbildend. Während aber die einen Fischers Argument teilten, warnten andere vor der Instrumentalisierung der deutschen Geschichte und der damit verbundenen Relativierung der Shoah.

Das veröffentlichte Bild der intellektuellen Diskussion stimmte mit Ausnahme der *taz* bei keiner der untersuchten Zeitungen mit der tatsächlichen Meinungsverteilung unter den Intellektuellen überein. Interventionsbefürworter waren über- und Kriegsgegner unterrepräsentiert, nicht in der namentlichen Erwähnung, aber darin, wie viel Platz ihren Argumentationen zur Verfügung gestellt wurde.

Zwar liegt es im Ermessen eines Medienunternehmens, in einer Intellektuellendebatte einer Seite aus weltanschaulichen Gründen überproportional Raum zu geben. Es widerspricht aber dem Anspruch der Ausgewogenheit. Im Übrigen: Den Frieden zu stärken, erfordert nach der UNESCO-Mediendeklaration

47 Tan Minoguchi, Die Handschrift des großen Bruders. Warum Asien den Kosovo-Krieg ganz anders interpretiert, in: Süddeutsche Zeitung, 18.05.1999.

48 Geseko von Lüpke, Faschismus ist überall. Der Friedensforscher Johan Galtung über den Balkan-Krieg, in: Süddeutsche Zeitung, 07.06.1999.

49 Ebd.; vgl. dazu die aufschlussreiche Darstellung der »Operation Allied Force« durch den damaligen NATO-Oberkommandierenden in Europa, General Wesley K. Clark, Waging Modern War. Bosnia, Kosovo, and the Future of Combat, New York 2001.

von 1976 den freien Austausch und eine umfassende und ausgewogene Verbreitung von Information.[50]

Durch die Berichterstattung setzte sich im kollektiven Bewusstsein die Legitimität humanitärer Interventionen ebenso fest wie der Eindruck einer scheinbar mehrheitlichen Zustimmung der Intellektuellen zu militärischer Gewalt. Damit, mit dem Tabubruch im Rahmen des Kosovo-Krieges, war der Weg zur Rechtfertigung weiterer umstrittener Militärinterventionen – Afghanistan, Irak, Libyen – geebnet.

50 Vgl. Jörg Becker, Medien im Krieg, in: Albrecht u. Becker (Hg.), S. 13–26, hier 13.

Dr. Kurt Gritsch, geb. 1976, ist Historiker und Konfliktforscher. Seine Forschungsschwerpunkte sind Zeitgeschichte, Konfliktforschung, Medien- und Rezeptionsgeschichte. Er ist Autor von zwei Büchern und mehr als 50 Veröffentlichungen in Fachzeitschriften und Magazinen, u. a. zum Jugoslawien-Krieg, zum Kosovo-Konflikt (vgl. »Inszenierung eines gerechten Krieges? Intellektuelle, Medien und der «Kosovo-Krieg» 1999«, Hildesheim: Olms-Verlag 2010), zu den arabischen Revolutionen und zum Ukraine-Konflikt. Er lehrt Geschichte und Deutsch an einem Gymnasium in der Schweiz (GR). Seit 2014 ist er Projektmitarbeiter am Institut für Zeitgeschichte in Innsbruck im Projekt »Arbeitsmigration in Südtirol«.

SCHLANKER STAAT, STARKER MARKT

DIE SELBSTENTMACHTUNG DES STAATES IM JAHRZEHNT DER WIEDERVEREINIGUNG

Ξ Tim Engartner / Oliver Laschet

Nie zuvor wurde die Privatisierung öffentlichen Eigentums derart weitreichend und tiefgreifend umgesetzt wie im »Jahrzehnt der Wiedervereinigung«. Sowohl die schwarz-gelbe als auch die im September 1998 ins Amt gewählte rot-grüne Bundesregierung beriefen sich auf die »Steuerungsdefizite *des* Staates und *im* Staate«[1], um dessen Rückzug zu legitimieren, sprich: die Grenzen staatlichen Wirtschaftens zugunsten privatwirtschaftlich organisierter Unternehmenstätigkeit zu verschieben.

Seither reicht die Liste der Privatisierungsobjekte von Theatern, Museen, Schwimmbädern, (Hoch-)Schulen, Kliniken und Seniorenheimen über Wasser-, Klär- und Elektrizitätswerke bis hin zu städtischen Wohnungsbaugesellschaften. So hat der gegenwärtig in städtischen Ballungsräumen beklagte Mangel an preiswertem Wohnraum seinen Ursprung in der »Verschlankung« des Staates während der 1990er Jahre, als die Privatisierung des sozialen Wohnungsbaus in Vorbereitung auf die Einführung des Wohngeldes vorangetrieben wurde.

Das letzte Jahrzehnt des 20. Jahrhunderts stellt aber auch deshalb eine Zäsur in der bundesrepublikanischen Privatisierungshistorie dar, weil die (finanziellen) Kosten der Wiedervereinigung einem hierzulande bis dato unbekannten Liberalisierungsfundamentalismus Auftrieb verliehen. So sank die Zahl der unmittelbaren und mittelbaren staatlichen Beteiligungen rasant, wobei die Privatisierung in den neuen Bundesländern mit besonderem Nachdruck umgesetzt wurde.

Bedeutsame bundeseigene Unternehmen wie die Immobiliengesellschaft IVG, die Deutsche Lufthansa, die 1999 an die Deutsche Post AG verkaufte Deutsche Siedlungs- und Landesrentenbank, die Deutsche Außenhandelsbank, die Deutsche Vertriebsgesellschaft für Publikationen und Filme, die Gemeinnützige Deutsche Wohnungsbaugesellschaft und die Gesellschaft für Nebenbetriebe der Bundesautobahnen (nunmehr Tank und Rast GmbH) wurden getreu dem neoliberalen Credo des »schlanken Staates« materiell privatisiert. Die Privatisierung ostdeutschen Staatsvermögens durch die

1 Martin Jänicke, Vom Staatsversagen zur politischen Modernisierung?, in: Carl Böhret u. Göttrik Wewer (Hg.), Regieren im 21. Jahrhundert – zwischen Globalisierung und Regionalisierung. Festgabe für Hans-Hermann Hartwich zum 65. Geburtstag, Opladen1993, S. 63–77, hier S. 65 (Hervorh. im Original).

Treuhandanstalt zielte u. a. auf die Leunawerke in Sachsen-Anhalt als dem vormals größten Chemiekomplex in der DDR, der gemeinsam mit dem zum Zeitpunkt der Verhandlungen bereits höchst profitablen Mineralölkonzern MINOL an den französischen Konzern Elf Aquitaine (heute Total) verkauft wurde.

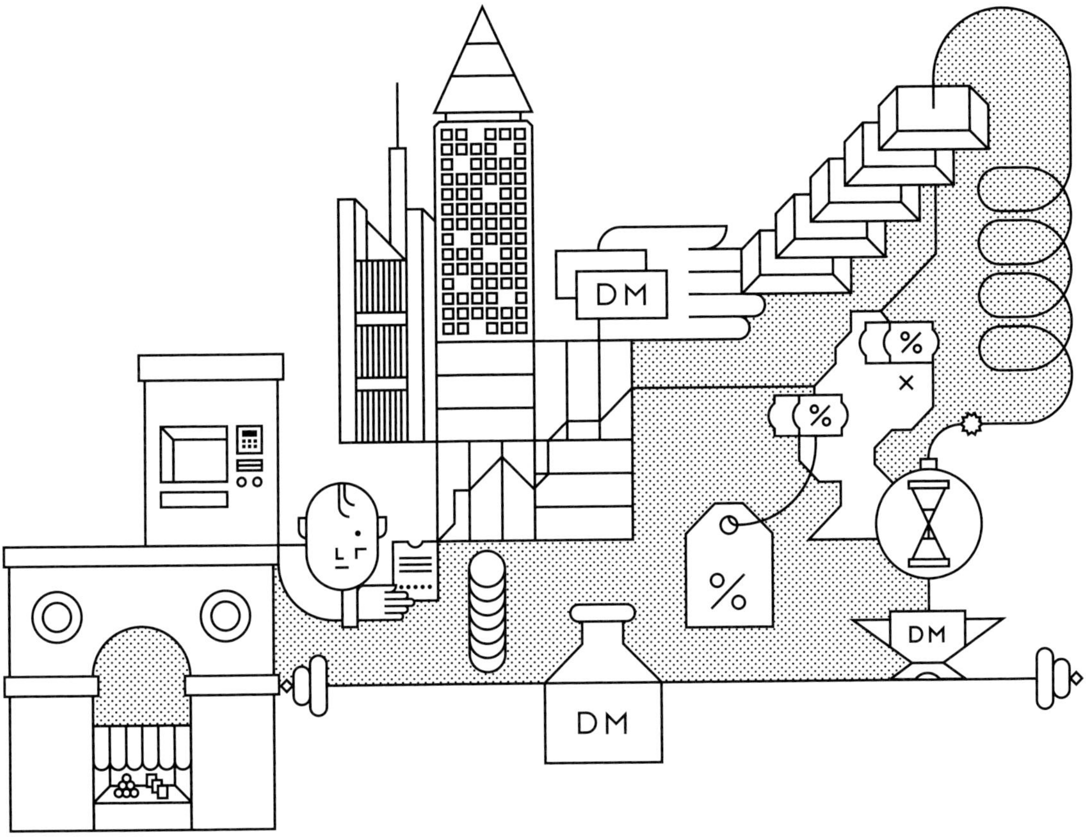

AUSVERKAUF DURCH DIE TREUHAND: »GOLDRAUSCH« FÜR UNTERNEHMEN, NICHT FÜR DEN STAAT

Nachdem sich das »Diktat der leeren Kassen« durch die vereinigungsbedingten Sonderlasten verschärft hatte, sollten über die Privatisierung der Staatsbetriebe Mittel zur Haushaltssanierung frei werden. Im unverbrüchlichen Glauben daran, dass sich mit der Privatisierung der mehr als 8.000 Betriebe die maroden öffentlichen Haushalte dauerhaft sanieren ließen, wurden die

Verkäufe von der Treuhandanstalt mit aller Macht erzwungen. Nicht selten wurden die Verkaufsaufpreise gegen null gefahren, um großzügige »Entschuldungen« ergänzt oder aber mit Garantien oder Entschädigungszahlungen für kontaminierte Liegenschaften privilegiert. Zwar nahm die Treuhandanstalt mit der Privatisierung des DDR-Betriebsvermögens insgesamt 34 Mrd. Euro ein. Am Ende jedoch wies sie trotz privatisierter »Filetstücke« wie dem Optoelektronik-Konzern Jenoptik, dem größten ostdeutschen Stahlwerk EKO oder auch den Ostsee-Werften in Wismar, Warnemünde, Stralsund und Wolgast aufgrund dieser unternehmensfreundlichen Geschäftspraktiken Verluste in Höhe von 204 Mrd. Euro aus.[2]

Die prägende Stimmungs- und vorherrschende politische Motivlage in den Monaten nach dem Beitritt der DDR waren eindeutig auf die Entschärfung einer fiskalischen und damit politischen »Zeitbombe« gerichtet: »Die durch die Währungsunion mit Umstellungskursen von 1:1 für Löhne und Gehälter und 1:2 für die größeren Vermögenswerte ausgelöste scharfe Depression der ostdeutschen Wirtschaft ließ – jedenfalls in der Wahrnehmung der maßgeblichen Akteure in Bundesregierung und Treuhandanstalt – keine andere Wahl als den Tag für Tag verlustbringenden industriellen Staatsbesitz so schnell wie möglich loszuschlagen.«[3] Erklärtes Ziel war es, die im operativen Geschäft überwiegend defizitären Unternehmen, die zudem häufig abseits der großen Agglomerationsräume lagen, aus dem Bundeshaushalt auszulagern und damit die Abkopplung von einer direkten parlamentarischen Kontrolle zu erreichen.

Die Treuhandanstalt band dabei die ostdeutschen Gewerkschaften ein, um Proteste gegen Privatisierungen und Massenentlassungen zu verhindern. Misserfolgen bei der »Rettung« der ostdeutschen Mikroelektronik und des dortigen Maschinenbaus standen bescheidene Erfolge im Falle der Stahl- und Werftindustrie gegenüber: »Auch hier wird deutlich, wie brüchig und gefährdet die Erfolgsvoraussetzungen waren, ganz zu schweigen davon, dass die ›Rettung industrieller Kerne‹ auch hier mit einem Rückgang der Beschäftigung von mehr als 80 Prozent verbunden war.«[4]

Um private Investoren zu gewinnen, war die öffentliche Hand vielfach bereit, kostspielige Sicherheiten für Altlasten auf den größtenteils kontaminierten Grundstücken zu übernehmen – so etwa bei den VEB Chemische Werke Buna, für die Kosten in Höhe von 1,5 Mio. DM übernommen wurden.[5] Auch die spätere Privatisierung der chemischen Industrie und der Verkauf der im Unternehmen EKO-Stahl gebündelten Metallerzeugung und -bearbeitung an einen italienischen Konzern wurden von »Vater Staat« mit finanziellen Anreizen in die Wege geleitet.

2 Dirk Laabs, Retten, was zu retten war, in: Die Zeit, 06.12.2012.

3 Wolfgang Seibel, Verwaltete Illusionen. Die Privatisierung der DDR-Wirtschaft durch die Treuhandanstalt und ihre Nachfolger 1990–2000, Frankfurt a. M. 2005, S. 209.

4 Ebd., S. 220.

5 Ingo Techmeier, Das Verhältnis von Kriminalität und Ökonomie. Eine empirische Studie am Beispiel der Privatisierung ehemaliger DDR-Betriebe, Wiesbaden 2012, S. 85.

Dessen ungeachtet ist auch 25 Jahre nach dem Beitritt der DDR von den privatisierten Betrieben kein sich selbst tragender Aufschwung ausgegangen. Nach wie vor rangieren alle fünf ostdeutschen Bundesländer unter den Nehmer-Ländern im Länderfinanzausgleich. Kurzum: Die in den 1990er Jahren mit Verve angestoßene ökonomische Transformation der ehemaligen DDR im Wege einer rigorosen Privatisierungspolitik muss als gescheitert angesehen werden. Zwar gelang die Massenprivatisierung formell, aber das Ziel, die Wettbewerbsfähigkeit möglichst vieler Unternehmen herzustellen, um Arbeitsplätze zu sichern oder gar neue zu schaffen, wurde verfehlt. Stattdessen kam es in den neuen Bundesländern zu Massenentlassungen, ein nennenswerter wirtschaftlicher Aufschwung blieb aus.

»GELBER RIESE« UND »BEHÖRDENBAHN« IM AUSVERKAUF

Aber nicht nur in der ehemaligen DDR, sondern im gesamten Bundesgebiet wurde privatisiert. Ein besonders eingängiges Beispiel für die »Selbstentmachtung des Staates«, die mehr Schatten als Licht brachte, stellt die in den 1990er Jahren begonnene Privatisierung der Deutschen Bundespost dar. Wenn wir heute die Schließung von Postfilialen, die Anhebung des Briefportos, die Demontage von Briefkästen, die Ausdünnung der Zustellungsintervalle bei Privathaushalten und die Prekarisierung der Beschäftigungsverhältnisse von Postbediensteten beklagen, ist dies auch das Resultat eben jener Privatisierung. Mini-, Midi- und Multi-Jobber sowie Zeit- und Leiharbeiter, die in Diensten von DHL, DPD, UPS und Hermes stehen, sind die Leidtragenden der durch Deregulierung und Privatisierung des Postsektors angestoßenen sozial- und arbeitsmarktpolitischen »Abwärtsspirale«.

Aus der einst in nationalen Grenzen tätigen Bundesbehörde ist die international agierende »Deutsche Post World Net« geworden, die sich als Aktiengesellschaft dem *Shareholder Value* verpflichtet fühlt – und nicht mehr den Beschäftigten und Privatkunden. Mehr als die Hälfte seines Umsatzes erzielt der Global Player im Ausland, mehr als drei Viertel mit Großkunden. Dass das Effizienzargument bei der Privatisierung des »Gelben Riesen« nicht wirklich greift, macht die Tatsache deutlich, dass der Bund noch bis 2076 Witwen-, Waisen- und sonstige Renten in Höhe von mehr als 550 Mrd. Euro für die ehemaligen Beamten der Deutschen Post AG wird bezahlen müssen. So wird der weltweit größte Logistikkonzern trotz milliardenschwerer Gewinne derzeit mit ca. 8 Mrd. Euro pro Jahr subventioniert.

Auch die Entwicklung des zweiten aus der Deutschen Bundespost hervorgegangenen Unternehmens muss als volkswirtschaftlich ineffizient kategorisiert werden: Während wir als Kunden der Deutschen Telekom AG und konkurrierender Anbieter von der Liberalisierung des Telekommunikationssektors in Form gesunkener Tarife profitieren, zahlen wir über Steuern und Sozialversicherungsabgaben für den Stellenabbau, die Pensionslasten und die Ausgründung der Beschäftigten in Personalserviceagenturen, wo diese zu deutlich schlechteren Konditionen – nicht selten als »Aufstocker« – beschäftigt werden.

Auch mit Blick auf den seinerzeit größten Arbeitgeber der Bundesrepublik – die Deutsche Bundesbahn (DB) – bestand im parlamentarischen Raum frühzeitig Einigkeit darüber, dass dieser von »den Fesseln des öffentlichen Dienst- und Haushaltsrechts« befreit und dorthin geführt werden müsse, wo die Marktmechanismen am wirkungs- und bisweilen verhängnisvollsten greifen: auf das Börsenparkett.[6] Als »kränkelnder Dinosaurier im Schuldenmeer« und »Sprengsatz des Bundeshaushalts« wurde die einstige »Behördenbahn« in den letzten Jahren ihres Bestehens diskreditiert. Seinen konkreten Ausdruck fand der neoliberale Sinneswandel darin, dass die Neuformulierung des Art. 87 GG sowie die mehr als 130 für die Umsetzung der Bahnreform erforderlichen Gesetzesänderungen im Dezember 1993 eine breite parlamentarische Mehrheit fanden: Mit 558 Ja-Stimmen, 13 Gegenstimmen und nur vier Enthaltungen gab der Bundestag den Weg für die »Jahrhundertentscheidung der Verkehrspolitik« frei.[7]

Sieht man von der lediglich in Gruppenstärke vertretenen PDS/Linke Liste ab, zogen sich alle Fraktionen auf die von den FDP-Abgeordneten vorgetragene Position zurück: »Es ist eine staatliche Aufgabe, für eine leistungsfähige Verkehrsinfrastruktur zu sorgen. Aber es ist keine originär staatliche Aufgabe, den Transport von Menschen oder Gütern selbst in die Hand zu nehmen. Der Staat ist nun einmal ein miserabler Fahrkartenverkäufer.«[8] Selbst die rot-grüne Bundesregierung, die angetreten war, das Land »ökologisch und sozial zu erneuern«, setzte während ihrer siebenjährigen Amtszeit im Bereich der Bahnpolitik – ebenso wie in anderen Bereichen staatlicher Wirtschaftstätigkeit – konsequent auf die »Entstaatlichung« des Staates. Auch die DB AG müsse sich an der von betriebswirtschaftlichem Kalkül dominierten Erwartungshaltung des Kapitalmarktes orientieren, um verkehrlich und wirtschaftlich erfolgreich operieren zu können.

BETRIEBSWIRTSCHAFTLICHE EFFIZIENZ STATT GESAMTWIRTSCHAFTLICHER WOHLSTAND

Insgesamt wird die profitorientierte Ausrichtung der vormals meist gemeinwirtschaftlich organisierten Bereiche seit den 1990er Jahren mit der Notwendigkeit begründet, dass die Effizienz gesteigert, Synergieeffekte erzielt und Organisationsstrukturen »verschlankt« werden müssten. Ausgeblendet wird seither

6 Heinz Dürr, Privatisierung als Lernprozess am Beispiel der deutschen Bahnreform, in: Horst Albach (Hg.), Organisationslernen – institutionelle und kulturelle Dimensionen, Berlin 1998, S. 101–120, hier S. 101.

7 Angelika Benz, Privatisierung und Regulierung der Bahn, in: Klaus König u. Angelika Benz (Hg.), Privatisierung und staatliche Regulierung: Bahn, Post, Telekommunikation, Rundfunk, Baden-Baden 1997, S. 162–200, hier S. 164.

8 Roland Kohn, Ein Jahrhundertwerk, in: Die Liberale, H. 1–2/1994, S. 44.

hingegen allzu häufig, dass öffentliche Güter und Dienstleistungen zentrale Zielbereiche der Wirtschafts- und Sozialpolitik betreffen: die Sicherung von Beschäftigung, die Stabilisierung der Wirtschaftsentwicklung, die Gewährleistung von Versorgungssicherheit und die Begrenzung sozialer Ungleichheiten auf personeller und räumlicher Ebene. Hatte über Jahrhunderte hinweg die Vorstellung dominiert, der Staat müsse die Feinsteuerung der Wirtschafts- und Sozialordnung vornehmen, um gesellschaftliche und ökonomische Verwerfungen auszugleichen, so haben die tatsächlichen und vermeintlichen Zwänge der Globalisierung – gepaart mit dem selbst organisierten Ressourcenentzug des Staates – in beinahe sämtlichen Feldern der Daseinsvorsorge zu einer Rückbesinnung auf die wackligen Säulen der »reinen« Marktwirtschaft geführt.

Lange Zeit hatte die Parteiendifferenzthese eine eindeutige Erklärung dafür geliefert, wer die Initiatoren der Privatisierungsstrategie waren: »Je stärker die Partizipation linker Parteien an der nationalen Regierung, desto seltener und weniger intensiv wird privatisiert. (…) Umgekehrt gilt, dass rechte Parteien den Abbau des Staates und den Ausbau des Marktes präferieren und dies auch umsetzen, wenn sie die Regierung übernehmen.«[9] Dieser privatisierungsskeptischen Grundhaltung linker Politik kehrten mit Beginn der 1990er Jahre weltweit zahlreiche sozialdemokratische Parteien den Rücken, sodass der Rückgriff auf das bisherige »Links-Rechts«-Schema in Sachen Privatisierung seitdem nicht mehr funktioniert.

Die einst eherne Verbindung zu den Gewerkschaften, eine historisch gewachsene Liaison, wurde von den Sozialdemokraten sukzessive aufgekündigt – hierzulande insbesondere mit der Proklamation der »Neuen Mitte« unter der Ägide Gerhard Schröders. Die Ankündigung des seinerzeitigen Bundeskanzlers, »nicht alles anders, aber vieles besser machen« zu wollen, ließ frühzeitig erkennen, dass die »Neue Mitte« ebenso wie »New Labour« die Privatisierungspolitik »als Sachwalter des thatcheristischen […] und kohlistischen Erbes« fortführen würde.[10] Die Auffassung, dass privates Eigentum öffentlichem grundsätzlich überlegen sei, vertritt die überwiegende Zahl der Privatisierungsbefürworter bis heute – meist gepaart mit der Hoffnung, durch das Aufbrechen »verkrusteter« Strukturen in sich wandelnden Industrien neue Wachstumsimpulse erzeugen zu können. Dominanter Auslösemechanismus für die Durchsetzung von Privatisierungsprogrammen ist dabei häufig die fiskalisch begründete unzureichende Finanzierungsbasis des Staates.[11]

VERKANNTE BEDEUTUNG DER EIGENTUMSVERHÄLTNISSE

Während Privateigentum nach der hierzulande geltenden Zivilrechtsordnung (§ 903 Satz 1 BGB) eine Ausschlussbefugnis gegenüber Dritten beinhaltet und

9 Volker Schneider u. Marc Tenbücken, Erklärungsansätze für die Privatisierung staatlicher Infrastrukturen – ein Theorieüberblick, in: Dies. (Hg.), Der Staat auf dem Rückzug. Die Privatisierung öffentlicher Infrastrukturen, Frankfurt a. M. 2004, S. 85–114, hier S. 90 f.

10 Dieter Plehwe u. Bernhard Walpen, Wissenschaftliche und wissenschaftspolitische Produktionsweisen im Neoliberalismus, in: PROKLA, Jg. 29 (1999) H. 2, S. 204.

11 Vgl. Rainer Bartel, Theoretische Überlegungen zur Privatisierung, in: Friedrich Schneider u. Markus F. Hofreither, (Hg.), Privatisierung und Deregulierung öffentlicher Unternehmen in westeuropäischen Ländern, Wien 1990, S. 15–54, hier S. 19.

damit zugleich Schutz vor staatlicher Willkür gewährt, stellt sich die Sachlage bei Gütern in öffentlichem Eigentum genau gegensätzlich dar: Öffentliche Güter und Dienstleistungen unterliegen einem politisch zu bestimmenden Zugriff und erlauben in der Regel die Teilhabe aller Bürger, wirken mithin »integrativ«. Private Güter werden bereitgestellt, weil sich mit ihnen Gewinn erzielen lässt; die Entscheidung über Art, Umfang und Verteilung dieser Güter erfolgt mithin durch die dezentrale Abstimmung der individuellen Präferenzen über den Markt. Der öffentlich verantworteten örtlichen Feuerwehr, dem kommunalen Schwimmbad oder der Verkehrs- und Telekommunikationsinfrastruktur hingegen werden positive externe Effekte zugeschrieben, d. h. jedes Gesellschaftsmitglied soll von ihnen unentgeltlich profitieren.

Die Beantwortung der Frage, was der Sphäre der »privaten« und was der Sphäre der »öffentlichen« Güter zugeschlagen werden soll, ist das Ergebnis politischer Aushandlungsprozesse. War die materielle Leistungserbringung als Ausdruck der öffentlichen Daseinsvorsorge einst elementares Merkmal staatlichen Handelns, ist seit einem Vierteljahrhundert in nahezu allen Lebensbereichen eine zunehmende Überführung traditionell öffentlicher Güter und Dienstleistungen in privatwirtschaftliche Organisations- und Eigentumsverhältnisse zu beobachten. War es einst nicht oder kaum vorstellbar, Gesundheit, (Aus-)Bildung, Energieversorgung, öffentliche Sicherheit und andere öffentliche Güter über Märkte zuzuteilen, halten viele Menschen dies heute für weitgehend selbstverständlich.

Im Zeitalter der Globalisierung scheint der Wohlfahrtsstaat kontinentaleuropäischer Prägung von der ökonomisch-technologischen Entwicklung überholt, steuerrechtliche Beschränkungen des Eigentums oder gar Umverteilungen gelten immer häufiger als illegitime Freiheitseinschränkungen eines vermeintlich übermächtigen Staates. Danach soll der Staat als Akteur überall dort zurückgedrängt werden, wo er nicht der Sicherung marktwirtschaftlicher Mechanismen dient. In der Konsequenz wird sozialstaatliche Gemeinwohlorientierung von (neo)liberalen Theoretikern mittlerweile als »präzeptoral aufgedrängte Tugendhaftigkeit« abqualifiziert[12].

»Das Übergreifen von Märkten und marktorientiertem Denken auf Aspekte des Lebens, die bislang von Normen außerhalb des Marktes gesteuert wurden«, ist – so formuliert es Michael J. Sandel – »eine der bedeutsamsten Entwicklungen unserer Zeit.«[13] Die in den 1990er Jahren eingeläutete Ära der triumphierenden Märkte geht davon aus, dass nicht Staaten, sondern Märkte das vorrangige Mittel zur Herstellung des Gemeinwohls seien. Dies hat dazu geführt, »dass wir – ohne es recht zu bemerken und ohne es je zu beschließen – allmählich keine Marktwirtschaft mehr *hatten*, sondern anfingen, eine

12 Gerhard Willke, Neoliberalismus, Frankfurt a. M. 2003, S. 68.

13 Michael J. Sandel, Was man für Geld nicht kaufen kann, Berlin 2012, S. 14.

Marktgesellschaft zu *sein*.«[14] Auch durch die zerstörerischen und unmoralischen Auswirkungen der globalen Finanzkrisen der vergangenen Jahre hat der Glaube an die Märkte und ihre Fähigkeit zur Eigenkorrektur scheinbar nur geringfügig an Überzeugungskraft verloren.

Dabei hat die breit angelegte Orientierung am Markt als der zentralen Koordinationsinstanz die soziale Ungleichheit verschärft: Die Reichen werden reicher und die Armen zahlreicher. Die Kommodifizierung gesellschaftlicher Güter verstärkt die ungleiche Verfügung über Eigentum. Sie schafft damit nicht allein ungleiche Möglichkeiten individueller Bedürfnisbefriedigung und ungleiche Chancen politischer Einflussnahme, sondern sie treibt auch die Spaltung und Entsolidarisierung der Gesellschaft voran. Was ehemals solidarisch finanziert und organisiert war, wird nunmehr den Gesetzen des Marktes und damit seinen Wettbewerbs-, Selektions- und Ausgrenzungsmechanismen unterworfen.

Zahlreichen Gütern und Dienstleistungen, die aufgrund ihrer ökonomischen Besonderheiten, ihrer gesellschaftlichen Funktionen oder ihres moralischen Wertes über Jahrhunderte hinweg der Steuerung durch Angebot und Nachfrage entzogen waren, wird durch die Universalität des Marktprinzips eine andere, ihnen fremde Handlungslogik aufgezwungen. Manche unter ihnen werden dadurch in ihrer kulturellen Bedeutung und moralischen Wertigkeit beschädigt oder herabgesetzt. So etwa ist zu fragen, ob nicht das Prinzip der Gleichwertigkeit menschlichen Lebens verletzt wird, wenn das öffentliche Gut medizinischer Versorgung in eine marktkonforme Ware überführt wird. Denn die Anwendung von Marktanreizen und -methoden zur Bereitstellung von genuin unökonomischen Gütern zieht »Kommerzialisierungseffekte« nach sich, die mit der Bewertung der Güter auch die Einstellungen der Menschen zu diesen Gütern verändern und möglicherweise korrumpieren. Der Kapitalismus der Neuzeit stellt uns damit auch 25 Jahre nach dem Wegfall der innerdeutschen »Systemkonkurrenz« vor ein ethisches Dilemma: »Ohne wirtschaftliche Entwicklung können wir nicht leben. Aber gleichzeitig droht die entfesselte Ökonomie, unsere ökologischen und kulturellen Grundlagen zu zerstören.«[15]

ROLLBACK ZUGUNSTEN VON »VATER STAAT«?

Angesichts der Privatisierungswelle, von der die Kommunen, die Bundesländer und der Bund seit den 1990er Jahren förmlich überrollt werden, scheint es angebracht, dieses Jahrzehnt als »Epoche der Staatsvergessenheit« zu bezeichnen. Denn in dem Maße, wie der Neoliberalismus zum hegemonialen Rat- bzw. Stichwortgeber der politischen Entscheidungsträger heranwuchs,

14 Ebd., S. 18.

15 Charles Taylor, Kapitalismus ist unser faustischer Pakt, in: Jens Jessen (Hg.), Fegefeuer des Marktes. Die Zukunft des Kapitalismus, München 2006, S. 9–16, hier S. 9.

verlor der öffentliche Sektor als politisches Hoheitsgebiet an Bedeutung. Dabei stößt der häufig aus reiner Finanznot geborene Ausverkauf von Volksvermögen mittlerweile bis in die Mitte der Gesellschaft auf (meist unzureichend artikulierte) Skepsis. So empfanden nach einer 2008 durchgeführten Umfrage der Bertelsmann Stiftung drei von vier Bürgern die wirtschaftlichen Verhältnisse in Deutschland als »nicht gerecht«.

Insofern bleibt abzuwarten, ob sich das Märchen vom Segen der Privatisierung als zentralem Hebel neoliberaler Politik weiter wie ein endloses Spruchband durch Talkshows, Unternehmensverbandskonferenzen, Parteitage und Regierungserklärungen ziehen wird. In jedem Fall sollten wir die »Pathologien politischer Steuerung« (Fritz Scharpf) nicht länger überzeichnen und stattdessen die Vorzüge der öffentlichen Daseinsvorsorge durch Kommunal-, Landes- und Bundesunternehmen herausstellen. Denn die Beantwortung der Frage, wer über was im Rahmen der rechtlichen und ökonomischen Regeln eines Sozialsystems verfügen darf, d. h. vor allem in welcher Relation öffentliches und privates Eigentum zueinander stehen, ist konstitutiv für jede Gesellschaftsordnung.

Wollen wir eine Gesellschaft, in der Bildung, Gesundheit und Mobilität in erster Linie nach ihrem Preis bemessen werden? Oder aber erkennen wir den inhärenten Wert öffentlichen Eigentums an, indem wir darauf verweisen, dass es Güter und Dienstleistungen gibt, die man für Geld nicht kaufen kann – und auch nicht kaufen können sollte? Es scheint, dass wir 25 Jahre nach der Wiedervereinigung dringender denn je eine breite öffentliche Debatte darüber brauchen, was dem Markt und was dem Staat überantwortet werden soll.

Prof. Dr. Tim Engartner, geb. 1976, lehrt Didaktik der Sozialwissenschaften mit dem Schwerpunkt schulische Politische Bildung am Fachbereich Gesellschaftswissenschaften der Goethe-Universität Frankfurt a. M.

Dr. Oliver Laschet, geb. 1978, lehrt Philosophie und Geschichte am Köln-Kolleg.

DAS ENDE DER RAF

EIN GESCHEITERTES *IDENTITÄTS*POLITISCHES PROJEKT

Ξ Wolfgang Kraushaar

Als am 20. April 1998 bei der Nachrichtenagentur *Reuters* ein acht Seiten umfassendes Schreiben der RAF eintraf, in dem es ultimativ hieß, »Heute beenden wir dieses Projekt«, herrschte zunächst einmal Ungläubigkeit vor.[1] Der ehemalige BKA-Präsident Horst Herold etwa konnte sich nicht vorstellen, dass die RAF, die einst einen solchen Wert auf ihre antifaschistische Gesinnung gelegt hatte, ausgerechnet an Hitlers Geburtstag von der Bühne abtreten würde.[2] Doch schon bald legte sich das über Jahrzehnte angewachsene Misstrauen und wich der Erleichterung, dass der »Spuk« nun endlich vorüber war. Bei genauerer Lektüre des Papiers, deren Verfasser den Behörden unbekannt geblieben sind, stellte sich bei den ersten Kommentatoren jedoch Verwunderung über die immer noch vorherrschende mentale Starrheit und weiter anhaltende ideologische Verblendung ein. Einerseits war der vielleicht nachvollziehbare Gestus, zwar geschlagen, aber mit erhobenem Haupt den Platz des Geschehens verlassen zu wollen, unübersehbar, andererseits überwogen jedoch Passagen einer ungebrochen phrasenhaften Subjekt- und Befreiungsrhetorik.

Die RAF, so hieß es, vom Ton her fast an den antinapoleonischen Duktus preußischer Partisanen erinnernd, hätte »den Befreiungskrieg in der Bundesrepublik aufgenommen«. Der Tenor des gesamten Papiers folgte der gespaltenen Maxime: sich einerseits zwar verabschieden, andererseits aber doch nicht ganz aufhören zu wollen. Eingeständnisse von Fehlern kamen vor, doch sie fielen weitgehend taktisch aus. So sei die Schleyer-Entführung zwar richtig gewesen, um »die Gefangen aus der Folter zu befreien«, jedoch nicht die sich daran anschließende Entführung der Lufthansa-Maschine nach Mogadischu; so hätten die bewaffneten Aktionen »die politischen und gegenkulturellen Prozesse« unterbewertet; so sei es insgesamt ein strategischer Fehler gewesen, »neben der illegalen, bewaffneten keine politisch-soziale Organisation« aufgebaut zu haben. Aus diesem Hauptfehler resultierte das Eingeständnis, dass das RAF-Konzept künftig »in den Befreiungsprozessen keine Gültigkeit mehr« für sich beanspruchen könne. Manches hätte zwar anders gemacht werden können, es sei jedoch trotz der eingeräumten Fehler »grundsätzlich richtig gewesen, [...] die Kontinuitäten der deutschen Geschichte mit Widerstand zu durchkreuzen«. Nach Faschismus und Krieg hätte die RAF etwas Neues in die Gesellschaft gebracht, »das Moment des Bruchs«. Einen Sieg

1 »Wir beenden das Projekt«. Die Abschiedserklärung der Roten Armee Fraktion (RAF), in: jungle world, 29.04.1998. Der Text wurde kurz darauf vermutlich absichtlich mit einem anderen Datierungshinweis verbreitet: Die Auflösungserklärung der RAF vom März 1998, in: IG Rote Fabrik (Hg.), Zwischenberichte. Zur Diskussion über die Politik der bewaffneten und militanten Linken in der BRD, Italien und der Schweiz, Berlin 1998, S. 217–237.

2 Herold hatte sein Erstaunen in den Worten zum Ausdruck gebracht: »An einem solchen Tag löst sich eine RAF, wie ich sie kenne, nicht auf.«, in: Spiegel Online, 18.04.2008.

wollte sich die RAF, wie sie ganz unmissverständlich zum Ausdruck brachte, im Moment ihrer Niederlage nicht nehmen lassen: »Die RAF hat nach dem Nazi-Faschismus mit diesen deutschen Traditionen gebrochen und ihnen jegliche Zustimmung entzogen.«[3] Das war vermessen und klang ganz so, als habe die RAF selbst für eine neue Gesellschaftsordnung gesorgt.

Die Auflösungserklärung endete schließlich mit der Auflistung jener 26 Namen, die im Laufe der 28 Jahre andauernden Existenz ihrer Organisation als RAF-Angehörige ihr Leben verloren hatten, ohne jedoch irgendein Wort über die von ihr selbst verursachten Opfer, allein 34 Todesopfer, zu verlieren.[4] Zuletzt folgte ein trotzig zitierter Ausspruch Rosa Luxemburgs, der bereits wie ein utopisches Motto über ihrem eigenen, tragisch geendeten Leben gestanden hatte: »Die Revolution sagt: ich war ich bin ich werde sein.«[5]

Mit dieser Verlautbarung hatte sich die RAF selbst ein Denkmal zu setzen versucht. Die Sätze waren von einem Pathos der Selbstgerechtigkeit getragen und wirkten in gewisser Weise petrifiziert, fast wie in Stein gehauen. Aus der Erklärung ließen sich einige axiomatische Behauptungen herausdestillieren: Die RAF steht zu ihrer Geschichte; ihre Mitglieder glauben, dass die RAF ein Bruch in der Kontinuität zum Nationalsozialismus gewesen sei; sie halten die Entscheidung, die RAF gegründet und an ihr mitgewirkt zu haben, auch nachträglich für grundsätzlich richtig; sie glauben, dabei trotz aller Bedrängungen Subjekt geblieben zu sein, Durchhaltevermögen bewiesen und bei alledem keinerlei Korrumpiertheit an den Tag gelegt zu haben.

Diese Erklärung war nicht einfach vom Himmel gefallen. Ihr war ein jahrelanger Zerfalls- und Zersetzungsprozess vorausgegangen, der am Ende offenbar selbst den Hartgesottensten in der Gruppe keine andere Möglichkeit mehr übrig gelassen hatte, als der Kapitulation zuzustimmen. Ob es dazu ohne den nach dem Fall der Berliner Mauer 1989 in Gang gesetzten Zusammenbruch des Ostblocks gekommen wäre, darf bezweifelt werden. Denn damit waren jene poststalinistischen Regime weggebrochen, die terroristische Organisationen wie die RAF mehr als nur geduldet hatten. Insbesondere die DDR und die UdSSR hatten, wie sich nur allzu rasch zeigen sollte, die Rolle von regelrechten Terrorpaten gespielt. Mit dem Ende des Ost-West-Konflikts war innerhalb der RAF eine Binnendynamik ins Rollen gebracht worden, die eine Kumulation von Krisenprozessen auslösen sollte.

Es hatte zunächst damit begonnen, dass im Juni 1990 zur allgemeinen Überraschung zehn ehemalige RAF-Mitglieder, nach denen ein Jahrzehnt lang von Interpol gefahndet worden war, verhaftet, vor Gericht gestellt und zu mehrjährigen Haftstrafen verurteilt wurden. Zur selben Zeit saß mit Karl-Heinz Dellwo ein Mitglied des Kommandos Holger Meins, das 1975 die Deutsche Botschaft

3 Ebd.

4 Klaus Jünschke, ein anderes ehemaliges RAF-Mitglied, kommentierte die Erklärung postwendend mit den Worten: »Das alte Tabu – kein Wort über die Opfer – wird nicht gebrochen.«, in: die tageszeitung, 22.04.1998.

5 Ebd. Das Originalzitat entstammt ursprünglich einem Zeitungsartikel: Rosa Luxemburg, Die Ordnung herrscht in Berlin, in: Die Rote Fahne, 14.01.1919, in: Dies., Gesammelte Werke Bd. 4: August 1914 bis Januar 1919, hg. vom Institut für Marxismus-Leninismus beim ZK der SED, Ost-Berlin 1974, S. 538.

in Stockholm überfallen und dabei zwei Diplomaten erschossen hatte, in der JVA Celle und verfasste ein 77 Seiten umfassendes Papier, in dem er die RAF in einer für ihre Mitglieder bis dahin ungekannten Weise problematisierte. Es sollte sich zeigen, dass er zusammen mit seinen beiden Mithäftlingen Lutz Taufer und Knut Folkerts zur treibenden Kraft im Auflösungsprozess werden sollte.[6] Die Kritik von innen stieß bei Hardlinern wie Brigitte Mohnhaupt, Christian Klar und Helmut Pohl, die auch weiterhin gegenüber dem verhassten Staat keinen Zentimeter nachgeben wollten, auf massive Gegenwehr.[7]

Nachdem die deutsche Einigung vollzogen war, wurden auch innerhalb der Bundesregierung Überlegungen angestrengt, wie es gelingen könnte, die RAF zu entschärfen. Wie gefährlich sie noch immer war, hatte sie mit der Ermordung von Deutscher Bank-Chef Alfred Herrhausen im November 1989 und Treuhandchef Detlef Karsten Rohwedder im April 1991 nachdrücklich unter Beweis gestellt. Nun wollte man offenbar einen Schritt unternehmen, um sie von innen her auszuhöhlen. Als der damalige Bundesjustizminister Klaus Kinkel auf dem Dreikönigstreffen der FDP im Januar 1992 in Stuttgart erklärte, dass der Staat dort, »wo es angebracht« sei, »zur Versöhnung bereit sein« müsse, war die sogenannte Kinkel-Initiative geboren.

Erstaunlicherweise stieß sie auf ein positives Echo. Denn im April 1992 machte die RAF mit einer Erklärung von sich reden, in der es hieß, dass sie die »Eskalation zurücknehmen« und auf weitere »Angriffe auf führende Repräsentanten aus Wirtschaft und Staat« verzichten wolle.[8] Angesichts dieser »Antwort« konnte der erste praktische Schritt der Bundesregierung nicht ausbleiben. Zwischen Januar und September 1993 wurden neun RAF-Häftlinge vorzeitig freigelassen. Damit war ein Prozess in Gang gekommen, der in den beiden Jahrzehnten zuvor undenkbar erschienen wäre.

In der Zwischenzeit hatten sich die Spannungen innerhalb der RAF-Kommandoebene so weit verschärft, dass es auf eine Spaltung der Gruppe hinauslaufen sollte. Am 28. Oktober 1993 erschien in der *Frankfurter Rundschau* ein Brief Brigitte Mohnhaupts, in der die einstige Frontfrau, der 1977 Baader und Ensslin die Führung der RAF für den Fall ihres Todes anvertraut hatten, erklärte, dass sie zusammen mit anderen den »Bruch« gegenüber Dellwo, Folkerts und Taufer sowie der in Bad Kleinen verhafteten Birgit Hogefeld vollzogen habe. »Der Inhalt der Beziehung«, hieß es dort in einem ultimativen Tonfall, »ist zerstört, eine andere Entscheidung als die Trennung nicht mehr möglich.«[9] Worin lag der Grund für diesen Schritt?

Dellwo und seine beiden Gefährten hatten unabgesprochen gewagt, sich vermittelt durch Rechtsanwalt Hans-Christian Ströbele, Dellwos Verteidiger, an Edzard Reuter, den damaligen Vorstandsvorsitzenden der Daimler-Benz AG,

6 Vgl. Karl-Heinz Dellwo, Das Projektil sind wir. Der Aufbruch einer Generation, die RAF und die Kritik der Waffen. Gespräche mit Tina Petersen und Christoph Twickel, Hamburg 2007; Karl-Heinz Dellwo, Kein Ankommen, kein Zurück, in: Angelika Holderberg (Hg.), Nach dem bewaffneten Kampf. Ehemalige Mitglieder der RAF und Bewegung 2. Juni sprechen mit Therapeuten über ihre Vergangenheit, Gießen 2007, S. 97–129.

7 Vgl. Christian Kämpfer, Untergang der Roten Armee Fraktion, Bremen 2012; dort insbesondere S. 26–49.

8 Rote Armee Fraktion, An alle, die auf der Suche nach Wegen sind, wie menschenwürdiges Leben hier und weltweit an ganz konkreten Fragen organisiert und durchgesetzt werden kann, ID-Verlag (Hg.), Rote Armee Fraktion. Texte und Materialien zur Geschichte der RAF, Berlin 1997, S. 410–414.

9 Brigitte Mohnhaupt, Bruch im Zusammenhang der Gefangenen und in der politischen Beziehung zur RAF, in: Frankfurter Rundschau, 28.10.1993.

und an Ignatz Bubis, den seinerzeitigen Zentralratsvorsitzenden der Juden in Deutschland, zu wenden und sie darum zu bitten, eine Vermittlerrolle zwischen RAF und Staat einzunehmen, um eine politische Lösung des Konflikts zu ermöglichen. Dazu konnte es nun nicht mehr kommen. Dellwo wies auch im Namen seiner beiden Mitstreiter Mohnhaupts Kritik postwendend zurück. In einem von der *tageszeitung* publizierten Brief erklärte er offen: »Dass die alte Konzeption der RAF nicht zu halten ist, wussten und wissen wir alle.«[10] Damit war die Spaltung der RAF vollzogen. Was sie zu diesem Zeitpunkt allerdings noch nicht wissen konnten, war, dass es auch auf der anderen Seite eine Weigerung gegeben hatte, sich auf einen Vermittlungsprozess einzulassen. Bundeskanzler Helmut Kohl hatte dem bereits am 10. September mit den Worten eine klare Absage erteilt, dass es für einen solchen Vorstoß »nicht der richtige Zeitpunkt« sei.[11] Er hatte damit Reuter wie Bubis, der von dem inzwischen ins Amt des Bundesaußenministers gewechselten Kinkel noch ausdrücklich zu diesem Schritt ermuntert worden war, die rote Karte gezeigt.

Ein Pressekommentator sprach aus, wohin das Zerwürfnis der RAF-Häftlinge mit hoher Wahrscheinlichkeit führen musste: »Der ›Bruch im Zusammenhang der Gefangenen und in der politischen Beziehung zur RAF‹, den Brigitte Mohnhaupt [...] öffentlich machte, markiert womöglich das Ende der ›Rote Armee Fraktion‹.«[12] Schon jetzt also war kaum noch etwas anderes als die Auflösung übriggeblieben.

Als Dellwo im April 1995 nach zwanzig Jahren Haft entlassen wurde, setzte er seinen Kurs auch außerhalb der Gefängnismauern unbeirrt fort. Im Mai 1997 nahm er ebenso wie Knut Folkerts und Roland Mayer, den die Bundesanwaltschaft einst vergeblich als »Rädelsführer« an der Seite von Siegfried Haag aufzubauen versucht hatte, sowie Gabriele Rollnik, einem ehemaligen Mitglied der »Bewegung 2. Juni«, mit dem Dellwo inzwischen zusammenlebte, an einer Veranstaltung in Zürich Teil. Die sogenannte »Rote Fabrik« hatte Mitglieder der RAF und der »Roten Brigaden« ebenso wie einige ihrer einstigen schweizerischen Unterstützer eingeladen, um mit ihnen gemeinsam eine Art Rückblick auf die Verlaufsgeschichte des »bewaffneten Kampfes« zu werfen und ein wie auch immer vorläufiges Ergebnis zu formulieren. Ihr Tenor lautete, dass der Aufbruch zwar »berechtigt« gewesen, die RAF aber gescheitert sei.[13] Und genau das entsprach der in der Auflösungserklärung an den Tag gelegten Linienführung, die dann ein knappes Jahr später erscheinen sollte.

Was hatte die RAF eigentlich gewollt – fragten sich im April 1998 nicht wenige – und was war aus ihr und ihren Zielen eigentlich geworden? Im Rückblick von mehr als weiteren anderthalb Jahrzehnten ist es unverzichtbar, an die von ihren Kombattanten deklarierten Ansprüche zu erinnern. Die

10 Karl-Heinz Dellwo, Die Simulation einer Wirklichkeit, in: die tageszeitung, 01.11.1993.

11 Vgl. o.V., Ausstieg im Knast, in: Der Spiegel, 01.11.1993, S. 34–36.

12 Hans-Helmut Kohl, Wem gehört die RAF?, in: Frankfurter Rundschau, 02.11.1993.

13 Der Aufbruch war berechtigt. Über die Entwicklung der Stadtguerilla in der BRD in den 1970er Jahren. Diskussion mit Gabriele Rollnik, Karl-Heinz Dellwo, Roland Mayer, Knut Folkerts, in: IG Rote Fabrik (Hg.), S. 23–38.

entscheidende politische Klammer bestand für die RAF-Gründergeneration in der subjektiven Verknüpfung der NS-Vergangenheit mit der Gegenwart des Vietnamkrieges. Gegenüber den von den USA in Südostasien im Namen der westlichen Freiheit begangenen Verbrechen nicht nur nicht schweigen, sondern handeln zu wollen, lautete das Ursprungsmotiv für den bewaffneten Kampf. Damit sollte zugleich ein Beispiel dafür geliefert werden, wie sich die eigene Elterngeneration gegen die Ermächtigung der Nazis hätte zur Wehr setzen sollen. Auch wenn diese Zielsetzung bei Aktionen zu Beginn der 1970er Jahre einige Male geäußert wurde, kann doch kein Zweifel daran existieren, dass die Geschichte der RAF stattdessen von einem außerordentlich hohen Maß an Selbstbezüglichkeit geprägt gewesen ist. Bereits die blutig verlaufene Befreiung Andreas Baaders, bei der am 14. Mai 1970 ein Bibliotheksangestellter schwer verletzt wurde, war eine von ziemlich infantilen Zügen bestimmte Trotzreaktion. Wie ein Menetekel stand sie über dem, was in den Jahren und Jahrzehnten darauf alles folgen sollte.

Worum ging es? In erster Linie war es der RAF zunächst um bloße Logistik gegangen – um Banküberfälle, Waffenbeschaffung, Autodiebstahl und anderes mehr. Der brasilianische Untergrundkämpfer Carlos Marighela hatte dafür mit seinem 1969 verfassten »Handbuch des Stadtguerillero« eine Art Blaupause geliefert. Dort hieß es in einer Passage, die später in mehreren RAF-Verfahren vor Gericht verlesen wurde: »Die Logistik des Stadtguerillero, der bei Null anfängt und zunächst über keine Stütze verfügt, kann mit der Formel M-G-W-M-S beschrieben werden, die folgendes ausdrückt: M (Motorisierung), G (Geld), W (Waffen), M (Munition), S (Sprengkörper und Sprengstoff).«[14] So kreiste die RAF schon von Anfang an technizistisch verbrämt nur um sich selbst.

Dann folgten Versuche zur Befreiung gefangener Mitglieder und – nachdem dies immer aussichtsloser geworden war – eine Kette von aufreibenden Hungerstreiks, mit denen die Zusammenlegung der Häftlinge erreicht werden sollte. Politische Motive wurden so weit zurückgedrängt, dass seit Mitte der 1970er Jahre kaum noch jemand auf die Idee gekommen ist, überhaupt noch danach zu fragen. Die RAF war insofern in ihren Grundzügen weitgehend autistisch gewesen. Zu keinem einzigen Zeitpunkt hatte sie wirklich zu der von ihr so pathetisch beanspruchten »antiimperialistischen Politik« gefunden. Politische Erklärungen und Begründungen wirkten von Anfang an aufgesetzt, wenig glaubwürdig und ihrer ideologischen Pathosformeln wegen zu einem erheblichen Teil austauschbar.

In den ersten Jahren nach der Auflösung tauchte immer mal wieder die beunruhigende Frage auf, ob sich nicht doch insgeheim eine »Vierte Generation« der RAF gebildet haben könnte. Doch es gab nichts, was diese Befürchtung

14 Carlos Marighela, Handbuch des Stadtguerillero, in: Márcio M. Alves u. a., Zerschlagt die Wohlstandsinseln der Dritten Welt – Mit dem Handbuch der Guerilleros von São Paulo, Reinbek 1971, S. 52.

hätte bestätigen können. Zwar war es im September 1999 in Wien im Rahmen einer Personenkontrolle noch zu einer Schießerei gekommen, in deren Verlauf der mutmaßliche RAF-Mann Horst Ludwig Meyer erschossen und dessen Begleiterin Andrea Klump verhaftet wurde, niemand jedoch ist seit dem April 1998 angetreten, der auch praktisch in die Stapfen von Baader, Meinhof & Co. hätte treten wollen.

Der 28 Jahre dauernde Kampf mit dem RAF-Terrorismus ist nicht spurlos an der Bundesrepublik vorübergegangen. Das galt insbesondere für den sogenannten »Deutschen Herbst«. Die im Herbst 1977 von einem RAF-Kommando durchgeführte Entführung des als »Boss der Bosse« apostrophierten Arbeitgeberpräsidenten Hanns Martin Schleyers[15] war vermutlich die größte innenpolitische Herausforderung, die die alte Bundesrepublik jemals erlebt hat. Sie war jedoch zugleich auch eine Sonde, mit der die Belastbarkeit und Stabilität der zweiten deutschen Republik ausgelotet worden ist. Die damals durchlebte Krise war für die parlamentarische Demokratie eine Art Lackmus-Test. Im Nachhinein lässt sich sagen, dass sie zwar nicht zu Fall gekommen ist, sie jedoch nicht unerhebliche Blessuren davongetragen hat.

In dem 44 Tage dauernden Ausnahmezustand war schmerzhaft deutlich geworden, wo die Bundesrepublik im Zweifelsfall stand: mit einem Bein in einem autoritären Regime, das von einer vom Bundestag unkontrollierten fraktionsübergreifenden Exekutive getragen wurde.[16] Mit den Abwehrmaßnahmen, die von der Bundesregierung damals unter dem Eindruck einer kollektiven Hysterie getroffen wurden, waren rechtsstaatliche Errungenschaften, die nach der Erfahrung mit der Bedrohung individueller Freiheitsrechte durch den totalitären Staatsapparat des Nationalsozialismus eingeführt worden waren, wieder suspendiert worden. Explizit zu nennen sind hier: die Einschränkung der Verteidigerrechte, die Verabschiedung des Kontaktsperregesetzes, das Versagen der parlamentarischen Kontrollmechanismen, die Einschränkung der Pressefreiheit und die Ergreifung illegaler Abhörmaßnahmen. Auch wenn angesichts des Ausmaßes ganz konkreter Bedrohungslagen für Exponenten der politischen und anderen Eliten das tatsächliche Gefährdungspotenzial auch im Nachhinein nicht zu leicht zu nehmen ist, so spricht doch vieles dafür, dass der damalige Staat, insbesondere die seinerseits von Helmut Schmidt geführte Bundesregierung, überreagiert hat.

Auf der anderen Seite ist danach zu fragen, ob – und wenn ja wie – sich die einstigen RAF-Mitglieder mit ihrer Geschichte, insbesondere aber den gegen sie erhobenen Anschuldigungen auseinandergesetzt haben. Ganz allgemein betrachtet sind zwei Typen von Ehemaligen in Erscheinung getreten, wobei die einen im Vergleich zu den anderen nur eine kleine Minderheit darstellen.

15 Das Etikett war dem Spitzenfunktionär der Industrie 1974 von dem *stern*-Reporter Kai Herrmann in einer Homestory verpasst worden.

16 Vgl. Wolfgang Kraushaar, Der nicht erklärte Ausnahmezustand. Staatliches Handeln während des sogenannten Deutschen Herbstes, in: Ders. (Hg.), Die RAF und der linke Terrorismus, Bd. 2, Hamburg 2006, S. 1011–1025.

Es sind vor allem die Namen von Peter-Jürgen Boock und Michael »Bommi« Baumann, die hier zu nennen sind. Beides Randgruppenvertreter, letzterer allerdings kein RAF-Mitglied, sondern eines der »Bewegung 2. Juni«. Ausnahmefiguren sind sie allein schon deshalb, weil sie sich dem von der RAF geübten Schweigekodex nicht unterworfen haben und seit Jahren reden – der Presse gegenüber, zuweilen auch gegenüber Historikern. Ersterer hat eine Zeit lang auch absichtlich gelogen, solange bis »dass sich die Balken bogen«.[17] Der Zweite gilt zwar nicht als Lügner, so doch als notorischer Maulheld. Nicht wenige haben den Eindruck, er würde übertreiben, bestimmte Dinge immer wieder aufbauschen. Als seriöse Quellen jedenfalls sind die beiden weder von Journalisten noch von Zeithistorikern zu gebrauchen. Dennoch kommt man auf sie immer wieder zurück. In einer Szene beinhart Schweigender erscheinen sie bis heute als mehr oder weniger alternativlos. Es gibt ja nach wie vor sonst niemanden, der redet. Und falls sich doch jemand – wie etwa Silke Maier-Witt – zu Wort meldet, dann erweist sich ihre Zeugenschaft einfach als zu begrenzt.

Die Phalanx derjenigen, die schweigen und offenbar vorhaben, ihre Geheimnisse mit ins Grab zu nehmen, erscheint demgegenüber als schier übermächtig. Diese Front wäre allerdings wohl bei weitem nicht so eisern, wenn es nicht auch Kräfte gegeben hätte, die alles unternommen haben, um das Schweigegebot aufrechtzuerhalten. An der Spitze wieder einmal Brigitte Mohnhaupt, die 2007 zusammen mit Rolf Heißler offenbar dafür gesorgt hat, am Kurs Zweifelnde auch weiterhin auf die einstmals eingeschlagene Linie einzuschwören.[18] Und als müsse das noch einmal bekräftigt werden, hatte es im Mai 2010 in einer gemeinsamen Erklärung von Ehemaligen im einstigen FDJ-Organ *junge welt* geheißen: »Wir machen keine Aussagen, weil wir keine Staatszeugen sind, damals nicht, heute nicht.«[19] Punkt. Jede weitere Nachfrage überflüssig.

Wichtiger jedoch als die wenigen Risse in dieser Phalanx scheint die Tatsache, dass während des Prozesses gegen Verena Becker vor dem Stuttgarter Oberlandesgericht einer der Schweigenden im März 2011 so aufgetreten ist, als wollte er von der Gerichtsbühne aus sehr wohl eine Nachricht in die Welt setzen. Als Stefan Wisniewski, Sohn eines polnischen Zwangsarbeiters, im Gerichtssaal erschien, präsentierte er auf seinem T-Shirt eine Zeile auf Polnisch und unmittelbar darunter eine Nummernkolonne – die Ziffern »8179469«. Das war den Prozessbesuchern nicht nur unverständlich, sondern kam ihnen reichlich kryptisch vor. Man fragte sich, was der eisern schweigende Mann, der bis heute in Verdacht steht, im April 1977 Siegfried Buback und fünf Monate später Hanns Martin Schleyer erschossen zu haben, damit eigentlich sagen wolle?

17 Jost Müller-Neuhof, »Für Reue gibt es keine Vorschrift«, in: Der Tagesspiegel, 27.06.2012.

18 Vgl. Michael Sontheimer, Schweigen bis ins Grab, in: Der Spiegel, 02.08.2010, S. 46.

19 O. V., Von uns keine Aussagen. Neue Prozesse, Zeugenladungen und Beugehaftandrohungen: Etwas zur aktuellen Situation von einigen, die zu unterschiedlichen Zeiten in der RAF waren, in: junge welt, 07.05.2010.

Doch Journalisten hatten das Rätsel schon bald darauf gelöst. Die Zeile lautete auf Deutsch: »Folgt dieser Spur!« Und hinter der Zahlenreihe verbarg sich nichts anderes als die NSDAP-Mitgliedsnummer des erschossenen Generalbundesanwalts Siegfried Buback. Das war eine offene Provokation. Wisniewski forderte dazu auf, sich nicht weiter – wie vom Sohn des Ermordeten, Michael Buback, gefordert – um eine Beantwortung der Frage zu kümmern, wer damals die tödlichen Schüsse auf seinen Vater abgegeben hatte. Stattdessen – so musste man die Nachricht ganz offensichtlich verstehen – sollte man besser der NS-Vergangenheit des obersten Staatsanwaltes der Bundesrepublik nachgehen. Auch diese Symbolaktion verriet, worum es der bundesdeutschen »Metropolenguerilla« in Wahrheit gegangen war – eine Mordaktion durch eine Bezugnahme auf den Nationalsozialismus nachträglich zu legitimieren.

Die RAF war in erster Linie kein politisches, sondern ein *identitäts*politisches Projekt gewesen – für ihre Mitglieder ebenso wie für einen nicht unerheblichen Teil der damaligen radikalen Linken.[20] Nicht ohne Grund heißt eines der in den einschlägigen RAF-Texten am häufigsten verwendeten Worte »Identität«. Oder wie es Andreas Baader in der ihm eigenen burschikosen Diktion einmal im September 1974 in einem seiner schlicht mit »a.« gekennzeichneten Briefe formuliert hat: »die identität der guerilla, alles andere ist – so – erstmal sülze.«[21] Dass mit einer solchen Einstellung kein Land in Sicht kommen würde, hätte selbst seinen eigenen Kombattanten schon vor vier Jahrzehnten klar sein müssen. Wenn heute vom Terrorismus die Rede ist, dann spielt der Verweis auf die RAF zumeist nur noch popkulturell oder erinnerungspolitisch eine Rolle. Selbst ein langwieriges Gerichtsverfahren wie der Verena-Becker-Prozess in Stuttgart hat daran nichts geändert. Die RAF ist ebenso wie die »Roten Brigaden«, die ETA und die IRA weitestgehend untergegangen und für die Gegenwartspolitik bedeutungslos geworden. Von kaum einer dieser Organisationen geht noch irgendein Schrecken aus. Inzwischen werden sie allesamt von den verschiedenen Spielarten des Dschihadismus in den Schatten gestellt. Spätestens seit 9/11 beherrscht ein an Monstrosität kaum zu überbietender, religiös begründeter Terrorismus das Feld. Doch weder »Al Qaida«, der »Islamische Staat« noch irgendeine andere Terrormiliz haben in der Bundesrepublik Deutschland jene Stelle zu besetzen vermocht, die einst die RAF eingenommen hat. Die Rolle des »Staatsfeindes«, die in den Anfangsjahren der Nachkriegsrepublik noch von der KPD besetzt und seit 1970 von der »Roten Armee Fraktion« gespielt worden war, ist seit den 1990er Jahren immer noch vakant. Daran haben bislang auch erste, aus Deutschland stammende Dschihadisten nichts zu ändern vermocht.

20 Vgl. Dorothea Hauser, Deutschland, Italien und Japan. Die ehemaligen Achsenmächte und der Terrorismus der 1970er Jahre, in: Kraushaar (Hg.), S. 1272–1298; darin insbesondere der Abschnitt »Die RAF als Identitätsprojekt«, S. 1294–1298.

21 Brief Andreas Baaders vom 3. September 1974, Pieter Bakker Schut (Hg.), das info – briefe von gefangenen aus der raf. Aus der Diskussion 1973–1977, Kiel 1987, S. 158.

Dr. Wolfgang Kraushaar, geb. 1948, promovierter Politikwissenschaftler, studierte an der Universität Frankfurt am Main Politikwissenschaft, Philosophie und Germanistik und ist seit 1987 Mitarbeiter am Hamburger Institut für Sozialforschung.

EXZENTRIKER IN DER POLITIK

WIE HAIDER, BERLUSCONI, BOSSI & CO. DEN MODERNEN RECHTSPOPULISMUS BEGRÜNDETEN

Ξ Robert Misik

In den neunziger Jahren waren wir Österreicher gefragte Leute. Ich war damals Deutschland-Korrespondent des Magazins *profil* und das war gewissermaßen eine Doppelrolle: Einerseits der Hauptberuf, nämlich den Österreichern Deutschland zu erklären, und gleichzeitig der Nebenberuf, nämlich den Deutschen Österreich zu erklären. Nahezu jede Woche kam irgendeine Anfrage eines deutschen Mediums: Hey, was ist bei Euch mit diesem Haider los?

Österreich war damals so etwas wie ein Sonderfall: Laboratorium des Aufstiegs des Rechtspopulismus. Gewiss, es gab auch in Frankreich den Front National, aber dessen Zentralfigur war sein Langzeitvorsitzender, der alte Haudegen Jean-Marie Le Pen. Das roch zu sehr nach altem Fünfziger-Jahre-Rechtsradikalismus, um als Signum von etwas Neuem durchzugehen. Österreich aber hatte mit Haider seinen ersten Pop-Rechten. Einen Fortuyn oder gar Wilders gab es noch nicht, auch noch keine »Dänische Volkspartei«, keinen Schill und keine »Schwedendemokraten«. Dennoch gab es schon diesen Verdacht – den Verdacht, dass die Haiderei zugleich ein Fall für sich und doch ein Kind der Zeit sein könnte. Anders gesagt: dass da die große Welt im kleinen Österreich mal wieder ihre Probe hält. Und das war ja auch nicht so falsch gedacht.

Denn seit Mitte der achtziger Jahre hatte sich etwas angekündigt, im Grunde in allen westlichen Demokratien, vor allem aber in Westeuropa: die Legitimationskrise des alten, traditionellen Politiksystems mit seinen Parteien, die früher sowohl ein stabiles weltanschauliches Fundament als auch eine feste organisatorische Mitglieder- und Anhängerbasis hatten und die nun zunehmend als blutleere Technokratenveranstaltungen erschienen. Vor wenigen Jahren ist ein Buch mit nachgelassenen Schriften des französischen Soziologen Pierre Bourdieu erschienen, das mit dem simplen Titel »Politik«

überschrieben ist. Der Band wird mit einem Text aus dem Jahr 1988 eröffnet, der sehr gut das Klima widerspiegelt, das sich in diesen Jahren auszubreiten begann: »Wir werden von Politik überflutet. Wir schwimmen im unentwegten und wechselhaften Strom des täglichen Geschwätzes über die vergleichbaren Chancen und Verdienste von austauschbaren Kandidaten. Es ist nicht nötig, die Leitartikler von Zeitungen und Zeitschriften zu lesen oder ihre ›Analyse‹... Die Äußerungen zur Politik sind, wie das leere Gerede über gutes oder schlechtes Wetter, im Grunde flüchtig.«

Ein Prozess, der natürlich schon lange im Gange war, begann in den achtziger Jahren augenfällig zu werden. Die Politik begann sich abzukapseln. Lebenswelten und politische Parteiungen verloren ihre Leidenschaft, und damit erlahmte auch die Gemeinsamkeit von Anhängerschaft und Parteiführung. Parteivorsitzende, Mandatare wurden zu Spezialisten. Es etablierte sich ein politisches Feld mit seinen eigenen Spielregeln, mit seinen »Experten« und »Professionellen«. Je mehr sich die Politik aber professionalisierte und abkapselte, umso mehr entwickelten die Professionellen die Tendenz, auf die Laien herabzusehen. Die Profis rivalisierten um kleine Vorteile im Kampf um Zustimmungswerte und ihnen stand eine Phalanx von Meinungsbefragern, Spindoktoren und Kommunikationsexperten zur Seite. In den etablierten Parteien entstand eine Zweiteilung. Einerseits die alten, traditionsbewussten Seilschaften, die Politik anlegten, wie sie das seit den fünfziger Jahren gewohnt waren: ein bisschen Klientelismus, ein bisschen breitbeinig, ein Stil, der ein wenig von gestern wirkte und immer unter Korruptionsverdacht stand. Andererseits die, die modernisieren wollten: technokratisch, marktorientiert, professionell, auf Spin und Umfragen bedacht. Zunehmend prägte ein einheitlicher Stil das moderne Führungspersonal aller etablierten Parteien. Es entwickelten sich ein bestimmter Habitus, gewissermaßen ein Rollenmodell, wie ein Politiker oder eine Politikerin auszusehen habe, und ein spezifischer Jargon, der die gemeinsame Sprache in diesem Feld wurde. Bei aller Rivalität bildeten die Eliten der unterschiedlichen Parteien in den Augen der Bürger die Gemeinschaft der Berufspolitiker, was bei den Laien – den Bürgern – (wie Bourdieu weiter schrieb) wiederum den Argwohn nährte, dass eine Art grundsätzliche Komplizenschaft die Leute, die bei dem Spiel mitspielen, das man Politik nennt, miteinander verbindet – vor jeder Meinungsverschiedenheit.

All das vollzog sich vor dem Hintergrund einer beginnenden neoliberalen Hegemonie, also der Vorstellung, dass es keine grundlegenden Alternativen zum vorherrschenden Politikpfad gibt, und auch parallel zu einer Verwandlung der Medienberichterstattung in Richtung Info- und Entertainment.

In dieser Gemengelage hatte die rechtspopulistische Antipolitik ihre große Chance. Sie zeigte mit dem Finger auf jenen Teil des politischen Personals, dem noch der frühere Politikstil anhaftete – das ist der Typus »von gestern«, korrupt, verhabert, verfilzt. Sie entwickelte sich zu dieser Zeit zunehmend aber auch zum Kontrastprogramm des Politikstiles der faden, blutleeren Professionalität. Deren Repräsentanten wurden als austauschbare Figuren einer abgehobenen Eliten-Politik charakterisiert. Gegenüber beiden positionierte sich das rechtspopulistische Personal nicht nur als »frisch, modern, neu«, sondern auch als »exzentrisch, irgendwie anders«.

Es begann die große Zeit der Exzentriker in der Politik, die Ära der Figuren, von denen man nie ganz weiß, ob sie zum Fürchten oder zum Lachen sind.

Haider – immer für eine Provokation, immer für eine Überraschung gut. Mal griff er an, dann verfiel er in Depressionen. Mal präsentierte er sich mit nacktem Oberkörper oder beim Bungee Jumping, dann wieder im Kärntner Anzug vor Alt-SSlern. Selbst mit seiner Partei spielte er kalt-warm. Mal war er da, dann schon wieder weg. Drohte mit Rücktritt, machte seine Führungskollegen einen Kopf kürzer. Stets waren die Medien, die auch wegen seines Unterhaltungswertes von ihm fasziniert waren, mit der Frage beschäftigt: Wie, um Gottes Willen, tickt der Kerl denn? Stets wurde er aufs Neue unternommen: der Versuch, Jörg Haider zu verstehen. Dem Korrespondenten der *Süddeutschen Zeitung* aus dieser Zeit verdanken wir den Hinweis, dass, »wer nun über die Rationalität von Haiders Handlungsweisen grübelt, die falsche Frage im Kopf« hat. Das Führerprinzip, so die These, erweise sich erst in der Unberechenbarkeit der Entscheidungen des Leittieres. »Je unergründlicher der einsame Ratschluss des Anführers erscheint, desto stärker seine Aura.«

Doch wurde damit auch insinuiert, es sei hier immerhin eine sekundäre Rationalität am Wirken. Zweifellos war der Irrlauf Erfolgsrezept, dabei aber keineswegs Taktik. Haider war der Meister solchen Irrlaufs, denn er war eine verletzliche Diva, nachgerade gesegnet mit dem Hang zur »maßlosen Selbstüberschätzung«, bei gleichzeitig »extrem hoher Kränkbarkeit«, wie der Wiener Psychoanalytiker August Ruhs erklärte, der alle Jahre befragt wurde, wenn die politischen Kommentatoren im Hinblick auf die Zentralfigur der österreichischen Innenpolitik wieder einmal mit ihrem Latein am Ende waren. Das ganze Geheimnis gründe in einer narzisstischen Persönlichkeitsstörung, so Ruhs Diagnose.

Komme keiner mit dem Vorwurf, dies sei Vulgärpsychologie: Überlegungen wie diese erwiesen sich, mit Blick auf die kontinentale Szenerie, als erste Bruchstücke und Materialien zur Diagnose einer europäischen Gestalt dieser Epoche – des Exzentrikers in der Politik. Nehmen wir nur die bis in die späten neunziger Jahre freundlichen, liberalen, politisch korrekten Niederlande. Dort vollzog sich um die Jahrtausendwende der atemberaubende Aufstieg des Pim Fortuyn, der mit seiner »Leefbar«-Liste in Rotterdam auf Anhieb mit 35 Prozent der Stimmen stärkste Kraft wurde. Der 54-jährige Ex-Marxist, Wirtschaftsprofessor, Unternehmer, Kolumnist und spätere Populistenführer faszinierte nicht nur durch sein elegantes Äußeres und seine geschliffene Polemik, er war auch egozentrisch, provozierte gerne, ließ sich in seinem blitzenden Daimler von einem Chauffeur kutschieren und daheim von einem Butler bedienen. Nur im äußersten Notfall verzichtete er darauf, zu öffentlichen Auftritten seine beiden Cockerspaniels mitzubringen. Die waren immer ordentlich gebürstet, im Unterschied zu ihrem Herrchen, der seine spiegelblanke Glatze auf eine Art trug, wie ein Pfau sein Gefieder, und der sich gerne mit Zigarre fotografieren ließ. Seine Homosexualität schadete ihm in den toleranten Niederlanden nicht, dass er die Moslems nach eigenem Bekunden nicht hasste, immerhin aber verachtete, kam nach 9/11 auch ganz gut an. Eigentlich wollte er Priester werden. Später wurde er steinreich. Sogar als ihn Reporter fragten, ob er manisch-depressiv sei, blieb er freundlich. Und beschied die Frage selbstredend negativ. Der Chef der Bundes-»Leefbar«-Liste, mit dem er sich später überwarf, charakterisierte den Typus Fortuyn einmal mit schönen Worten: »Es ist mit Fortuyn wie mit großen Fußballern. Sie sorgen für Probleme, aber sie können den Kampf für dich gewinnen.«

Diese Typen zeichnet Folgendes bis heute aus: Was die politischen Ämter, für die sie kandidieren, an Aura verloren haben, hat das Programm »Ich«, das sie buchstäblich verkörpern, zu ersetzen. Sie waren der typologische wie der politische Kontrast zur »Neuen Mitte«. Was für andere Politiker tödlich gewesen wäre, war für sie nicht einmal peinlich. Es ist eine schöne Fügung, dass der Begriff »Exzentriker«, der nichts anderes beschreibt als Menschen, die aus dem Mittelpunkt ausbrechen, um den unser aller Leben kreist, durch sie eine zusätzliche, starke Bedeutung erhält.

In Rom sah die Szenerie nicht viel anders aus. Dort regierte Silvio Berlusconi. Sicher, der Mann hatte etwas von einem Dämon. Aber auch etwas von einem Clown. Dass er in der »lächerlichen Eitelkeit, in der er posiert[e], unverkennbar Mussolini« ähnelte, ist nicht nur dem österreichischen Schriftsteller Karl-Markus Gauß aufgefallen. Wenn er mitten unter seinen Bodyguards mit den dunklen Sonnenbrillen stand, denen er kaum bis zur Brust reichte, sein Siegerlächeln auf dem braun gebrannten Gesicht, das unnatürlich wirkte und außerdem längst aus der Mode war, dann war das niemals ohne unfreiwillige Komik. Und er sagte Dinge, für die jeder andere ohne Zweifel im Handumdrehen für verrückt befunden worden wäre. Dass er »der Beste von allen«

sei, dass ihm kein Leader das Wasser reichen könne – weltweit wohlgemerkt. Auch zum »Herrn der Vorsehung« hat er sich schon proklamiert, sich mal mit Napoleon, mal mit Moses verglichen. »Ich habe ganze Städte gebaut«, sagte Berlusconi in einem Interview.

»Das Erstaunliche ist, dass er fest zu glauben scheint, was er sagt«, hat ein Korrespondent, der Berlusconi einmal im Wahlkampf begleitete, verwundert nach Hause berichtet. Es ist auch dies ein Charakteristikum, das die Politiker dieses Typus verband – und bis heute verbindet. Während einen bei ihren Kollegen klassischen Zuschnitts nicht selten das Gefühl beschleicht, sie würden lügen, selbst wenn sie die Wahrheit sagen, so ist es bei den erfolgreichen Populisten genau umgekehrt. Haider-Beobachter waren stets über die Tatsache erstaunt, dass der FPÖ-Chef heute das eine und morgen das Gegenteil behaupten konnte, und dennoch nie ein Adressat der Rede den Eindruck hatte, dass Haider das Gesagte in diesem Moment nicht hundertprozentig glaubte. Diese Authentizität war doppelt erstaunlich, einerseits weil Jörg Haider ja oft log, dass sich die Balken bogen, andererseits weil diese, ja, fast ist man versucht zu sagen: »Eigentlichkeit« in höchstem Maße artifiziell war: Gingen die Scheinwerfer aus, wurde die Kamera abgedreht, schien auch Haider oft wie abgeschaltet. Er war ein Mensch, »der kleiner wirkte, je näher man ihm kam«, hat eine Reporterin einmal beobachtet.

In Wirklichkeit ist das alles freilich nur scheinbar erstaunlich. Das Schauspielerhafte, das Showmanhafte, tat der Authentizität keinen Abbruch, weil es die Schaustellerei begnadeter Ich-Darsteller war – Haider, Berlusconi, Fortuyn, sie waren erst in der Pose ganz bei sich selbst. Sie verfügten über einen Authentizitätsbonus, der durch ihre Ich-Fixiertheit, ihre narzisstische Eigenliebe getragen wurde. Ihre Macken, ihre Sucht nach Aufmerksamkeit, ihre Respektlosigkeit, ihr Vorwitz, ihre Ignoranz gegenüber Gepflogenheiten und Realitäten, kurz: all jene Charaktereigenschaften, in denen sich ihre Exzentrik erwies, hoben sie vom Typus des politischen Funktionärs ab, der im schlimmsten Fall nicht mehr ist als das Amt, das er bekleidet. Was politische Kommentatoren vorschnell »personales Charisma« nannten, ist eine Subjektivität, die diesen politischen Exzentrikern auch erlaubte, ihre Parteien hinter sich verschwinden zu lassen, obzwar sie meist an deren Spitze standen – und so das antipolitische Ressentiment zu lukrieren.

SIE WAREN PARTEIPOLITIKER, ABER NICHT SO GANZ WIRKLICH.

Dass nicht wenige von ihnen Millionäre waren, erwies sich doppelt von Vorteil: Einerseits verlieh der Erfolg ihnen die Aura des »Selfmade-Mannes«, der der schmutzigen Politik zum Aufstieg im Grunde gar nicht bedarf.

Andererseits gab ihnen ihr Reichtum jene Unabhängigkeit, ohne die sie ihre Extravaganzen schwer hätten pflegen können. Denn wer arm ist und dennoch seine Exzentrik leben will, muss schon sehr tapfer und mutig sein.

Was sich durch Haider angedeutet hatte, wurde Ende der neunziger Jahre zu einem flächendeckenden Phänomen: Mit Haider, Berlusconi, Fortuyn, Umberto Bossi, Pia Kjaersgaard, Christoph Blocher und Ronald Schill war die Reihe der erfolgreichen politischen Sonderlinge und Rappelköpfe vergleichbaren Schlages alleine in Westeuropa um die Jahrtausendwende ziemlich lang geworden.

Richard Sennett hatte schon 15 Jahren vorher mit der These Aufsehen erregt, dass auf ähnliche Weise, wie in der Geburtsepoche der Psychoanalyse das klinische Symptom der Hysterie primär ein gesellschaftliches Syndrom gewesen war, heute narzisstische Störungen gesellschaftlich »gefördert« würden – dies ist der Fluchtpunkt dessen, was Sennett den »Verfall des öffentlichen Lebens« nennt. Dies könnte der Schlüssel zur Beurteilung von Rationalität und Irrationalität im Handeln unseres analysierten Politikertypus sein. So wie sie ihre politische »Star«-Position ihrer Maßlosigkeit verdankten, so stand, derselben Maßlosigkeit wegen, dieser Erfolg auch immer auf des Messers Schneide. Sie verband die Neigung, durch irre Aktionen all das zu gefährden, was sie sich zuvor aufgebaut hatten. Haider verfiel häufig in tiefe Depressionen, aus denen er sich reaktivierte, indem er Feuer an die eigene Partei legte. Den Zwang zur »Selbstdynamisierung« hat das ein enger Berater Haiders einmal genannt. Es war daher kein Wunder, dass Kommentatoren die Art seines Frühablebens als durchaus stimmig mit seinem politischen Stil ansahen: Eine halbe Flasche Wodka intus, krachte er mit 180 km/h gegen einen Betonpfeiler, nachdem er in einer Klagenfurter Schwulenbar durchgefeiert hatte.

Die beschriebenen Protagonisten waren freilich keine simplen Narren, sondern eher Borderliner, nicht bloß Politiker, aber auch keine bloßen Verrückten. Gingen sie zu weit, galten sie als Typen, die sich etwas trauen. Warf ihnen ein langweiliger Altpolitiker gar vor, sie hätten keine Konzepte, so kostete sie das nur ein müdes Lächeln: Denn wer braucht Konzepte, wenn er Charakter hat?

Zunächst machten diese Typen übrigens ihren Aufstieg auch nicht als Fürsprecher der abgehängten Unterprivilegierten, sondern eher als Angebot an die unpolitischen Yuppies. Haider scharte um sich seine Truppe aus politisch unbedarften jungen Männern (genannt »die Buberlpartie«) mit schicken Anzügen und Föhnfrisuren. Seine ersten Wahlsiege gingen eher auf Kosten der ÖVP, die moderne bürgerliche Aufsteiger nicht mehr an sich binden konnte. Erst hinterher kannibalisierte er die SPÖ, indem er den Angehörigen der früheren sozialdemokratischen Kernschichten signalisierte, er sei der Robin Hood der einfachen Leute. Der Anti-Elitismus wurde primär auch als Kulturkampf ausgetragen: gegen die liberale, urbane linke Kultur, die sich in den Jahren 1968ff. ausgebreitet hatte.

Womöglich brauchte es solche Typen, um einen Boden zu bereiten, der beackert werden konnte, aber noch nicht vollends fruchtbar war. Das verallgemeinerte Ressentiment, die Totaldelegitimation des Systems Politik, die Wut, die in alle Poren dringt – das also, was wir heute erleben und das selbst talentfreien Nullfiguren wie einem Bernd Lucke oder HC Strache erlaubt, Erfolg zu haben, das gab es damals noch nicht. Es gab ein Misstrauen gegenüber der politischen Klasse, es machte sich eine Art von Zorn breit, es herrschte auch Langeweile über eine Politik, in der es scheinbar um nichts mehr ging. Das war die Stunde des Rechtsradikalismus mit Augenzwinkern à la: »Wir sagen provokantes, unerhörtes Zeug, aber wir meinen es eh nicht so ernst.« Haider konnte sich an dem einen Tag zum Fürsprecher der Kriegsgeneration erklären und am nächsten Tag behaupten: »Ich bin der neue Kreisky.« Er konnte die schlimmsten, verhetzendsten Dinge von sich geben, aber es hatte immer auch eine ironische Schlagseite, von der Art*: »Schaut her, was ich mich trau. Ich mein's ja nicht wirklich so, aber es bereitet mir diebische Freude, dass Ihr Euch alle so darüber aufregt.«*

Robert Misik, geb. 1966, ist *taz*-Autor, *Falter*-Journalist, Blogger (www.misik.at) und Videoblogger auf der Standard.at. Er ist Mitarbeiter des Bruno-Kreisky-Forums in Wien. Zuletzt erschien von ihm das Buch »Ist unsere Politik noch zu retten? Auswege aus der Wutbürger-Sackgasse« im Picus-Verlag.

UNTER DEN LINDEN / ECKE WILHELMSTRASSE

VON BONN NACH BERLIN

Ξ Mainhardt Graf von Nayhauß

Gerhard Schröder steht in meiner neuen Berliner Wohnung am Pariser Platz. Komisch, denke ich, in vierzig Bonn-Jahren war nicht ein einziges Mal ein Kanzler bei mir zu Hause. Schröder geht auf die Terrasse, schaut auf die Kreuzung Unter den Linden/Ecke Wilhelmstraße und beugt sich neugierig über die Brüstung. Er trägt Smoking, denn anschließend will er auf den Presseball. Das Schwarz des Tuchs harmoniert mit dem Schwarz seiner Haare, von denen alle Welt, meine Frau einbezogen, meint, sie seien gefärbt, wohingegen des Kanzlers Gattin schwört, dass dem nicht so ist.

Die Cohiba hatte er dankend abgelehnt. »Dazu braucht man Muße.« Stattdessen lässt er sich den Ausblick erklären. »Geradeaus sehen Sie den Ost-Berliner Fernsehturm, dort, wo die Blinksignale Flugzeuge warnen, links die Charité und unmittelbar dort drüben rechts Helmut Kohls Büro.« Bei der Erwähnung des Altkanzlers grinsen wir. Warum, weiß ich nicht.

Als Kohl am 2. Oktober 1982 Kanzler wurde, war Gerhard Schröder noch Juso-Bundesvorsitzender und Bundestagsabgeordneter. Es war ein Freitag, als der im Parlament abgewählte Helmut Schmidt mit eiserner Disziplin zum Nachfolger ging und ihm knapp gratulierte. Dieser Tag wird Schröder in ewiger Erinnerung bleiben, denn er zählt zu den Verehrern Helmut Schmidts. Dabei sind die beiden Männer grundverschieden. Schmidt neigte zu Selbstzweifeln und Pessimismus. Anders Schröder, der ein Optimist ist.

Insofern passte Schröder als Typ gut in die neue Hauptstadt.

In diesem Berlin also steht, wie gesagt, Kanzler Schröder in meiner Wohnung und lässt sich im Wohnzimmer die Bilder an den Wänden erklären, schaut wohlwollend auf das helle Parkett, misst mit anerkennendem Blick die Deckenhöhe von drei Metern. »Wie sind Sie denn zu dieser Wohnung gekommen? Das ist ja eine phantastische Lage.«

 INDES, 2015–1, S. 120–127, © Vandenhoeck & Ruprecht GmbH & Co. KG, Göttingen, 2015, ISSN 2191-995X

Ja, wie bin ich zu dieser Wohnung gekommen? Am Anfang standen meine Frau und ich vor der Frage, ob wir den Umzug nach Berlin mitmachen sollten. Am liebsten wären wir natürlich sofort nach der Wiedervereinigung in unser beider Geburtsstadt Berlin zurückgezogen. Aber da waren ja noch der Kanzler, die Regierung und das Parlament – die Hauptobjekte meiner Kolumne. Solange sie den Schritt nicht nach Berlin vollzogen, mussten auch wir in Bonn bleiben. Mit Leidenschaft verfolgten wir das Tauziehen zwischen Berlin und Bonn um den Hauptstadt-Titel. Das Beharrungsvermögen Bonns erinnerte mich an die Situation der Berliner während des Krieges und unmittelbar danach. Viele hatten beim Einsetzen der Luftangriffe 1943 die wertvollsten Stücke ihrer Habe – Silber, Bilder und anderes – verlagert. Wer es in den Osten brachte, konnte es nach dem Einmarsch der Russen abschreiben. Wer es zur vorübergehenden Aufbewahrung zu Freunden oder Verwandten in den Westen schaffte, erlebte später ebenfalls oft eine böse Überraschung. Da man nicht unmittelbar nach dem Schweigen der Waffen alles zurückholen konnte, weil das Reisen durch die sowjetische Besatzungszone ein hohes

Risiko bedeutete, einschließlich der Gefahr, die Familienschätze abgenommen zu bekommen, konnte die Rückschaffung erst Jahre später versucht werden. Und da konnte es passieren, dass besagte Freunde oder Verwandte sich plötzlich auf den Standpunkt stellten: »Moment mal, das hattet ihr uns doch geschenkt. Ihr hattet doch schon mit dem Leben abgeschlossen.« Es konnte auch sein, dass die Verwahrer gestorben waren und ihren Erben nicht gesagt hatten, dass diese Stücke nicht ihr Eigentum waren, sondern nur zur vorübergehenden Aufbewahrung im Hause lagerten.

So war es nun auch mit dem künftigen Hauptstadtsitz. Selbst als der Berlin-Beschluss durch das Parlament längst gefasst war, wollten mehr als einhundert der sechshundertzweiundsechzig Bundestagsabgeordneten, darunter der SPD-Abgeordnete Hans Martin Bury, aus Kostengründen den Umzug auf das Jahr 2010 verschieben. Der Oberstadtdirektor von Bonn ließ ein Flugblatt mit der Überschrift »Umzug ist Unfug« drucken. Andererseits gab es auch Umzugsvorreiter. Bundespräsident von Weizsäcker verlegte frühzeitig Büro und privaten Wohnsitz nach Berlin. Rudolf Scharping, 1994 Kanzlerkandidat der SPD, versprach, schon 1996 nach Berlin zu ziehen. Der Leiter des Bonner Hörfunkstudios der Deutschen Welle, Wolter Freiherr von Tiesenhausen, gab im Sommer 1997 anlässlich seines Wechsels nach Berlin eine Abschiedsparty. Motto: »Einer muss den Anfang machen.«

So wurde auch für mich das Thema Umzug immer dringender. Da traf es sich, dass mir der Umzugsbeauftragte der Bundesregierung, Bauminister Klaus Töpfer, zeigen wollte, wie weit die Vorbereitungen bereits gediehen waren. Wir verabredeten uns zu einem Treffen in Berlin. Ich erwartete Töpfer im Staatsratsgebäude am Schlossplatz, Honeckers ehemaligem Amtssitz. Damals noch typischer DDR-Geruch in allen Räumen. Mit wehendem Mantel, gebräunt vom Weihnachtsurlaub, stürmte Töpfer herein. »Seitdem der Kanzler sich entschieden hat« – er meinte noch Helmut Kohl –, »bis der Neubau für sein Amt am Spreebogen fertig ist, hier provisorisch einzuziehen, rollt der Zug.«

Töpfer und ich tourten in seinem Wagen fast drei Stunden durch Berlin-Mitte. Erster Stopp das künftige Auswärtige Amt, die ehemalige Reichsbank. Weiter ging's: Preußisches Herrenhaus, ein spätbarocker Palast, als Sitz des Bundesrates vorgesehen, mitten in der Sanierung. Töpfer: »Als ich das erste Mal hier war, lag noch der Kriegsschutt herum.« Auf der Baustelle des Reichstags schafften zweihundertfünfzig Arbeiter, davon fünfzig nachts. Generatoren summten, Rufe erschallten, bläuliches Schweißlicht flackerte. Der Baustellenleiter sagte: »Wir können bei bis zu minus fünf Grad Beton mischen.« Töpfers Prophezeiung »Das wird zum 23. Mai 1999 fertig« stellte sich als zuverlässig heraus. Wir besichtigten noch andere Gebäude, zum größten Teil bereits renoviert, beheizt, bezugsfertig und zu Fuß vom Reichstag erreichbar. Töpfer war mächtig stolz auf sein Werk. Nur mit der folgenden Frage irritierte ich ihn – und bewies nebenbei hellseherische Fähigkeiten: »Und wenn sich nach verlorener Bundestagswahl die Opposition ins gemachte Nest setzt?« Töpfer schluckte: »Das ist die einzige Bemerkung des heutigen Nachmittags, die mir nicht gefällt.«

Nach dieser Rundfahrt war mir einmal mehr klar, dass ich, wie schon in den letzten Jahren in Bonn, so nahe wie möglich am Parlament wohnen wollte, um es zu Fuß zu erreichen. Im Juni 1995 veröffentlichte der *Stern* auf Hochglanzpapier ein mehrseitiges, bebildertes Faltblatt. Der damalige Chefredakteur Werner Funk schrieb: »Wir wollen zeigen, wie Berlin, die deutsche Hauptstadt, in ihrem Kern aussehen wird. Gestützt auf den letzten Stand der Architekturplanungen, inszenieren wir in fünf Panoramen das Berlin des Jahres 2005 – damit Sie sehen, dass wir am Ende doch noch mit Stolz auf diese Stadt schauen können.« Wie mit einem Fischaugenobjektiv war der Pariser Platz auf vier Seiten abgebildet. Was ich sah, gefiel mir auf Anhieb.

Der damalige Berliner Senator für Stadtentwicklung und Umweltschutz, Dr. Volker Hassemer, verschaffte mir ein Verzeichnis der Grundstückseigentümer. Aus dem war ersichtlich, dass die wenigen dort geplanten Wohnungen unter anderem in Objekten der Dresdner Bank zu finden sein würden. »Auf dich werden sie gerade noch gewartet haben«, mokierte sich meine Frau, als ich ihr von meinem Plan erzählte, dort etwas für uns anzumieten. Die Korrespondenz mit der Dresdner Bank und ihrem Immobiliendirektor Frank Westphal zog sich über ein ganzes Jahr hin, bis ich eines Tages den Bescheid erhielt, die wenigen Wohnungen, die man für die oberste Etage in der Zentrale am Pariser Platz eingeplant habe, wolle man für die Vorstandsmitglieder reservieren. Aber ein zweites Grundstück, Unter den Linden/Ecke Wilhelmstraße, habe man an eine Unternehmensgruppe verkauft, und einer der Eigentümer »würde sich freuen«, mich künftig als Mieter zu haben. Dies war, wie sich schnell mit einem Telefonat feststellen ließ, keine bloße Höflichkeitsfloskel. Wir waren uns auf Anhieb sympathisch, für den Einzug in sein Haus Unter den Linden, wo auch die Europäische Kommission und das Europäische Parlament ihre Deutschland-Vertretungen haben würden, formulierte er nur eine wichtige Voraussetzung: »Ich möchte auf der Etage, auf der ich selbst eine Wohnung beziehen werde, nur Mieter haben, mit denen ich harmoniere und abends am Kamin bei guten Gesprächen auch mal ein Glas Wein trinken kann.« Als es darum ging, einen Mietvertrag mit mir zu schließen, wurden wir uns schnell einig.

Zuvor, in dreißig Berlin-Jahren, hatte ich nie unter so nobler Adresse gewohnt: gegenüber vom Hotel Adlon – der Reichstag, das Presseamt, die wichtigsten Botschaften und Vertretungen der Bundesländer zu Fuß erreichbar. Als ich 1956 von Berlin nach Bonn wechselte, wurden meine Möbel zum Schein als Umzugsgut nach Luxemburg deklariert und verplombt, um zu verhindern, dass die ostdeutschen Volkspolizisten die Ladung filzten oder gar beschlagnahmten. Als ehemaliger politischer RIAS-Redakteur war ich dem kommunistischen Regime ein Dorn im Auge. Aber Auslandsumzugsgut durften Ulbrichts Schnüffler nicht öffnen. Als die Möbel für meine neue Berliner Wohnung rollten, lief alles wie am Schnürchen. Nur beim Entladen meckerte eine Funkstreife: »Sie versperren den Radweg.« Ich dachte: Die Jungs werden sich noch wundern, wenn erst einmal die Begleitfahrzeuge der Politiker wie in Bonn ganze Bürgersteige blockieren. Ich war in meinem Leben bis dahin zehnmal mit Sack und Pack umgezogen, aber nie war der Standortwechsel für mich so bequem ausgefallen wie dieses Mal. Frau und Tochter Tatjana waren vorausgefahren, hatten die Möbel in Empfang genommen, Bilder aufgehängt, die Küche eingerichtet, die Betten bezogen. Als ich eintraf, brauchte ich nur noch meinen Laptop auf den gläsernen Schreibtisch zu stellen. Der Blick von dort aus, wenn ich meine Kolumne schrieb, ging über den aufgeschlagenen Bildschirm zum Berliner Rathaus, zum Invalidendom, Gendarmenmarkt und zum Fernsehturm. Traumhaft schön!

Dennoch: Es war ein merkwürdiges Gefühl, nach 43-jähriger Abwesenheit, abgesehen von Stippvisiten, zurück in Berlin zu sein. Manches war noch vertraut – die Haveldüne in Weinmeisterhöhe, wo die letzte Wohnung lag, die »Penne« in Spandau, das Grab der Mutter in Lichterfelde-Süd –, anderes dagegen total ungewohnt: die Stadtautobahn, die brutal Bezirke durchschneidet, der Potsdamer Platz nicht mehr wiederzuerkennen; überhaupt, die vielen neuen, unbekannten Gesichter. In Bonn kannte ich den Postboten, den immer fröhlichen Herrn Gierlich, mit dem man gelegentlich an der Tür ein Schwätzchen hielt. Wer mir in Berlin die Post in den Briefkasten steckt, weiß ich nicht, habe ich noch nie gesehen. In der Weltstadt lebt man anonym.

Zugegeben, aller Anfang ist schwer. Die Telekom braucht drei Tage, um den installierten ISDN-Anschluss »freizuschalten«, drei Wochen, um Telefonbücher zu liefern. Die Firma, die im Auftrag der Telekom die ISDN-Box installierte, hinterlässt keine Betriebsanleitung. »Das ist nicht unsere Aufgabe«, nölt eine Frauenstimme, als ich reklamiere. Der Bote vom privaten Paketdienst UPS entreißt mir während eines Disputs über die verspätete Anlieferung das Päckchen, schimpft: »Krieje ick jetzt 'ne Unterschrift oder nich?« Der Pressevertrieb, der mir in Bonn pünktlich morgens die Zeitung zustellte, bekommt das in Berlin zunächst nicht auf die Reihe, sei es, dass die Zeitungen zu spät angeliefert werden, sei es, dass sie in der Tiefgarage landen. Viel Schlaf bekomme ich zunächst auch nicht. Kurz nach sieben weckt mich das Quietschen eines Baukrans direkt vor meinem Schlafzimmer. Trete ich auf die Terrasse vor dem Wohnzimmer, zähle ich im Rundblick sage und schreibe dreißig Baukräne – in Berlin wird hart gearbeitet.

Es gibt Tage, meist montags, mit bis zu zwanzig Pressekonferenzen. In Berlin gibt es sogar sonntags Pressetermine. Da findet zum Beispiel vormittags die Eröffnung des Katholischen Zentrums in der Hannoverschen Straße mit Diskussion zum Thema »Berlin – auf dem Weg zur nachchristlichen Republik?« statt. Gegen Mittag hält die CDU gemeinsam mit Bertelsmann im Hotel »Royal Dorint« ein Sonntagsforum ab: »Die vernetzte Familie – Internet und TV im Fokus der Erziehung«. Angela Merkel, die auch keinen Sonntag kennt, sieht mich, meint: »Ihre Anwesenheit alarmiert mich.« An meinem Tisch zwei Damen der CDU-Fraktion. Die eine zunächst nicht wiederzuerkennen: Ex-Familienministerin Claudia Nolte. Statt Rüschenbluse grauer Rolli. Abends eine Pressekonferenz im Kanzleramt am Schlosspark. In der Eingangshalle drängen sich an die achtzig Journalisten, lagern selbst auf den Treppen. Nach einer Stunde werden wir hoch in den ersten Stock gelassen. Der Kanzler sieht nicht fröhlich aus. Kein Wunder, am Sonntag wäre er auch lieber bei Frau Doris.

Die Bonner Käseglocke? In Berlin hocken Politiker und Journalisten noch enger zusammen. Ich trete aus dem Haus, und wer rennt da gerade bei Rot über die Kreuzung? Der CDU-Abgeordnete Peter Hinze. »Aber, aber«, mahne ich. Er: »Wenn Sie das schreiben, rede ich kein Wort mehr mit Ihnen.« Ein paar Kreuzungen weiter klingelt's hinter mir. Der SPD-Abgeordnete Uli Klose auf dem Fahrrad. »Hab' ich mir extra für Berlin gekauft«, sagt er. Wir halten an, um uns kurz auszutauschen. Er: »Über meine Partei will ich mich nicht äußern.« In der Jägerstraße – oder ist's die Französische? – ruft mir der CSU-Abgeordnete Klaus Rose ein fröhliches »Guten Morgen« zu. Im Supermarkt an der Wilhelmstraße treffe ich am Schnapsregal Franz Müntefering (damals SPD-Generalsekretär). Daheim im Briefkasten finde ich eine Visitenkarte »Mit herzlichen Grüßen« vom FDP-Abgeordneten Helmut Haussmann.

Auf der anderen Seite: Trete ich aus der Haustür, herrscht großstädtisches Treiben, fast wie in Manhattan. Brausender Verkehr, nervende Polizeisirenen, Menschen aus aller Herren Länder. Abends drehe ich gern noch eine Runde ums Brandenburger Tor, erfreue mich an der hell erleuchteten, gläsernen Kuppel des Reichstags, wo bis zur späten Stunde Besucher gleich Ameisen die Wendeltreppe bevölkern. Während der Sommermonate sitze ich auch auf besagter Terrasse meiner Wohnung, genieße das Spiel grüner Laserstrahlen am nächtlichen Himmel. Irgendwie komme ich immer zu spät ins Bett, obwohl mich viel zu früh der Kranführer von Philipp Holzmann weckt.

Gefeiert wird in Berlin auch, sogar ausgiebiger als in Bonn. Zum Beispiel das erste *Focus*-Fest in der Hauptstadt, organisiert von meinem Freund und ehemaligen *Bild*-Kollegen Stephan Vogel sowie seiner Frau Jutta. Motto: »Feiern, feiern, feiern!« Ort der Fete: das Berliner Rathaus. Bürgermeister Diepgen erkennt es kaum wieder. Gedämpftes Licht, schmeichelhaftes »Focus«-Rot, schafft gehobene Nightclub-Stimmung. Jeder der über tausend handverlesenen Gäste – darunter Thierse, Merkel, Glos, Deutsche-Bank-Chef Kopper, Objektkünstler Micus – bekommt beim Betreten von schmalgliedrigen Grazien in verführerischen »Wolford«-Schlauchkleidern eine Pocketkamera verehrt, beim Verlassen einen elektronischen Termin-und Adressverwalter. Kleine Geschenke erhalten bekanntlich die Freundschaft. Berühmte Köche der »Jeunes Restaurateurs d'Europe« stillen Gaumenlust, und *Focus*-Chefredakteur Helmut Markwort verspricht für die Zukunft: »Dies ist erst der Beginn.«

Bei der Verleihung der von *Hörzu* gestifteten Goldenen Kamera im Konzerthaus am Gendarmenmarkt ist der Rote Teppich sieben Meter breit, einhundertzwanzig Meter lang. Selbst bei Staatsempfängen für Könige gab's das nicht in Bonn. Berlins feine Gesellschaft feiert eines ihrer beliebtesten Feste. Aber war das schon nach Zuzug von Regierung und Parlament die neue High Society – jener wünschenswerte Mix von Politik, Wirtschaft, Showbiz, Kunst und Adel? Leider nein. Obwohl eingeladen, kein Kanzler, kein Außenminister, überhaupt kein einziges Kabinettsmitglied, sieht man vom Kulturbeauftragten ab. Von 669 Bundestagsabgeordneten nur zwei – Rudolf Seiters (CDU) und Elke Leonard (SPD). Auch Berlins ehemaliges Stadtoberhaupt Eberhard Diepgen ist anwesend. Aber der zählt zu den alten Knaben, die in Berlin schon immer dazugehörten. Andererseits: Freunde und Kollegen, die sich seit Jahren nicht mehr meldeten, schauen plötzlich vorbei.

Berlin ist nicht nur eine »Wucht«, die Stadt haut einen völlig um. Sie ist aufregend, quirlig, interessant. Und voller Ereignisse. Ich bin stolz, in Berlin geboren zu sein. Ich erfreue mich am Wiederaufschwung dieser durch Krieg und Teilung geschundenen Stadt zu einer neuen Metropole. Nur, denk ich zurück an Bonn, wo ich immerhin mehr als die Hälfte meines Lebens verbrachte, bekomme ich gelegentlich Heimweh nach dem beschaulichen Städtchen am Rhein.

Das hat sich inzwischen erledigt. Seit drei Jahren lebe ich wieder in Gänze in Bonn. Mein neuer Arbeitgeber ist der Kölner Lingen Verlag, für den ich als Herausgeber von politisch-kritischen Büchern, zum Beispiel »Politik und

Größenwahn« und »Wahlversprechen – Alles nur Schwindel?«, tätig bin. Das Geschehen in Berlin verfolge ich mit gelegentlichen Besuchen in die Hauptstadt und täglich im Internet, stelle dabei fest, dass es bis zu zwanzig Pressetermine pro Tag gibt. Reiner Wahnsinn!

Kürzlich verfolgte ich von der Pressetribüne im Reichstag die Haushaltsdebatte. Der Bundesetat 2015 umfasst 2.751 Seiten! Den in Gänze zu lesen, eine Zumutung. Kein Wunder, dass die Abgeordneten googeln, dösen oder von den inzwischen 631 Abgeordneten nur circa achtzig im Plenum sitzen, weil sie andere Termine haben.

Mainhardt Graf von Nayhauß (88), Offizierssohn, Journalist und Buchautor. Schrieb als Korrespondent bzw. Kolumnist für *Spiegel, stern, Die Welt, Welt am Sonntag, Bild, Bild am Sonntag.* Berichtete von über 120 Kanzlerreisen, verfasste 10 Bücher. Sein letztes: »Chronist der Macht« (Siedler, 2014). Inzwischen Herausgeber politisch-kritischer Bücher und Blogger im Lingen Verlag (Köln). Lebte abwechselnd in Berlin und Bonn. Seit 48 Jahren verheiratet, zwei erwachsene Töchter.

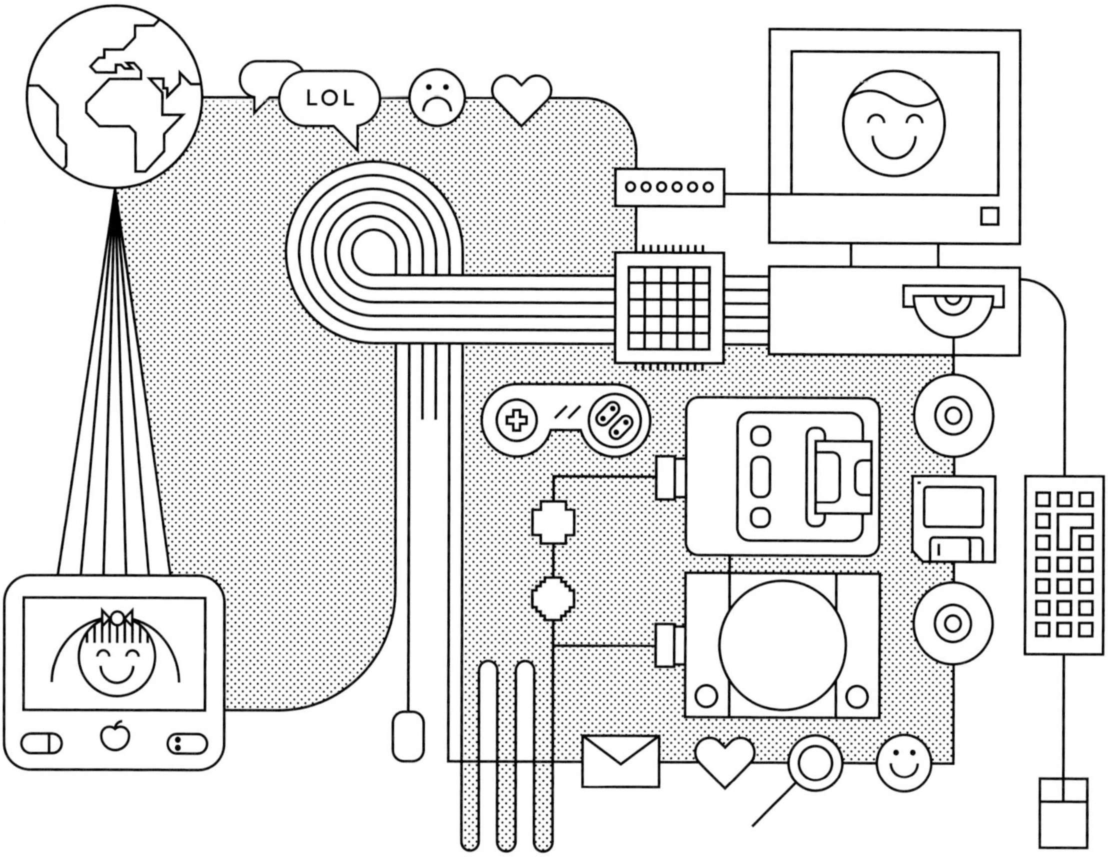

»EINE WAHRE GOLDGRÄBERSTIMMUNG«

DER DIGITALE PIONIERGEIST IN DEN 1990ER JAHREN

Ξ Interview mit Petra Fröhlich

Die Digitalwelt hat in den letzten Jahrzehnten große Entwicklungssprünge gemacht, neben technischen Verbesserungen zählt dazu auch ihre Alltagsrolle. Heute sind Computer selbstverständliche Haushaltsgegenstände und auch das Internet gehört zum gebräuchlichen Kommunikations- und Informationsmittel. Das war in den 1990ern noch anders.

Wie haben Sie diesen Wandel empfunden, was machte die Faszinationskraft von Computern zu Beginn der Neunziger aus und welchen Einfluss hatte die noch vergleichsweise geringe Verbreitung von Computern auf das Lebensgefühl der Nutzer?

Es ist sicher nicht übertrieben zu behaupten, dass es sich bei den »Computerfreaks« der 1980er und 1990er um einen elitären Zirkel handelte. Denn im Gegensatz zu heute erforderten die Geräte erhebliche Einarbeitungszeit und intensive Beschäftigung mit Hard- und Software. Beispielsweise musste man sich mit kryptischen Textkommandos und dicken Handbüchern herumschlagen. Ich kann mich noch gut erinnern, dass die Weihnachtsfeiertage Mitte der 1980er davon überschattet wurden, dass unser frisch erworbener Familien-PC partout keine deutsche Tastaturbelegung zuließ. Erst durch intensives Handbuch-Studium stellte sich heraus, dass sich dies mit der formschönen Anweisung »KEYBGR« korrigieren ließ, die vorzugsweise in der Datei »AUTOEXEC.BAT« unterzubringen war – darauf musste man erstmal kommen. Allein durch solche Schikanen war die Zahl der Nutzer eingeschränkt. Der Informationsbedarf durch Zeitschriften und Bücher war in dieser Vorzeit des Internets entsprechend groß. Erst mit zunehmender Verbreitung von Windows, Maussteuerung und CD-ROM-Laufwerken änderte sich das allmählich.

Die Benutzung eines Computers war also noch mit einigem Aufwand verbunden und konnte sicherlich manchmal sehr frustrierend sein. Weshalb hat man das überhaupt gemacht, was hat einen motiviert, dabeizubleiben?

Ein eigener Heimcomputer war mindestens in den 1980ern eine kleine Sensation. Unser damaliger Nachbar hatte sich für die Büroarbeit einen Amiga 2000 aufschwatzen lassen, vergnügte sich aber mangels geeigneter Software mehr mit dem mitgelieferten Malprogramm. Stolz führte er vor, wie eingetippte Wörter aus dem Lautsprecher krächzten. Kurzum: Wer sich einen PC gönnte und Einarbeitungszeit investierte, wurde mit echten »Wow!«-Erlebnissen belohnt. Das galt natürlich explizit für Spiele und Multimedia-Anwendungen.

Man könnte von den frühen 1990er Jahren als einer »doppelten Pionierzeit« sprechen: Zum einen kam das World Wide Web auf, zunächst eine esoterisch anmutende Veranstaltung für Nerds. Zum Ende des Jahrzehnts aber hatte sich der Verbreitungsgrad enorm erhöht. Wie haben Sie diese Entwicklung erlebt, welche Faktoren haben zu dieser »Normalisierung« des Internets beigetragen?

Auch das Internet war zunächst eine geschlossene Veranstaltung, weil die Zugangshürden in Form von Hard- und Software enorm hoch waren. Nur echte Nerds hatten den Nerv, sich mit fiepsenden Modems und anfälligen Akustikkopplern in unübersichtliche Foren und Mailboxen einzuwählen. Schon eineinhalb Jahrzehnte vor Facebook ermöglichte das Netz die Organisation von Communitys, die sich in Foren und Chats über Hobbys, Weltgeschehen und noch so obskure Themen austauschten. Anbieter wie Compuserve und AOL gestatteten schließlich auch Privatpersonen, zu überschaubaren Tarifen relativ einfach E-Mails zu versenden und im Netz zu surfen – dies war der Wendepunkt in Richtung Massenmarkt. Bemerkenswert finde ich, dass sich die wenigsten Angebote der Pionierzeit wirklich bis heute gehalten haben: Compuserve, Netscape und Altavista sind längst in der Versenkung verschwunden.

Zunächst war also die grundsätzliche Nutzung des Internets bereits ein »Nerd«-Ding – nachdem die ehemalige Nerd- zu einer Massenveranstaltung geworden war, müsste das Internet ja für vormalige Nutzer der ersten Stunde ein gutes Stück seiner Attraktivität eingebüßt haben. Hat das für manche den Antrieb gegeben, sich neue komplizierte Dinge zu suchen (bspw. Webprogrammierung), wodurch wiederum eine starke Verbreitung dieser weiterreichenden Fähigkeiten in den 1990ern stattfand – insgesamt also das Qualifikationslevel im Digitalbereich schnell und stark anwuchs? Diese »Vermassung« gewissermaßen als Grundlage für die Technologieschübe in den 2000ern?

Die digitale Welt bietet den *early adopters* seit jeher die Gelegenheit, sich abzusetzen – auch als Konsument. Unternehmen wie Apple profitieren von diesem Nimbus und haben mit iPod, iPhone und iPad bestehende Geschäftsmodelle auf den Kopf gestellt und neue Märkte geschaffen. Das Silicon Valley steht sinnbildlich für diese Entwicklung: Es ist sicher kein Zufall, dass Firmen wie Ebay, Amazon, Yahoo oder Google fast gleichzeitig Mitte bis Ende der 1990er gegründet wurden. Mit der zunehmenden Popularität dieser Angebote entstanden auch zahllose Nachahmer in Deutschland. Das Wachstum in den Feldern Internet und Telekommunikation hat eine wahre Goldgräberstimmung ausgelöst, die zu einer ganzen Welle an Firmengründungen – neudeutsch *Startups* – führte und schließlich in der Blase des Neuen Marktes gipfelte. Einige Akteure jener Zeit sind heute noch aktiv, etwa die Brüder Samwer, die mit dem Ebay-Klon Alando und dem Klingeltonanbieter Jamba die Grundsteine legten für Erfolgsstorys wie Zalando.

In den 1990er Jahren verbesserte sich zum anderen – die zweite Facette dieser »doppelten Pionierzeit« – auch die Computer-Hardware enorm und führte Komponenten ein, die noch heute fester Bestandteil der PC-Architektur sind (z. B. Disc-Laufwerke oder 3D-Karten). Damit vergrößerten sich natürlich auch die Kreativitätsspielräume von Softwareentwicklern. Inzwischen sind Computer- bzw. Konsolenspiele, anders als noch vor 15 bis 20 Jahren, ein gewissermaßen konventioneller Bestandteil der Freizeitgestaltung. Inwiefern stimmt der Eindruck, dass in den Neunzigern ein in dieser Hinsicht bedeutsamer Qualitätssprung stattfand, weg von den »8-Bit-Achtzigern« hin zu zunehmend realistischeren Spieleerfahrungen, wie sie gegenwärtig möglich sind? Kurz: Waren die 1990er ein technologisch revolutionäres Jahrzehnt?

Die vergangenen zehn Jahre haben die Spieleindustrie nur bedingt vorangebracht – einzig die Bewegungssteuerung von Nintendos Wii würde ich als echte Innovation bezeichnen. Die 1990er hingegen waren in der Tat revolutionär, weil die bis dahin gängigen Disketten und Module durch optische Datenträger wie CD-ROM und DVD abgelöst wurden. Dies sorgte für gefühlt unendlichen Speicherplatz für Spieldaten – die bis dahin größte Hürde für Spiele-Entwickler. Auch Musik, Sound und Video machten einen riesigen Schritt nach vorne, weg vom Pieps-Sound hin zu CD-Qualität. Außerdem ermöglichten Windows 95 plus 3D-Grafikkarten völlig neue Spielideen, etwa das Genre der Action-Spiele. Die ersten Präsentationen von Spielen wie Rebel Assault, Doom oder Tomb Raider haben selbst hartgesottene Journalisten förmlich umgehauen. Die 2000er Jahre brachten mit dem DVD-Laufwerk und der Etablierung von Internet-basierten Mehrspieler-Modi lediglich ein »Schöner, besser, mehr«, aber keine wirklich grundlegend neue Technologie. Eine Playstation 4 ist heutzutage einfach »nur« eine grandiose, vielseitige, technisch ausgereifte Spielkonsole, aber kein Meilenstein. Der nächste große Schritt liegt meines Erachtens bei *Virtual-Reality*-Ansätzen, so wie sie Microsoft mit HoloLens anstrebt.

Hat sich zudem generationell etwas verändert, sehen Sie – auch aus Ihren Erfahrungen in der Redaktion eines großen Spielemagazins – markante Unterschiede zwischen Leuten, die sich schon in den 1980ern mit PC-Software beschäftigt haben, und solchen, die – allein schon altersbedingt – damit erst in den späten 1990ern, gar erst in den 2000er Jahren begannen? Lassen sich hier möglicherweise auch Spannungen bemerken zwischen jenen, die als Pioniere experimentell voranschritten, und jenen, für die diese einst unkonventionellen Tätigkeiten heute massentaugliche Alltagsaktivitäten darstellen?

Wer die 1990er oder gar die 1980er Jahre miterlebt hat, darf sich zu den Pionieren zählen und ist natürlich – wie bei vielen anderen popkulturellen Phänomenen – sehr anfällig für nostalgische Verklärung. Das erklärt die anhaltend große Popularität von Retro-Themen. Zudem ist dieser Personenkreis deutlich kritischer gegenüber Themen wie Datenschutz, Privatsphäre, Online-Aktivierung von Software oder Geschäftsmodellen wie etwa dem Free2play-Ansatz. Mit all diesen Themen gehen jüngere Semester nach meiner Beobachtung deutlich gelassener um, weil sie mit diesen Mechanismen groß geworden sind. An dieser Stelle gibt es durchaus eine Art Generationenkonflikt.

Um diese Frage noch etwas weiterzuspinnen: Wir haben den Eindruck gewonnen, dass sich Kindheiten in den 1980ern/frühen 1990ern ganz entschieden danach trennten, ob man »Computer« oder »draußen« spielte. Auch danach spalteten sich die Lebensstile der Jugendlichen bzw. jungen Erwachsenen in – überspitzt dargestellt – die Computernerds, vor allem PC-Rollenspieler, und die alternativen »Ökos«. Dabei verorten sich die Angehörigen beider »Lager« heute zumindest politisch oft ganz ähnlich. Wie verhält es sich hier mit Abgrenzungsbemühungen und Überschneidungen?

Computer und Technik üben gerade auf Kinder und Jugendliche eine unglaubliche Faszination aus. In den 1980ern und 1990ern war dies noch deutlich ausgeprägter als heute, weil die Gadgets so selbstverständlich geworden sind. Selbst in Grundschulen werden Sie heute Schwierigkeiten haben, Kinder ohne eigenes Smartphone auszumachen. Und diese Geräte werden hauptsächlich für dreierlei genutzt: Kommunikation, also Chats, Facebook etc. Zweitens Video, vorwiegend über Youtube. Und drittens Spiele. Gleiches gilt mit leicht unterschiedlicher Ausprägung auch für ältere Semester und zunehmend auch für einen Personenkreis jenseits der 50. Diese Unterscheidung in *Gamer* und *Non-Gamer* ist heutzutage also kaum noch seriös möglich, weil immer und überall, zu jeder Tages- und Nachtzeit gespielt werden kann. Die finanziellen und technischen Zugangshürden der 1980er und 1990er sind passé – und damit natürlich auch ein Stückweit des elitären Denkens, das die Computernerds nur zu gerne zur Schau trugen. Um sich innerhalb der Masse an Gamern heutzutage abzusetzen, muss man schon professionellen *E-Sport* oder zumindest einen erfolgreichen *Let's-Play*-Kanal betreiben.

Das elitäre Denken war ja aber, so der subjektive Eindruck, nicht nur den Computer-Nerds zu eigen, sondern auch und besonders den völlig Computer-Fernen, die jede Beschäftigung mit dem PC vehement ablehnten, für die gerade PC-Spiele ein völlig intolerables Hobby – auch für ihre Kinder – darstellten. Wie kam es zu dieser »Lagerbildung« – und inwieweit ist da besonders bei den PC-Kritikern Unwissenheit, auch engstirnige Voreingenommenheit »im Spiel«?

Man kann es Spiele-Laien kaum verdenken, wenn sie beim ausschnittsweisen Betrachten von Ego-Shootern wie Call of Duty oder Far Cry an der geistigen Zurechnungsfähigkeit des Spielers zweifeln. Schließlich werden im Akkord ganze Hundertschaften an Pixelgegnern ausgeschaltet, was zuweilen mit einer erschreckend-faszinierenden »Liebe zum Detail« inszeniert wird.

Hinzu kommt, dass sich gerade Online-Rollenspiele trotz leichter Zugänglichkeit sehr schnell zu wahren Komplexitätsmonstern entwickeln, die nur mit viel Übung und intensiver Beschäftigung beherrschbar sind. Ein Problem für das Medium Spiel ist auch die fehlende oder zurückhaltende Kommunikation der Games-Branche. Die Spiele-Industrie ist traditionell eher defensiv unterwegs, wenn es um absolut legitime Forderungen nach mehr Kinder- und Jugendschutz oder aktiver Suchtprävention geht. Nach den Amokläufen von Winnenden und Erfurt versteckte sich die Branche unter einem Stein und hoffte, dass der Sturm an ihr vorüberzieht. In diesen Diskussionen vertraten die Jugendschutz-Hardliner aus der Politik ihre Positionen eloquenter und fanden dementsprechend mehr Gehör. Das war nicht hilfreich. Die Spiele-Industrie und ihre Nutzer haben allen Grund, selbstbewusst aufzutreten und die kulturellen und technischen Qualitäten von Spielen zu betonen – große Messen wie die Gamescom oder der von der Bundesregierung unterstützte Deutsche Computerspielpreis tragen dazu bei, das Profil in der Öffentlichkeit zu schärfen.

In Soziologie und Politikwissenschaft ist häufig von Mentalitäten die Rede. Unterscheiden sich die 1990er von den 2000er Jahren »mental«, bspw. hinsichtlich eines bestimmten Zeit- und Pioniergeistes – der möglicherweise das Aufkommen von besonders exzentrischen wie energischen Visionären oder ganz allgemein die Häufung eines bestimmten Typus von Entwickler begünstigte? Kurz: Hat sich in dieser Hinsicht Ihrem Eindruck nach etwas in der Digitalbranche verändert?

Entwicklerteams in den 1990ern bestanden häufig nur aus einer Handvoll Leuten, verglichen mit den Hunderten Programmierern und Grafikern, die heute an Spielen wie Assassin's Creed, FIFA, World of Warcraft oder Battlefield arbeiten. Umso wichtiger war die Rolle des Spieldesigners und so erklärt sich auch der Aufstieg von Legenden wie Richard Garriott, Peter Molyneux, Will Wright, Ron Gilbert oder Warren Spector. Stars wie Sid Meier konnten sich nur in Begleitung von Personenschutz auf Messen wagen. Diese Zeiten sind längst vorbei. Seit dieser Epoche sind nur ganz wenige namhafte Entwickler dazugekommen, darunter Minecraft-Schöpfer Notch. Während die IT-Industrie mit Mark Zuckerberg, Jeff Bezos oder Larry Page auch nach der Ära von Bill Gates oder Steve Jobs noch Visionäre hervorgebracht hat, definieren sich börsennotierte Spiele-Weltmarktführer heute über ihre Milliarden-schweren Marken und nicht mehr über ihre »Gurus«. Ich würde schätzen, dass neun von zehn Hardcore-Computerspielern nicht in der Lage sind, den Namen des Executive Producers oder Lead Game Designers ihres Lieblingsspiels zu benennen.

Das Interview führten Robert Lorenz und Katharina Rahlf.

Petra Fröhlich, geb. 1974, ist Journalistin und spezialisiert auf das Themengebiet Computer- und Videospiele. Schon im Teenager-Alter schrieb sie mehrere Bücher und veröffentlichte Dutzende von Magazinbeiträgen. Als Chefredakteurin lenkte Petra Fröhlich mehr als 15 Jahre lang die Geschicke der Fachzeitschrift *PC Games* und war u. a. verantwortlich für die Website pcgames.de sowie marktführende Zeitschriften wie *play4*, Deutschlands meistverkauftes Playstation-Magazin. Ende 2014 hat sie Computec Media nach 22 Jahren verlassen und vor Kurzem ein eigenes Unternehmen gegründet.

PERSPEKTIVEN

»ZACK, UND MORGEN IST DA 'NE AUTOBAHN.«

WIE UNTERNEHMER POLITIK UND GESELLSCHAFT SEHEN – ERGEBNISSE EINES AKTUELLEN FORSCHUNGSPROJEKTS IN ZWANZIG PUNKTEN

Ξ Stine Marg / Franz Walter

1. Das Göttinger Institut für Demokratieforschung hat zwischen September 2013 und August 2014 in circa 250 Gesprächsstunden rund 160 Manager, Gesellschafter, Vorstandsvorsitzende, Betriebsdirektoren, Geschäftsführer und Unternehmer zu ihrem Politik- und Gesellschaftsbild, ihrer persönlichen Biografie, ihren Wertvorstellungen und einigem mehr befragt. 20,3 Prozent der untersuchten Unternehmer waren weiblichen, 79,7 Prozent männlichen Geschlechts. Von der Altersstruktur her bildeten die 46- bis 55-jährigen Unternehmer mit 41,1 Prozent die größte Gruppe. Über die Hälfte der Befragten verfügte über einen Universitätsabschluss, 28,8 Prozent wurden promoviert. 52 Prozent hatten an der Universität ein wirtschaftswissenschaftliches Erstfach belegt. Die Quote der Juristen belief sich auf 8,2 Prozent. Verheiratet waren drei Viertel der Gesprächsteilnehmer. 20,4 Prozent der von uns befragten Unternehmer waren kinderlos; 10,2 Prozent wiesen vier Kinder und mehr aus. Einen Migrationshintergrund gaben 12,6 Prozent an. Politisch ordneten sich 61,7 Prozent rechts der Mitte ein; 55 Prozent gaben an, bei den Bundestagswahlen 2013 die CDU/CSU, 23 Prozent die FDP gewählt zu haben. 20,6 Prozent fungierten an der Spitze von Unternehmen, die bereits vor 1900 entstanden waren. Bei 11,8 Prozent der Unternehmen fiel die Gründung in die Dekade zwischen 2000 und 2010.

2. Die Untersuchungen zeigen, dass eine deutliche Mehrheit der Topmanager hierzulande über keine nachhaltig prägenden, sondern nur episodenhafte Auslandserfahrungen verfügt. Insbesondere in mittelständischen Familienunternehmen stehen *Expats*, wie man solche in die Fremde entsandten Mitarbeiter aus Führungsetagen zu nennen pflegt, nicht im hohen

Ansehen. Der materielle Aufwand dafür gilt als zu hoch. Im Übrigen werden im regionalen Umfeld groß gewordene und beruflich ausgebildete Führungskräfte, die das Leben und die Menschen dort im persönlichen Umgang kennenlernten, höher geschätzt als die ihrer Heimat entfremdeten Globetrotter des Kapitals.

3. Obgleich die Leitungsetagen der großen Unternehmen nicht ganz so stationär ausgerichtet sind, kumulieren sich auch hier, jedenfalls in den Bereichen Industrie und Handel, weitaus weniger Studien- oder Berufsjahre jenseits der deutschen Grenzen, als vielfach vermutet. Kurze Hospitationen oder begrenztes Schnuppermanagement in den USA und England machen sich zwar gut für den Lebenslauf, längere Abwesenheiten vom primären Firmensitz aber werden durch eine schwer zu revidierende Aufstiegsblockade bestraft. Die »Hauskarriere« ist weiterhin der repräsentative Weg nach oben.

4. Die Entwicklungen seit 2008 haben Familienunternehmer in erster Linie nicht (zumindest nicht ausschließlich) als bedrückende Krise, sondern (ebenso) als große Genugtuung wahrgenommen. Zuvor galten sie vielfach schon als Fossile einer untergegangenen Epoche der Industriegesellschaft. Gegenwärtig aber rechnet man den Familienunternehmern an, dass Deutschland im Vergleich zu vielen anderen Ländern in der aktuellen Krise der Ökonomie seit 2008 vergleichsweise kommod dasteht. Was wenige Jahre zuvor noch als anachronistische Folklore verspottet wurde – die patriarchalische Sorge um die Belegschaft, die Heimat- und Ortsverbundenheit, der Stolz auf die hoch spezialisierte Produktfertigung, die auch haushälterisch fundierte Langfristigkeit der Betriebsplanung, die Bedeutung der Generationenfolge und der innerfamiliären Nachfolgeregelungen – ist zum Aushängeschild und Stabilitätsanker der Wirtschaft in Deutschland avanciert.

5. Es ist der Vergleich, der Blick nach außen, der die Zufriedenheit, auch Selbstzufriedenheit der Unternehmer in Deutschland zuletzt begründete. Die deutschen Wirtschaftskapitäne fühlen sich im Vergleich zu Frankreich, Italien und auch Großbritannien im Vorsprung. Dank dieser Stimmung tauchte die wirtschaftliche Elite auch zuvor umstrittene, von ihr zeitweise heftig attackierte Bestandteile des deutschen Sozialmodells jetzt in milderes Licht. Die industrielle Mitbestimmung firmiert nicht mehr überwiegend als Hemmnis freien Wirtschaftens, sondern als ein sehr vernünftiges Instrument, um Konflikte – anders als etwa in Frankreich – nicht in Konfrontationen ausarten zu lassen, sondern in produktive Übereinkünfte zu transferieren. In der verständigen, auch institutionalisierten Kooperation zwischen Kapital, Arbeit und Staat verfüge die deutsche Wirtschaft – im Unterschied zu Großbritannien – über eine Erfolgsformel für gutes Wirtschaften in komplexen Gesellschaften.

6. Einige klassische Feindbilder im Wirtschaftsbürgertum scheinen verblasst zu sein. Über Gewerkschaften wird nicht mehr geschimpft. Eher werden deren Repräsentanten als vernünftige Leute dargestellt, die zu den wenigen gehören, denen man Funktion und Nutzen industrieller Produktion für die Wohlfahrt dieses Landes nicht erst noch erklären muss. Das Schreckensszenarium bedrohlich wachsender Kampfbataillone roter Proletarier ist gänzlich aus den Angstträumen deutscher Unternehmer verschwunden. Erst recht löst die Sozialdemokratie keine akuten Furchtsamkeiten mehr aus. Im Gegenteil, wenn Manager politische Personen benennen sollen, die ihnen zusagen, schwärmen sie (neben Franz Josef Strauß) ganz überwiegend für tote oder lebendige Sozialdemokraten: von Herbert Wehner über Willy Brandt bis hin zu Helmut Schmidt, die allesamt als kantig und kernig gewürdigt werden, denen es um die Sache gegangen sei, nicht um stromlinienförmige Anpassung und puren Karrierismus. Als Held schlechthin figuriert in der Unternehmererzählung der bislang letzte sozialdemokratische Bundeskanzler, Gerhard Schröder.

7. Nicht Gewerkschaften, nicht sozialdemokratische Parteien, nicht einmal die LINKE oder notorisch kritikfreudige NGOs sind die Hauptfeinde der Wirtschaftselite, sondern »die Medien«. Kein Stichwort bringt sie mehr in Rage: Medien »pauschalisieren«, »skandalisieren«, betrieben »Hetzjagden«, »treten Lawinen los«, »schlachten Menschen«, »vernichten Personen«, »zerstören Lebensleistungen«, »nageln Menschen an die Wand«, »schmeißen mit Dreck«. Nirgendwo sonst fallen die Charakterisierungen und Etikettierungen der Unternehmer so martialisch aus, oft geradezu mit tiefer Verachtung und größter Abscheu ausgespien. Bemerkenswert ist, dass die Unternehmer ganz den Glauben an einen Qualitätsjournalismus verloren haben. Kaum einer der von uns befragten Unternehmer hält die *Frankfurter Allgemeine Zeitung* im Abonnement, auch nicht *Die Welt*. Die Sphäre des wirtschaftlichen Bürgertums und der Kosmos bürgerlicher Medien fallen keineswegs mehr wie von selbst zusammen. Ein Leitmedium kennen und besitzen die Unternehmer nicht (mehr).

8. Die FDP war vielen Unternehmern in den letzten Jahren oft genierlich. Aber dass die Partei im Deutschen Bundestag nicht länger vertreten ist, bereitet ihnen gleichwohl Sorgen. Denn kongenial vertreten fühlen sie sich durch keine Partei im Parlament mehr. Ein Großteil der Unternehmer empfindet sich nunmehr als politisch heimatlos.

9. Es dürfte derzeit keine andere Gruppe in Deutschland geben, die den Begriff der »Vision« derart vehement und rundum positiv im Munde führt wie die wirtschaftliche Elite. Ihre Zugehörigen erwarten eine Vision für die

Politik in Europa und in der Welt im 21. Jahrhundert. Und sie verargen der deutschen Bundeskanzlerin, etwas Derartiges weder liefern zu können noch überhaupt zu wollen. Allerdings haben die ökonomischen Führungskräfte auf diesem Gebiet – außer abgedroschene Sentenzen (»Innovation«, »Optimierung«) – ebenfalls kaum etwas beizusteuern.

10. Man stößt in der Unternehmerschaft nicht auf die exzessive, mitunter enthemmt herausgepolterte Politikerverachtung, wie sie in anderen gesellschaftlichen Milieus der Republik anzutreffen ist. Kaum jemand der vom Göttinger Institut für Demokratieforschung befragten Unternehmer kam auf den Gedanken, über zu üppige Diäten von Abgeordneten zu schimpfen. Im Gegenteil: Fast alle bedauerten die aktiven Politiker für die geringe materielle Kompensation ihrer Mandatstätigkeit. Spitzenpolitiker in Deutschland verdienen zu wenig – in diesem Befund sind sich Unternehmer einig.

11. Menschen, die ihre Sensibilitäten und Schwächen zelebrieren, die ausufernd sinnieren, Skrupel offenbaren, zu Zweifeln neigen, sind Unternehmern fremd. Zumindest dürfen sie nichts davon bei sich zulassen. Intellektualität, davon sind die meisten überzeugt, geht zulasten der entschlossenen Tat und der klaren Linie. Große geistige Interessen jenseits des Unternehmerischen findet man in der Tat nur bei wenigen; ästhetische und literarische Ambitionen, die Führung gar – gewissermaßen in der Nachfolge von Walther Rathenau – eines intellektuellen Salons, sind kaum oder gar nicht auszumachen.

12. Unternehmer lieben die Selbstzuschreibung, 24 Stunden am Tag alles für die Firma zu geben. Kaum etwas fürchten wirtschaftliche Eliten mehr als Untätigkeit, Ruhe, Bewegungslosigkeit. Für sie muss es immer weitergehen, schneller laufen, höher steigen. Sie können sich regelrecht echauffieren, wenn man ihnen Probleme in der *Work-Life-Balance* attestiert, stören sich schon an der Begrifflichkeit, der einige mit ätzendem Hohn begegnen. Für viele ist *Work* gleich *Life*. Und sie mögen nicht einsehen, was daran schlecht sein soll.

13. Würde man die exzessive Arbeitsfixierung als Sucht diagnostizieren und sie mit den gängigen Beschreibungen aus der *Burnout*-Literatur ausleuchten wollen, dann müsste es um das Familienleben vieler Unternehmer denkbar schlecht bestellt sein. Aber die allermeisten bekräftigen, wie wichtig ihnen die Familie sei, ihre exklusive Tankstelle für Energie und Lebenslust, der Anker schlechthin. Familiäre Schwierigkeiten und Belastungen werden extern nicht zum Thema gemacht, sei es, weil man einen Einblick in solche private Sphären nicht gewähren möchte, sei es, weil moderne Unternehmerfamilien ihre Rollen mittlerweile so ausgefächert und, im Vergleich zu früheren Zeiten, in lose verkoppelte Selbstständigkeiten überführt haben, dass Bitterkeiten über Vernachlässigungen und Vereinsamung kaum (noch) aufkommen.

Über siebzig Prozent der Partner der von uns interviewten Unternehmer sind selbst berufstätig.

14. Auch plagt die jetzt aktive Unternehmergeneration keine unangenehmen Erinnerungen an die eigene Kindheit und die familiäre Herkunft. In Unternehmerbiografien über die Pioniere der Industrialisierung, aber auch in weiten Teilen (noch) für die Zeit danach überwiegen problematische Lebensgeschichten, mit früh verstorbenen Vätern und vorzeitiger Verantwortung für eine sonst vom sozialen Absturz bedrohte Familie. Von solchen Kindheits- und Lebensgeschichten war in den Gesprächen, die die Quellenbasis der neuen Göttinger Erhebung bilden, nicht mehr die Rede. Familiäre Harmonie, intakte Elternschaften, gelungene Sozialisationen, ein kalkulierbarer Fortgang von Schule über Universität in die Position des Managementnachwuchses bis schließlich an die Spitze eines Unternehmens scheinen offenkundig in der aktuellen Generation der Wirtschaftselite in Deutschland weit eher die Regel als eine Ausnahme zu bilden.

15. Bereits in den 1980er Jahren hatte der Religionssoziologe Franz-Xaver Kaufmann einen deutlichen Rückgang der Kirchenorientierung bei deutschen Unternehmern nachgewiesen. Über Korrelationen zwischen Kirchenbindung und sozialen Aktivitäten ließ sich zugleich feststellen, dass die kirchenabständigen Unternehmer sehr viel weniger bürgergesellschaftliches Engagement zeigten als diejenigen, die sich weiterhin als praktizierende Gläubige betätigten. Mitte der 1960er Jahre wies eine Untersuchung unter deutschen Managern einen Anteil von 72 Prozent Zugehörigen zur evangelischen Kirche und 18 Prozent zur katholischen Kirche aus. Zehn Prozent gehörten keiner oder einer anderen Glaubensgemeinschaft an. In unserem Sample für die Studie 2013/14, das allerdings ebenso wenig unzweifelhafte Repräsentativität beanspruchen kann wie die der 1960er, zeigen sich andere Proportionen. Der Katholikenanteil liegt bei 21,3 Prozent; das evangelische Segment umfasst 37,5 Prozent. Die größte Gruppe aber bilden nun die Konfessionslosen mit 39,7 Prozent. Dazu gesellen sich noch 1,5 Prozent muslimische Unternehmer. Einige Religionssoziologen sehen im Anstieg der Nicht-Kirchlichkeit die Ursache für einen Rückgang der gesellschaftlichen Teilhabe. Tatsächlich lässt sich aufzeigen, dass auch in der unternehmerischen Beletage der praktizierte Gemeinsinn zuletzt zurückgegangen ist.

16. Kein Interesse haben Unternehmer daran, ihre Anliegen selbst und unmittelbar in den politischen Raum hineinzutragen, dort als Mitglieder und Mandatsträger von Parteien Anhänger und Mehrheiten zu gewinnen, Gesetzesvorstöße auf den parlamentarischen Weg zu bringen. In der Weimarer Republik standen Topmanager, wie etwa Walther Rathenau, Wilhelm Cuno,

Carl Friedrich Siemens, Hugo Stinnes oder Alfred Hugenberg, noch im Zentrum der politischen Auseinandersetzungen. In der bundesrepublikanischen Parlamentsgeschichte ist der Anteil politisch aktiver Unternehmer kontinuierlich abgeschmolzen.

17. Die meisten von ihnen fühlen sich von den Gepflogenheiten und Verfahrensweisen in der Politik abgestoßen. Allein der Gedanke, sich einer Fraktionsdisziplin unterordnen zu müssen, ist ihnen ein Gräuel. Die Vorstellung, sich erst in einer langen Ochsentour nach oben zu robben, um dann im Parlament erst mal ganz hinten zu sitzen und sich demütig in Geduld wie Bescheidenheit zu üben, verleidet ihnen alle etwaigen Absichten auf eine politische Karriere. Die Unternehmer scheuen die Politik nicht, weil es ihnen an Initiative oder Elan fehlt. Sie meiden die Politik vielmehr, weil dort Initiativen rasch erstickt, der anfängliche Impetus ausgebremst, noch das klügste Konzept so kleingehäckselt werde, dass über kurz oder lang alle Qualität vernichtet sei. So jedenfalls stellt sich die unternehmerische Sicht auf die negativen Effekte des Politischen mehrheitlich dar.

18. Wichtiger ist ihnen der Rechtsstaat. Er schützt sie vor Willkür, sichert langfristige Kalkulationen, ermöglicht berechenbare Geschäftsbeziehungen. Das alles ist konstitutiv. Und oft, wenn Unternehmer positiv von »unserer Demokratie« reden, meinen sie damit offenkundig die stabile Rechtsstaatlichkeit. Gegenüber der Demokratie, verstanden als Volkssouveränität, hegen sie dagegen durchaus Bedenken. Denn dem Volk, der »breiten Masse«, trauen sie Einsicht und Rationalität nicht recht zu. Daher besitzt die übergroße Mehrheit der Unternehmer trotz aller Einwände gegen die Überkomplexität und Gemächlichkeit parlamentarischer Repräsentation keine Sympathien für direktdemokratische Alternativen. Für sie bringt die Referendumsdemokratie vielmehr alle negativen Seiten des demokratischen Reglements erst recht besonders scharf zum Ausdruck.

19. Dass Marktwirtschaft und Demokratie ein Tandem bilden müssen, an diesem Lehrsatz der letzten Jahrzehnte zweifeln allmählich mehr Unternehmer. In diesem Zusammenhang fällt unweigerlich das Stichwort »China«. Im rasanten Tempo des globalen Wettbewerbs könnte das chinesische Modell am Ende die Nase vorne haben, argwöhnen einige der von uns befragten Führungskräfte. Denn dort werde nicht lange herumpalavert, übertolerant mit Minderheiten umgegangen, bei Bautätigkeiten auf Bürgerbegehren Rücksichten genommen. In China laufe es so: »Zack, und morgen ist da 'ne Autobahn.«

20. Die Härte der Sozialkonflikte, in der die ersten Generationen von Wirtschaftsführern groß geworden waren, ist der gegenwärtigen Managerriege bislang unbekannt geblieben. Besorgte Beobachter aus dem Kreis des

Wirtschaftsbürgertums befürchten dadurch einen Mangel an Vitalität, an elementaren Willenskräften, um sich auch gegen heftigen gesellschaftlichen Widerstand zu behaupten. Der Nachwuchs jedenfalls bereitet Kummer, da es dem Vernehmen nach für (Familien-)Unternehmen immer schwieriger wird, Nachfolger für die Geschäftsführung zu finden. In keinem anderen Industrie- und Schwellenland fällt offenkundig bei Bürgern unter 35 Jahren die Einstellung zur Selbstständigkeit so negativ aus wie in Deutschland.

Die Darstellung der Untersuchungsergebnisse insgesamt erscheint mit Nachweisen im Detail als zweite BP-Gesellschaftsstudie des Göttinger Instituts für Demokratieforschung Ende März 2015 im Rowohlt-Verlag: Franz Walter u. Stine Marg (Hg.), Sprachlose Elite? Wie Unternehmer Politik und Gesellschaft sehen, Reinbek 2015.

Dr. Stine Marg, geb. 1983, hat in Göttingen Geschichte und Politikwissenschaft studiert und arbeitet am Göttinger Institut für Demokratieforschung. Sie beschäftigt sich vorwiegend mit dem Bereich der Politischen Kulturforschung.

Prof. Dr. Franz Walter, geb. 1956, ist Professor für Politikwissenschaft an der Universität Göttingen.

KOMMENTAR

DER TOD ALS POLITISCHES EREIGNIS

ANMERKUNGEN ZU DEN ISLAMISTISCHEN ATTENTATEN DER LETZTEN ZEHN JAHRE

Ξ Karin Priester

Bei der Integration von Menschen unterschiedlicher ethnischer oder religiöser Herkunft werden zwei Modelle unterschieden, der französische Republikanismus und der britische oder niederländische Multikulturalismus. Aber nicht erst seit dem Attentat auf die französische Satirezeitschrift *Charlie Hebdo* gelten beide als gescheitert.[1] Während französische Soziologen inzwischen einen »gemäßigten Multikulturalismus« oder Interkulturalismus propagieren, erklärt Premierminister Manuel Valls, Multikulturalismus führe nicht zu Integration, sondern zu Ghettobildung und Pluralisierung von Identitätsvorstellungen, die mit dem Ideal der einen, unteilbaren Republik Frankreich unvereinbar seien.

Die islamistischen Attentate der letzten zehn Jahre verweisen aber nicht nur auf kulturelle, sondern vor allem auf soziale Probleme. In den Ballungszentren Europas und in strukturschwachen ehemaligen Industriegebieten hat sich seit den 1970er Jahren ein neues, ethnisch überformtes Subproletariat herausgebildet, das in einem Teufelskreis gefangen ist: geringe Qualifikation, Bildungsferne, hohe Kinderzahlen, alleinerziehende, überforderte Mütter, abwesende Väter, Devianz, fehlende positive Rollenvorbilder. Damit soll nicht behauptet werden, dass dies die *Ursachen* für islamistische Attentate sind, aber in dem komplizierten Geflecht von geopolitischen Rahmenbedingungen, außenpolitischen Optionen und international operierenden islamistischen Gruppen wie Al Qaida liegt hier das Rekrutierungsfeld für das relativ neue Phänomen der *homegrown terrorists.*

I.

Amédy Coulibaly, der im Zusammenhang mit dem Attentat auf *Charlie Hebdo* eine Polizistin und in einem jüdischen Supermarkt vier weitere Menschen

1 Vgl. das Interview von Alex Rühle mit dem französischen Terrorismus- und Rassismusforscher Michel Wieviorka, Eine emanzipatorische Katastrophe?, in: Süddeutsche Zeitung, 19.01.2015.

 INDES, 2015-1, S. 142–150, © Vandenhoeck & Ruprecht GmbH & Co. KG, Göttingen, 2015, ISSN 2191-995X

tötet, stammt aus einer Familie mit zehn Kindern. Er ist der einzige Junge; der Vater ist in das heimatliche Mali zurückgekehrt. Eine Ausbildung zum Radio- und Fernsehtechniker bricht Coulibaly ab, jobbt als Arbeiter und wird schließlich arbeitslos. Während eines vierjährigen Gefängnisaufenthalts lernt er einen der Brüder Kouachi kennen, die für die Morde in der Redaktion des Satiremagazins verantwortlich sind. Coulibaly ist mit einer aus Algerien stammenden Frau verheiratet, deren Mutter stirbt, als sie sechs Jahre alt ist; sie und ihre fünf Geschwister werden in Pflegefamilien untergebracht. Ihren Job als Kassiererin in einem Supermarkt gibt sie auf, als sie den Gesichtsschleier (Niqab) trägt. Vergessen ist das im Internet zugängliche Foto, das sie als freizügige, nur mit einem Kleinstbikini bekleidete Strandnixe an der Seite ihres muskulösen Mannes zeigt.

Die Brüder *Kouachi* wachsen nach dem Tod ihrer Eltern in einem Heim auf dem Land auf. Zurück in Paris, driften sie in Drogenhandel und -konsum ab. Cherif Kouachi arbeitet als Pizzabote und als Fischverkäufer in einem Supermarkt und strebt eine Karriere als Rapper an. Der ältere Bruder Saïd ist arbeitslos und lebt mit Frau und Kind von Sozialhilfe. Ähnlich auch die Vita des selbsternannten Predigers *Farid Benyettou*, der sich Emir (Befehlshaber) nannte und das islamistische Netzwerk der Buttes-Chaumont, einem Park in einem Pariser Außenbezirk, dominierte, als die Brüder Kouachi in sein Umfeld gerieten. Benyettou, Jahrgang 1981, stammt aus einer algerisch-französischen Familie mit vier Kindern. Nachdem der Vater die Familie verlassen hat, betätigte er sich als Kleinkrimineller, bevor er sich dem Salafismus zuwendet.

Der islamistische Attentäter *Mohamed Merah* stammt aus einer Familie mit fünf Kindern; die Mutter ist alleinerziehend. Nach einem Gefängnisaufenthalt trennt sich der Vater von der Familie und kehrt, als Mohamed sechs Jahre alt ist, in sein Heimatland Algerien zurück. Merah kann bald auf ein langes Register von Straftaten zurückblicken und arbeitet als Gelegenheitsschlosser in einer Autowerkstatt. 2012 tötet er in Montauban drei Soldaten, darunter einen Muslim, in Toulouse drei Kinder und einen Lehrer einer jüdischen Schule. Der in Frankreich geborene und aufgewachsene Algerienfranzose *Mehdi Nemmouche* verübt 2014 ein Attentat auf das jüdische Museum in Brüssel, bei dem vier Menschen ums Leben kommen. Im Alter von nur drei Monaten wird er wegen der psychischen Erkrankung seiner Mutter in ein Heim gegeben, obwohl zahlreiche Verwandte in der Nähe leben. Nach wechselnden Heimaufenthalten kommt er in eine französische Pflegefamilie, die mit ihm nicht zurande kommt; erst mit 17 Jahren zieht er zur Großmutter. Er gilt als introvertierter Einzelgänger, sucht aber schon in jungen Jahren die Nähe zu kriminellen Jugendbanden. Sein Vater ist unbekannt.

Nemmouche ist ein psychopathologischer Grenzfall, der wenig mit Religion, Ideologie und Politik zu tun hat, viel dagegen mit dem Sadismus von Schergen, die sich jedem mörderischen System andienen können, wenn sie Gelegenheit dazu haben. Trotz denkbar schlechter Sozialisationsbedingungen macht er Abitur, beginnt zwei Studiengänge, bricht aber beide ab. Während eines fünfjährigen Gefängnisaufenthalts (Raubüberfall und andere Gewaltdelikte) radikalisiert er sich und geht nach der Entlassung nach Syrien, wo er als Gefängnisaufseher tätig ist. Vier in Syrien inhaftierte französische Journalisten, die ihn über Monate erlebt haben, bezeugen seine Brutalität. Nächtelang habe er Gefangene gefoltert, ihnen anschließend Liebeslieder von Charles Aznavour vorgesungen und pünktlich zum Morgengebet seine abnorme Aktivität eingestellt.

Der aus Marokko stammende *Mohammed Bouyeri* ermordet 2004 in den Niederlanden den islamkritischen Filmemacher Theo van Gogh. Auch er gehört zur zweiten Generation einer Einwandererfamilie. Er ist der einzige Sohn von vier Geschwistern, besucht eine Hochschule, verlässt sie aber nach mehrfachem Studienfachwechsel ohne Abschluss. Den Krebstod der Mutter und die rasche Wiederverheiratung des Vaters soll er nur schwer verkraftet haben. Nach etlichen Delikten wird er inhaftiert und gerät im Gefängnis unter islamistischen Einfluss.

Zur Gruppe der Londoner Selbstmordattentäter vom 7. Juli 2005 gehört der in Jamaica geborene *Germaine Lindsay.* Auch er lernt nur instabile Familienverhältnisse kennen. Sein leiblicher Vater bleibt in Jamaica. Wechselnde »Stiefväter« ziehen bei der Mutter ein. 2000 konvertiert er mit ihr zum Islam und nimmt den arabischen Namen Jamal an. 2002 zieht die Mutter mit einem neuen Mann in die USA. Lindsay ist sich selbst überlassen, lebt von Gelegenheitsarbeiten und kommt bei dem Attentat mit 26 Toten und 340 Verletzten um. Der aus Somalia stammende *Yassin Omar* gehört zu einer Gruppe von vier Terroristen, die wenig später die Attentate vom 7. Juli nachahmen wollen, was aber misslingt. Als Kind gelangt er als Asylsuchender nach Großbritannien und wird der Fürsorge übergeben. Mit zwölf Jahren kommt er in eine britische Pflegefamilie, ist aber unfähig, Grenzen und Regeln zu akzeptieren. Er gilt als schwierig und verschlossen. Als Volljähriger bezieht er eine eigene Wohnung, geht aber keiner geregelten Tätigkeit nach. Fernsehen, Computerspiele, »Herumhängen« mit Freunden und bald schon der Bau von Bomben füllen seinen Tag aus.

II.

Die Brüder *Dschoschar* und *Tamerlan Tsarnaev,* die den Tod von drei Menschen und mehrere Hundert Verletzte zu verantworten haben, werden 2013 als die Marathon-Attentäter von Boston bekannt. Sie sind Muslime aus Tschetschenien. Seit 2002 lebt die Familie mit ihren vier Kindern in den USA, aber ihre Erwartungen an den amerikanischen Traum erfüllen sich nicht. Die Eltern werden sozial auffällig, sinken sozial ab, leben schließlich von Sozialhilfe, die Ehe zerbricht. Die Eltern kehren in den Kaukasus zurück. Der Ältere der Brüder gibt sein Studium auf und strebt eine Karriere als Boxer an. Sein Name war auf einer Datenbank der CIA erfasst, die Familie seit längerem den Behörden bekannt. Der jüngere Bruder wirkt besser integriert, ist ausdauernder Partygast und wird sogar Kapitän seines Wrestling-Teams. Aber er zeigt wenig schulischen Ehrgeiz und gilt als starker Haschischraucher. Kurzfristig ist er an einer Universität eingeschrieben. Als persönliche Prioritäten nennt er: Karriere und Geld.

Die aus Nigeria stammenden *Michael Adebowale* und *Michael Adebolajo* massakrieren 2013 in einem Londoner Vorort den britischen Soldaten Lee Rigby. Adebowales Vater trennt sich kurz nach dessen Geburt von der Familie. Der Sohn wächst bei der alleinerziehenden Mutter auf und schließt sich den *Woolwich Boys* an, einer 300 Mann starken Jugendgang meist aus Somalia stammender Muslime, die den örtlichen Drogenhandel kontrollieren. Adebowale wird aber nicht akzeptiert und zeigt Symptome einer Schizophrenie, hört Stimmen, hat psychotische Episoden und Erfahrung mit der Psychiatrie.

Der Algerienfranzose *Khaled Kelkal* gehört in den 1990er Jahren zur *Groupe Islamique Armé* (GIA) und wächst in einer Familie mit acht Kindern in einem Problemviertel von Lyon auf. Der biografische Bruch tritt mit dem Übergang ins Gymnasium ein. Hier erfährt er nicht nur kulturelle, sondern vor allem soziale Marginalisierung. Als einziger Araber der Klasse und Kind einer Arbeiterfamilie empfindet er die Mitschüler und Lehrer als kalt und desinteressiert. An der Schule und in seiner Klasse seien nur »Reiche«. Er lernt den post-kolonialen Alltagsrassismus kennen und vermisst das Gemeinschaftsgefühl. Er schwänzt den Unterricht, begeht kleinere Straftaten, wird wegen eines Gefängnisaufenthalts von der Schule relegiert. Erst im Gefängnis lernt er die arabische Schrift und entdeckt den Islam. Im Sommer 1995 ist er an zahlreichen Attentaten beteiligt, die aber noch im Zusammenhang mit dem algerischen Bürgerkrieg stehen.

Der deutsche Soziologe Dietmar Loch interviewte Kelkal im Zuge einer empirischen Feldforschung. Auf die Frage, was ihm der Islam bedeute, antwortet der junge Algerier: »Einer der größten Astronomie-Professoren Japans hat bestätigt, dass der Koran die Stimme Gottes ist. Auch der größte Wissenschaftler der NASA hat das bestätigt. [...] Wenn die größten Wissenschaftler das bestätigen, kann man es nicht mehr abstreiten.«[2] Diese wirre Mischung

2 Das Gespräch ist Teil eines umfangreichen Dossiers zum Leben und zu den Hintergründen von Kelkals terroristischen Aktivitäten, einsehbar unter https://upvericsoriano.files.wordpress.com/2009/06/dossier-khaled-kelkal.pdf [eingesehen am 20.12.2014]. Das Gespräch mit Loch ist auch erschienen in: Dietmar Loch, »Moi, Khaled Kelkal«, in: Le Monde, 07.10.1995.

aus moderner Wissenschaftsgläubigkeit und religiöser Überzeugung zeigt nicht nur das geringe, über Kassetten erworbene religiöse Wissen, sondern auch das ganze Ausmaß der kulturellen Entwurzelung. Ein Japaner und ein Amerikaner, aber kein Araber, bezeugen *wissenschaftlich* den Wahrheitsgehalt des Koran.[3]

III.

Am Werdegang dieser *homegrown terrorists* mit niedrigem sozialem Status fallen starke biografische und soziale Gemeinsamkeiten auf:

- Vaterlosigkeit: Entweder sind die Väter unbekannt oder sie trennen sich von den kinderreichen Familien. Vor allem die Jungen, nicht dagegen die Mädchen, entwickeln kaum Ausdauer bei der Verfolgung schulischer oder beruflicher Abschlüsse, haben »keinen Bock«. Schon in jungen Jahren geraten sie auf die schiefe Bahn, schließen sich Jugendbanden an und sind in Drogenhandel, Erpressungen oder Diebstähle involviert.
- Faszination durch westlichen Lebensstil: Freizügigkeit, Partys, Drogen, Geld, Markenkleidung durch unterschichtspezifische Karrieren als Rapper, Boxer, Fußballprofi oder Dealer. Der Westen erscheint nur als Abziehbild hedonistischer TV-Werbung.
- Suche nach einer kohärenten Weltsicht:

  »Unsere Eltern haben uns eine Erziehung gegeben, aber parallel dazu haben uns die Franzosen eine andere Erziehung gegeben, ihre Erziehung. Es gibt keine Kohärenz: ein bisschen dies, ein bisschen das, ein bisschen jenes. Nein, für mich muss es Prinzipien geben und Respekt.« (Khaled Kelkal)

- Dissoziation von Zielen und Mitteln: Die von der Mehrheitsgesellschaft propagierten Ziele und der Zugang zu den dafür erforderlichen Mitteln klaffen auseinander.
- Gefängnis als Ort der Radikalisierung: Als Kleinkriminelle gehen sie hinein, als Dschihadisten kommen sie heraus. Die Durchlässigkeit zwischen Delinquenz und Islamismus ist ein durchgängiges Merkmal.
- Rebellion und diffuse Schuldzuweisung an den »Westen«, die »Ungläubigen«, die »reichen Juden«.
- Brüder als Bezugspersonen: Auf die Frage nach dem Verhältnis zwischen seinen Geschwistern antwortete Kelkal: »Bei uns ist es vor allem der Vater und der Bruder.« Wo die Väter sich den Familien entziehen, übernehmen ältere Brüder die Rolle der männlichen Bezugsperson. Etliche islamistische Attentäter treten als Bruderpaare auf: die Brüder Tsarnaev, die Brüder

3 Der Fall des 22-jährigen Attentäters Omar Abdel Hamid El-Hussein, der am 14.02.2015 in Kopenhagen zwei Menschen umbrachte, konnte hier nicht mehr berücksichtigt werden. Aber nach den bisher bekannten Informationen passt er nahezu perfekt ins Bild: Der in Dänemark geborene Sohn palästinensischer Flüchtlinge wächst in einem Kopenhagener Problemviertel, einem trostlosen Ghetto mit hoher Bandenkriminalität, auf und hat früh Kontakt zu einer Jugendgang. Den Behörden war er wegen Gewalt- und Drogendelikten bereits bekannt. Nach einer Gewalttat muss er die Schule abbrechen und wird inhaftiert. Im Gefängnis radikalisiert er sich und äußert die Absicht, sich in Syrien dem »Islamischen Staat« (IS) anzuschließen. Er galt als nicht sonderlich religiös, ist aber wegen extrem judenfeindlicher Äußerungen aufgefallen. Zum Zeitpunkt der Tat absolvierte er ein Weiterbildungsprogramm und soll ein guter Schüler gewesen sein, aber auch zu geringer emotionaler Kontrolle und hoher Impulsivität geneigt haben.

Merah, die Brüder Kouachi, die Brüder Belhoucine und andere. Die Identifikation mit dem älteren Bruder ist oft stärker als die mit dem Vater. Auch die Mörder von Woolwich handeln, obwohl nicht miteinander verwandt, als Quasi-Bruderpaar. Der Ältere übernimmt auch hier die Führung.

Es ist verwunderlich, dass bei der Analyse des Werdegangs islamistischer Attentäter der letzten zehn Jahre keine Parallele zu den US-amerikanischen *Black Muslims* der 1960er Jahre gezogen wird, auch wenn es signifikante Unterschiede gibt. Schon in den 1930er Jahren predigte ein Hausierer mit obskurem Hintergrund in Detroit unter entwurzelten Schwarzen, die aus den Südstaaten in die Industriestadt gezogen waren, den Islam. Der bekannteste Black Muslim der 1960er Jahre ist *Malcolm X.*, geboren als Malcolm Little, aus einer Familie mit sieben Kindern stammend. Auch er geht biografisch den Weg vom Kleinganoven zum Propheten eines »schwarzen« Islam. Littles Vater wird tot auf Straßenbahnschienen gefunden, seine Mutter verschwindet in der Psychiatrie, die Kinder werden getrennt in Pflegefamilien untergebracht. Mit 15 Jahren ist Malcolm X. bereits ein Kleinkrimineller, mit zwanzig wird er zu zehn Jahren Gefängnis verurteilt.

Auch seine Wende tritt im Gefängnis ein. Er kommt mit der *Nation of Islam* in Berührung, die eine Rassentheorie mit umgekehrtem Vorzeichen propagiert: Das von Allah auserwählte Volk seien die Schwarzen, die Weißen dagegen eine Ausgeburt des Teufels. Das Christentum ist die Religion der weißen Unterdrücker. Dagegen bietet der Islam in der auf bildungsferne Schichten zugeschnittenen synkretistischen Form einen Ursprungsmythos, eine Ethik und einen Verhaltenskodex, in den Elemente der Protestantischen Ethik eingehen: Stärkung des Familienzusammenhalts, Triebkontrolle, Ausdauer, Strebsamkeit, Sparsamkeit, Verbot von Tabak-, Drogen- und Alkoholkonsum.

IV.

Die Lebenswege der jugendlichen *homegrown terrorists* dürfen nicht zu Psychologisierungen verführen und sie womöglich als die eigentlichen Opfer stilisieren. Aber sie verweisen mit großer Gleichförmigkeit auf die Lebensbedingungen eines städtischen Subproletariats: schwierige familiäre Verhältnisse, Heimeinweisung, Unterbringung in Pflegefamilien, abwesende Väter, überforderte, teilweise psychisch kranke Mütter, beengte Wohnverhältnisse in Problemvierteln, Arbeitslosigkeit oder prekäre Beschäftigungen. Zweifellos gehören sie zu den ethnisch und sozial Stigmatisierten, aber ihre Exklusion ist nicht total. Etliche von ihnen haben trotz widriger Lebensumstände ein Studium begonnen (Adebolajo, Bouyeri, Nemmouche, die Tsarnaevs), dann aber abgebrochen. »Ich hatte Chancen und Fähigkeiten, aber ich hatte überhaupt keine Motivation«, erinnert sich Khaled Kelkal.

Alle Attentäter galten vor ihrer Konversion als nicht sonderlich religiös und hatten nur bruchstückhafte, alltagstheoretische Vorstellungen.[4] Im Islam suchen sie nach Autorität, die von geistlichen, oft autodidaktischen Führern ausgeht, und nach Einbindung in eine Gemeinschaft, die Halt, Zugehörigkeit, Sinnhaftigkeit vermittelt. Das Hauptmotiv für die Wende vom Vorstadtganoven zum Kämpfer des heiligen Krieges ist aber das Bedürfnis nach Rache: Rache für den Einmarsch der Franzosen in Mali, Rache für den Tod Unschuldiger in Gaza, im Irak, in Syrien, Rache für den eigenen verfehlten Lebensweg, Rache für die Erschießung eines Kumpels durch die Polizei, Rache für irgendetwas, das in der Weltpolitik oder im persönlichen Nahbereich, in den Pflegefamilien oder im Kontakt mit Staatsorganen als Unrecht wahrgenommen wird.

Dennoch stellt sich die Frage: Warum der Islam? Es gibt in den genannten Ländern andere außereuropäische Minderheiten mit kolonialem Hintergrund, die Surinamesen in den Niederlanden oder die Vietnamesen in Frankreich, die keine Terroristen hervorbringen. Die beiden aus Nigeria stammenden Attentäter waren christlich erzogen worden und hatten weder ethnisch noch religiös einen Bezug zur arabisch-muslimischen Welt, dem Epizentrum des Islamismus.

Schon bei den Black Muslims der 1960er Jahre zeigte sich indessen, dass der Islam – auch in verballhornter Form – nach dem Niedergang des Kommunismus die einzige Ideologie ist, die als *politische* Herausforderung des Westens in Frage kommt: Mit dem Begriff der *Umma* vertritt sie eine holistische Weltsicht und lehnt die Trennung von Kirche und Staat, von Religion und Politik, ab. Nach dem Ende des Kalten Krieges wird überdies die geopolitische Dimension zentral. Mit den Kriegen in Afghanistan, im Irak, in Syrien und dem ungelösten israelisch-arabischen Konflikt entsteht ein geografischer Bezugspunkt für den Dschihadismus. Fast alle Islamisten der letzten Jahre reisten mehrfach in die Krisengebiete des Nahen Ostens oder Afrikas und erwarben dort die nötigen Kenntnisse im Umgang mit Waffen und Sprengstoff.

V.

Die brisante Mischung aus Gewalt, Delinquenz und Hoffnungslosigkeit hat einen Namen: Anomie. Anomisch nannte der amerikanische Soziologe Robert K. Merton Zustände, in denen ein als erstrebenswert geltendes Ziel mit legitimen Mitteln nicht erreichbar ist. Das Schlagwort des Interkulturalismus bleibt eine leere Worthülse, solange die Ghettoisierung in tristen Vorstädten,

4 Vgl. die Aussagen Kelkals, die islamischen Schiiten seien die Erfindung eines Juden und das Christentum sei gar keine Religion, weil es »jedes Jahr eine neue Version der Bibel« gäbe, in: Dietmar Loch, »Moi, Khaled Kelkal«, in: Le Monde, 07.10.1995.

diesen Todsünden des Städtebaus, anhält. Die Lebenswirklichkeit in den *broken homes* der schwarzen, US-amerikanischen Unterschicht und deren Auswirkungen auf Frauen und Kinder sind seit langem bekannt. Mit der Hinwendung zum Islam ist zugleich eine politische Doktrin verbunden. Mag sie auch, wie bei der *Nation of Islam*, eine krude Bastelideologie sein, so liefert sie doch das bei den Vätern vergeblich gesuchte und bei Hasspredigern gefundene Über-Ich. Sie ist das moralische Korsett, das nicht nur von den Zumutungen der Moderne befreit, sondern auch das traditionelle Männerbild wieder in sein Recht einsetzt. Die Frauen machen sich unsichtbar unter dem Gesichtsschleier; die Männer demonstrieren ihre Virilität als waffenstarrende Rächer der Entrechteten.[5]

In Europa leben Millionen von Muslimen, und vielen von ihnen sind Integration und sozialer Aufstieg gelungen. Aber einige fallen durchs Rost und lassen sich als Kanonenfutter im Nahen Osten, als nützliche Idioten des »Heiligen Krieges«, als Schergen einer verrohten Soldateska oder als Selbstmordattentäter instrumentalisieren. Die Führer islamistischer Terrorgruppen wie Osama Bin Laden stammen meist aus wirtschaftlich gut gestellten, gebildeten Mittelschichten. Vermittelt über Hassprediger und islamistische Netzwerke zwischen London und Mombasa, Paris und Damaskus aber rekrutieren sie ihre Anhänger zunehmend auch unter den subproletarischen Underdogs in den europäischen Metropolen.

VI.

Die *Nation of Islam* konnte in den 1960er Jahre noch als anti-kolonialistische Befreiungsideologie auftreten; der heutige Islamismus hat nurmehr Nihilismus zu bieten. Für den Islamismus anfällige Jugendliche sehen eine Perspektive nur noch im Attentat und eine Hoffnung nur noch im Jenseits. Mit dem Bekenntnis »Ihr liebt das Leben, wir lieben den Tod« übernahm Al Qaida 2004 die Verantwortung für den Terroranschlag auf die Vorortzüge von Madrid, mit dem die Serie islamistischer Attentate auf europäischem Boden begann. Apologie des Todes, Helden-, Opfer- und Märtyrerkult kennzeichnen das, was Umberto Eco den Ur-Faschismus genannt hat.[6] *»Viva la muerte! Lang lebe der Tod!«* war die Losung des spanischen Franquismus, des italienischen Faschismus, der rumänischen Eisernen Garde. Das Symbol des Totenkopfes in der SS stand nicht nur für eigene Todesverachtung, sondern für die Verachtung des Lebens schlechthin. Sie lebt fort in den schaurigen Enthauptungen durch die Kämpfer für den Islamischen Staat, im Blutrausch des Mörders von Theo van Gogh, in den blutigen Schlachtermessern der Londoner Rigby-Mörder. Neben Anschläge auf öffentliche Verkehrsmittel oder Bahnhöfe,

5 Auf die Rolle von Frauen in islamistischen Netzwerken kann hier nicht näher eingegangen werden. Die Verschleierung ist aber oft nur das sichtbare Zeichen ihrer Politisierung. Sie sind nicht nur Mitwisserinnen, Unterstützerinnen oder Komplizinnen der Männer, sondern setzen sich häufig auch nach deren Tod mit Hilfe islamistischer Netzwerke in außereuropäische Krisengebiete ab, wie Samantha Lewthwaite, die Witwe Germaine Lindsays, Hayat Boumeddienne, die Witwe Coulibalys, oder Souad Merah, die ältere Schwester Mohamed Merahs. Überdies bedeutet – wie schon im Faschismus – der Status einer Heldenwitwe eine große Aufwertung der Frau.

6 Eine in Syrien lebende britische Islamistin erfuhr vom Tod ihres Mannes, eines Isis-Kämpfers, mit den Worten: »Herzlichen Glückwunsch, er ist ein Märtyrer.« Bill Gardner, Lol – my husband's dead: British female jihadi, in: The Telegraph, 02.12.2014.

die ein Höchstmaß an unspezifischen Opfern garantieren, treten zunehmend Attentate auf spezifische Personen, die nach ihrem Symbolwert für »das System« ausgewählt werden: Soldaten, Polizisten, Karikaturisten, Filmemacher, jüdische Lehrer, Kaufleute oder Museumsbesucher.

VII.

Nach jedem Attentat wächst das Bedürfnis nach Sicherheit. Der Ruf nach Vorratsdatenspeicherung, stärkerer Überwachung und härterer Gesetzgebung bis hin zur Wiedereinführung der Todesstrafe, für die Marine Le Pen vom Front National eintritt, wird lauter. Da hilft es wenig, dass Vorratsdatenspeicherung in Frankreich längst existiert und alle Attentäter, teilweise schon seit Jahren, auf dem Radar staatlicher Überwachungsorgane gestanden haben und observiert worden sind. Wir setzen zu spät an, wenn wir hektisch in den Überwachungsapparat, in Polizeiverstärkung, in die Hochsicherheitstrakte der Gefängnisse, diese Brutstätten der Radikalisierung, investieren. Nach dem, was wir über die aus unseren eigenen, westlichen Gesellschaften hervorgegangenen islamistischen Attentäter wissen, muss an zwei Knotenpunkten begonnen werden: bei der Durchlässigkeit von Jugenddelinquenz, Gefängnisaufenthalt und Islamismus sowie bei muslimischen Hasspredigern, die als Sinnstifter und Durchlauferhitzer für die Rekrutierung dieser Underdogs fungieren.

Anomie ist die Erfahrung von Ortlosigkeit. Auf die Frage, wie er sich seine Zukunft vorstelle, antwortete Khaled Kelkal, in Frankreich habe er seinen Ort nicht gefunden und wolle das Land verlassen. »Für den Anfang denke ich an die Vereinigten Staaten.« Er werde etwas Geld sparen, nach Algerien zurückkehren und irgendetwas aufziehen, einen kleinen Handel, etwas Eigenes. Es kam anders. Als Kelkal aufgespürt wurde und verletzt am Boden lag, rief ein Polizist einem anderen zu: »Finis-le, finis-le!« – »Mach' ihn kalt!«.[7] Kelkal, Mehrah, die Brüder Kouachi, Coulibaly und der aus Burundi stammende Islamist Bertrand Nzohaboyo, der im Dezember 2014 eine französische Polizeistation überfiel, wurden kurzerhand erschossen. Das erspart hohe Prozesskosten, lebenslange Gefängnisaufenthalte, kontroverse Debatten über die Todesstrafe und womöglich noch Resozialisierungsmaßnahmen.

7 Johannes Franck u. Bernard Fromentin, La bande-son de la fin de Khaled Kelkal. Sur unevidéo de M6 unevoixdit »Finis-le, finis-le« avant le coup mortel, in: Libération, 03.10.1995.

Prof. Dr. Karin Priester war bis 2007 Professorin für Politische Soziologie am Institut für Soziologie der Universität Münster. In den letzten Jahren ist sie mit zahlreichen Veröffentlichungen, darunter zwei Büchern, zum Thema »Populismus« hervorgetreten.

INDES
ZEITSCHRIFT FÜR POLITIK UND GESELLSCHAFT

Herausgegeben von Prof. Dr. Franz Walter, Institut für Demokratieforschung der Georg-August-Universität Göttingen.

Redaktion:
David Bebnowski, Felix Butzlaff, Dr. Lars Geiges, Julia Kiegeland, Leona Koch, Danny Michelsen, Dr. Robert Lorenz, Michael Lühmann, Dr. Torben Lütjen, Marika Przybilla.

Konzeption dieser Ausgabe: Dr. Lars Geiges

Redaktionsleitung:
Katharina Rahlf (verantw. i. S. des niedersächs. Pressegesetzes), Dr. Matthias Micus.

Redaktionsanschrift:
Redaktion INDES
c/o Göttinger Institut für Demokratieforschung
Weender Landstraße 14, 37073 Göttingen,
redaktion@indes-online.de
Online-Auftritt:
www.indes-online.de

Anfragen und Manuskriptangebote schicken Sie bitte an diese Adresse, möglichst per E-Mail. – Die Rücksendung oder Besprechung unverlangt eingesandter Bücher kann nicht gewährleistet werden.

INDES erscheint viermal jährlich. Bestellung durch jede Buchhandlung oder beim Verlag. Jahresbezugspreis € 68,– D / € 70,00 A / SFr 85,50; ermäßigter Preis für Studierende/Auszubildende (gegen Bescheinigung, befristet auf drei Jahre) € 36,90 D / € 38,– A / SFr 52,90; Einzelheftpreis € 16,95 D / € 17,50 A / SFr 23,50. Inst.-Preis € 128,– D / € 131,60 A / SFr 157,00. Jeweils zzgl. Versandkosten. Preisänderungen vorbehalten. Die Bezugsdauer verlängert sich jeweils um ein Jahr, wenn nicht eine Abbestellung bis zum 1.10. erfolgt.

Verlag:
Vandenhoeck & Ruprecht GmbH & Co. KG, Theaterstr. 13, D-37073 Göttingen.

Anzeigenverkauf: Ulrike Vockenberg
E-Mail: v-r-journals@hgv-online.de (für Bestellungen und Abonnementverwaltung) oder abo@indes-online.de

ISBN 978-3-525-80010-2

ISSN 2191-995X

Gestaltung, Satz und Lithografie:
SchwabScantechnik, Göttingen

Druck und Bindung:
Memminger MedienCentrum, Memmingen

Printed in Germany

BEBILDERUNG

VOJD ist Illustration und Grafikdesign von Marius Rehmet mit einem Fokus auf Kunst und Kultur.
Homepage: www.vojd.net/

AUTORENFOTOS

Robert Misik (Foto: Daniel Novotny)